憲法教育研究

佐藤潤一 著

敬文堂

はじめに

　本書は，教養課程における日本国憲法の講義の傍ら，その講義を支える講義録として，あるいは講義の土台を形成するモノグラフとして執筆されたものに基づいている。10年以上前に執筆したものもあるため，若干の補記をそれぞれの論文の末尾に追記しているが，論文それ自体は，すでに著者の手を離れた独立の意味を持っているものでもあるので，本文への修正は最小限度にとどめた。ただし，講義録の性質を持っている論考については，出版時点での法令に基づき最小限の加筆を行った。「はじめに」と「おわりに」は本書のための書き下ろしである。

　本書出版には，大阪産業大学産業研究所出版助成を得た。また，出版に当たっては，敬文堂の竹内基雄氏に多大なるお世話になった。記して感謝申し上げる。

＊　　　　　　＊　　　　　　＊

初出一覧

はじめに　書き下ろし

第1部　「憲法総論の再検討」大阪産業大学論集　人文・社会科学編12号129-172頁（2011年6月）

第2部　憲法統治機構講義案（1）〜（3）

　　　　（1）大阪産業大学論集　人文・社会科学編17号，63-86頁（2013年2月）

　　　　（2）大阪産業大学論集　人文・社会科学編18号，177-210頁（2013年6月）

　　　　（3）大阪産業大学論集　人文・社会科学編19号，179-217頁（2013年10月）

第3部　「人権総論の再検討」『大阪産業大学論集　人文・社会科学編』42号77-112頁（2021年8月）

第4部　「多文化共生社会における外国人の日本語教育を受ける権利の公的保障」『大阪産業大学論集　人文・社会科学編』1号，1-30頁（2007年10月）

第5部　「愛国心」考：多文化共生社会における外国人の日本語教育を受ける権利の公的保障『大阪産業大学論集　社会科学編』117頁1-30頁（2007年2月）

おわりに　書き下ろし

2021年9月

佐　藤　潤　一

目　　次

第 1 部　憲法総論

第 2 部　憲法統治分野の研究と教育

第3部　人権総論体系再考

第1部　憲法総論

第1章　憲法とは何か

　本稿は，特に憲法総論，すなわち，憲法概念，憲法史，及び憲法の基本原理に焦点をあて，その再検討をするための序説的研究である。網羅的な体系的記述をめざすのではなく，教養として憲法を学ぶにあたって必要とされる最小限の知識を示すとともに，特に歴史的視点と，コモン・ロー諸国の憲法との比較に重点を置いて，通説判例に対する若干の異議を提示することを目的としている[1]。ここで「教養として学ぶ」[2]というのは教養課程で学ぶ，あるいは教養科目として学ぶという狭い意味ではなく，法学の基礎知識，大学生としての基礎知識という意味とともに，憲法解釈学の基礎という意味も込めている[3]。

第1節　憲法という言葉

　憲法は，それを指す言葉からみると，国によりかなりの違いがある[4]。日本語で憲法と聞くときには聖徳太子の憲法17条が想起されるかもしれないが，これは政治的倫理的規範であって，明治維新に際して近代国家としての基本法たる法典として大日本帝国憲法〔以下「明治憲法」とする〕が制定されるまでは，たんなる法令集という意味でも憲法は使われていた。しかし近代国家においては，国家の基本構造としての Constitution（英語，フランス語），Verfassung（ドイツ語）を憲法と呼ぶ。constitute は動詞としては構成するという意味を持っているし，Verfassung には枠組みという意味もある。「この国のかたち」を憲法の意味で用いる用法もそういう意味では間違っているわけではない。近代憲法が日本に紹介された当初は国の基本的決まりという意味で世守成規，根本律法，国制，国憲などの訳語も用いられたが，明治憲法制定前後に憲法という訳語が確立したとされる[5]。

第2節　立憲主義と法の支配

　国家の基本構造がルールとして確立していることは，それが文書になっ

国家の本質を，キリスト教を基礎とする人倫共同体と見，人倫的理念を，法的方法を通じて実現するのが法治国家であるとし，法治国家は，国家の目的を実現する態様と性格だけに関係するものであるとしたのである。シュタールの理論は，自由主義的国家とも絶対主義的な国家とも結合しうるものであったが，19世紀後半のドイツは，法実証主義が支配的であって，その中で法と法律とが等値される。法に基づく統治としての国家は，「法律による行政」が実現された国家であって，法律が自由を保障する内容をともなっているかどうかは法治国家の問題ではないとされたのである。**オットー・マイヤー**（Otto Mayer）による「法律による行政」は，①法律の優位の原則＝行政権の行使は法律に反してはならず，行政命令によって法律を改廃することは許されない。法律の改廃をなしうるのは，法律のみである。②法律のみが法規創造力をもつという原則＝法規（Rechtssatz）とは，国民の権利を制限し，あるいは，義務を課すことを内容とする法規範のことであるが，このような法規の創造は，議会の制定する法律によってのみなしうるものであり，行政権の行う立法形式たる命令によってはなしえない。③**法律の留保**（Vorbehalt des Gesetzes）＝行政権が国民の権利を制限し，あるいは，義務を課すには，法律の根拠が必要であるという原則。ここでいう法律が形式的意味ならば，②は不要である。しかし実質的意味の法律に含まれる「命令」に根拠があればよいという形で，実質的な法律の根拠があればよい，という意味に理解すると，②にも意味があることになる。これらは現在でも日本の行政法理論に強い影響を与えているが，形式的法治国家の理論は外見的な立憲君主制の基礎の上に形成された。出発点は絶対君主制（主権者たる君主が自ら憲法を定め，それによって絶対的であった自己の権力を制限して立憲君主となる）であった。それゆえ，法律事項を「法規」に限定したということは，行政をつかさどる君主が自由になしうる領域が広いということであり，市民階級の力が弱かったことと対応して議会の力が弱く，「法律の留保」は，フランスが「法律によってしか権利の制限はなしえない」という原則を確立したのに対し，ドイツは「法律によりさえすれば権利は制限され得る」という方向に機能してしまう。フランスの影響で「法律による行政」を担保するものとして成立したはずの行政裁判制度は，国民の権利を擁護する方向には必ずしも発展しなかった。ワイマール憲法は，内容的にはかなり

先進的なものを含んでいたが，通説的位置をしめた学説は，形式的法治国家論を維持したのである。そこで，ナチズムの経験を経て，現在のドイツ憲法（ボン基本法）第20条第3項は「執行権は法律及び法（Gesetz und Recht）に拘束される」と規定し，**実質的法治国家原則**（イギリスにおける「法の支配」とほぼ同義）を宣言することとなった。

このドイツに影響を与え，しかし異なる発達を見せたフランスの「法律適合性」（légalité）の原理は，次のようなものである。すなわち，1789年のフランス人権宣言で近代的憲法原理が確立された。フランス人権宣言第3条は，主権の淵源は国民にあること，君主を含めていかなる者も国民から明示的に委ねられた権威しか行使し得ないことを宣言した。

1791年フランス憲法は，立法権を国民議会に，執行権を国王に，司法権を裁判官にそれぞれ委任した。**法律は，一般意思の表明**（1789年人権宣言第6条：ルソーの「社会契約論」に由来）と考えられた。「フランスにおいては，法律に優る権威は存在しない。国王は法律によってしか統治せず，国王が服従を要求しうるのは，法律の名においてのみである」（1791年憲法第3篇第2章第3条）。これは人権宣言の他の規定にも現れている。すなわち，「自由とは，他人を害さないすべてをなしうることに存する。かくして，各人の自然権の行使は，社会の他の成員に同様の権利の享受を保障すること以外の限界をもたない。この限界は法律によってのみ定められうる」（第4条），「法律は社会に有害な行為を禁ずること以外の権利をもたない」が，「法律は一般意思の表明」であり，「法律により召喚されまたは逮捕された市民は直ちに服従しなければならない。抵抗すれば犯罪者となる」（第7条）とされている。何が自由の限界であり，何が社会に有害な行為かを決めるのは議会であり，議会の制定する法律であるということである。国王の「執行権」は，うえのような内容的な限界のない法律の執行に限定されるというのが，フランスにおける「法律適合性の原理」で，いわゆる「第三共和制」のもとで確立した。けれども，フランスの裁判所は，アンシャン・レジーム末期に法服貴族の特権を主張し，国民の求めに応じて国王が提出した改革に反対したために，国民の不信を買ってしまう。そのため，革命後に権限を否定された（とくに行政に関する争いの管轄を否定された）。ところがそうすると，行政に不服ある者は裁判所に訴え出るこ

とができず，行政に不服がある場合は，上級官庁への不服申立のみが許されていた。ナポレオンのときにコンセイユ・デタ（Conseil d'Etat）が作られ，裁定案が諮問されるようになるのである。このコンセイユ・デタはその後も存続し，そこで蓄積された裁定案の集積が判例法的なものとなり，裁判所的な組織に変質したコンセイユ・デタの「判例」をもとに「行政法」が発展することになる。当初は裁定権が行政の長に留保されていたが，第二帝政末期には実際上コンセイユ・デタに完全委譲され，第三共和制に至って法制化されることで，行政裁判所制度が確立することとなったのである。このようにフランスにおいては，行政の「法律適合性」を「行政裁判所」が保障する，という体制が成立したのである。ダイシーは，このようなフランスの法制度を専断的であるとして批判したが，イギリス流あるいはフランス流の法の支配あるいは法律適合性の原理が明治憲法時代に定着することはなく，1934（昭和9）年頃から，日本は完全に**形式的法治主義国**となってしまった。

第3節　憲法の分類

　日本国憲法のように，一つにまとまった憲法という名称を持つ法典があるとは限らないし，憲法という名称を持つ法典があっても実効性がない社会主義国，例えば朝鮮民主主義人民共和国の例もある。実際に権力を制限する働きをもつ法典が一つであるとは限らないことを示すためにも，憲法という名称を持つ法典のことを**形式的意味の憲法**と呼び，これに対し，そのような名称を持つ法典それ自体（これを成文憲法または成典憲法と呼ぶことがある）ではなく，政治体制がなんらかのルールに従っている体制がある場合，そのルールを**固有の意味の憲法**と呼ぶ。これは**実質的意味の憲法**とも呼ばれるが，実質的意味の憲法のうち，権力を一箇所に集中させず，一般市民の生活に国家権力が過度に介入しない政治体制が確立している状態を，**立憲的意味の憲法**が確立しているとみなすことが普通である。これを簡潔な言葉で示したのはフランス人権宣言第16条である。権利の保障が確保されていること，そのために権力の分立が確立していることを「憲法がある」といえるための条件としているからである。立憲的意味の憲法は，近代国家の成立とともに生成してきた考え方であるから，**近代的意味の憲法**とも呼ばれる。

　このような考え方を前提しつつ，従来，特に成文憲法の制定主体による区別（欽定憲法／民定憲法），内容的に君主主体の憲法かそうでないかを重視する分類（君主制憲法／共和主義憲法），などが提唱されてきたが，たとえ君主を形式的に主権者と憲法の文言上規定していても，実質的に国民に主権があることを否定する憲法は，すくなくとも西欧立憲主義諸国においては考えられないのであって，これらの分類はあまり意味があるとも思われない。

　法の支配に言う「法」は law の訳語である。法律と訳さないのは，それがあらかじめ形成され，主権者たる国王も従わねばならないものと観念されているからである。law が自然界の物理法則を意味することがあることからも理解されるであろうが，law には，人為的なものではない，社会で当然守られるべきものという意味での自然法の含意が色濃くある。現代日本における法の支配は，憲法（典）による支配と言い換えても良い。ただしここでいう憲法は，上で述べたように実質的意義の憲法，とくに立憲的意味の憲法であることに注意する必要がある。

第4節　日本国憲法と「法の支配」

　このような「法の支配」の原則は，日本国憲法にどのように現れているだろうか。

　イギリスにおいて法の支配に基づいてイギリス憲法を体系化した**ダイシー**は，『憲法序説』において，①政府に恣意的権力の存しないこと，②すべての人が通常裁判所の運用する通常法に服すること，③憲法の一般規範が国の通常法の結果であること，の三点を法の支配の内容として挙げている。

　この点からすれば，以下の諸点に「法の支配」の原則が現れているといえる。

　第一に，民選議院が存在し（憲法第15条，第41条，第43条），三権分立が確立し（第41条，第65条，第76条），議院内閣制が採用されていること（第67条，第66条第3項，第69条）。すべての国家行為が憲法及び国民代表議会による法律に基づくとされている点で形式的法治国概念は当然に前提されている（**清宮**10頁）。第二に，特別裁判所が否定され，すべて一元的な司法権の下で裁判が行われていること（第76条）。第三に，司法権の独立が確立していること

（第76条第3項）。第四に，裁判を受ける権利が保障されている（第32条）上，国家賠償請求権が人権として規定され（第17条），刑事裁判については公平な裁判が行われるよう詳細な規定が置かれていること（第31条～第40条）。第五に，最終的には最高法規としての憲法に反する法律などを裁判所が審査すること（第97条，第98条，第81条）。これらを支える根幹は，明治憲法上君主且つ元首として強大な権威と権限を有していた天皇が象徴とされ（第1条），国民主権原理が採用されていること（前文第1段第1文，第1条），なによりも個人尊重の原理を採用していること（憲法第13条・第24条）にある。[9]

　このように「法の支配」は，日本の場合その相当部分を条文に直接見いだすことができるけれども，他の国においては，イギリス同様，不文の慣習が重要な意味を持つことが多い。また成文憲法または成典憲法といっても，その形態は様々であって，アメリカ合衆国憲法や，アメリカの州憲法，ドイツ，韓国などのように日本と同じく一つのまとまった憲法典の中で統治機構と人権に関する諸規定が規定されている国ばかりではない。憲法裁判所の母国であるオーストリアは，人権条項が法律（正確には憲法的性質を持った法律）として存在しているし，スイスなどは複数の法典が「憲法」とされている。さきにドイツを一つにまとまった憲法典を持つと紹介したけれども，その名称は基本法（Grundgesetz）であって，憲法（Verfassung）ではない。イギリスの旧植民地諸国は，アメリカを除くと，独立に際してイギリス議会が制定した法律として憲法が最初制定されているという事情も手伝って，憲法典が人権条項を含まない国がある。代表例はオーストラリアであるが，カナダも当初は憲法典に人権条項を含んでいなかった。

第 2 章　日本憲法史

第 1 節　明治憲法

　基本的にヨーロッパ，アメリカ等で形成された立憲主義思想は，日本に，いついかなる形で受容されたのであろうか。

　国の政治の基本構造という固有の意味の憲法は，統治を行う組織があれば存在するのであるから，古代から日本にもあったといえるけれども，固有の意味の憲法という考え方自体が，立憲的意味の憲法を説明するために考えられた近代的観念であるから，そのような古代の国制にはここで立ち入らない。[10]日本国憲法について考えるのであれば，近代国家になってからが重要である。

　しかし確認しておきたいのは，大政奉還（1867年）から，明治憲法制定まで22年もあることである。[11]その間明治国家はどのように運営されてきたのであろうか。[12]

　それは政体書（1868年）に基づく。[13]政体書は，基本的には律令官制に基づきつつ，意外なことにアメリカ合衆国憲法に範をとっている。[14]その基本体制を示しておこう（→**明治初期の官制**）。

　最初に，五箇條ノ御誓文が引用され，それが政体書の目的であるとされる[15]（大ニ斯國是ヲ定メ制度規律ヲ建ツルハ　御誓文ヲ以テ目的トス）。

　その上で太政官に権力を集中させ，その権力を立法行政司法に分離する（天下ノ権力総テコレヲ太政官ニ帰ス則チ政令二途ニ出ルノ患無カラシム太政官ノ権力ヲ分ツテ立法行法司法ノ三權トス則偏重ノ患無カラシムルナリ）という体裁である（ただし明示的には立法と行政の分離のみが定められた。「立法官ハ行法官ヲ兼ヌルヲ得ス行法官ハ立法官ヲ兼ヌルヲ得ス但シ臨時都府巡察ト外國應接トノ如キ猶立法官得管之」）。

　しかしこれでは太政官が君主のような役割を果たしてしまうように見える。君主制と大統領制の併用のような収まりの悪い制度であった。もっとも「太政官」は議政官以下 7 官の総称なので「大統領制」そのものというわけでもな

明治初期の官制

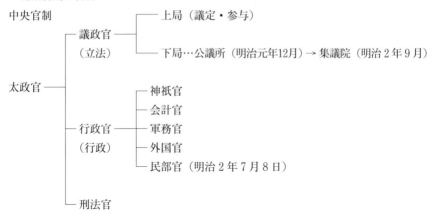

地方官制

```
┌ 府　知府事（京都・江戸・大阪等）
├ 藩　諸　侯
└ 県　知県事
```

い。大統領が君主に替わって存在するアメリカの制度に範をとって君主を中心とする国家制度を作ろうとしたこと自体に無理があったといえる。

　けれども政体書に基づく体制，すなわち太政官制は，基本的には内閣官制が成立する1885（明治18）年まで続くのである。江戸時代の武家諸法度は，養老律令を廃止していたわけではなかったのであって，王政復古によって復活し，それを「改正」して政体書が書かれたのである。

　もちろんこれらは「固有の意味の憲法」であっても，立憲的意味の憲法ではない。人権を保障しようとの契機が制度に含まれていないからである。こまかな変更等はあるが，正式に政府としての内閣制度が取り入れられたのは，1885（明治18）年太政官達第69号である。それまでどのような制度に基づいて政治が行われていたのか。

　政体書で設けられた議政官は，立法議事機関であったが，戊辰戦争終結とともに廃止されてしまった。1869年4月（明治2年3月）には，各藩1名の代表よりなる公議所が立法機関として設置された。これはおよそ半年後（1869年10

月・明治 2 年 9 月）に集議院となったものの，1871年 8 月29日（明治 4 年 7 月
14日）に廃藩置県が実施され，同年には政体書で設けられた太政官官制が改革
される。太政官は正院・左院・右院から成り，集議院は左院に置き換えられ
る。ここにいたっても左院は民選ではなく，官選議員によって構成される立法
議事機関であった。

　1874（明治 7 ）年 1 月に板垣退助，副島種臣，後藤象二郎，江藤新平，小室
信夫，古澤迂郎，由利公正，岡本健三郎らによって左院に民撰議院設立建白書
が提出された。同年 5 月には，毎年 1 回地方長官を召集し，人民に代わって公
議を致さしめ，かつ，地方長官は人民の代表者たる心得を以て会議するから，
その言論が忌憚に触れる場合であっても糾弾できないとされた議院憲法が公布
された。しかし台湾事件などがおきたこともあり，結局地方官会議は開かれな
かった。自由民権運動の高まりを反映して，また，幕末に締結された，列強と
の間の不平等条約をあらためるために，1875（明治 8 ）年 4 月14日に立憲政体
の詔書が出され，近代的な立法機関と司法機関が設けられる。詔書は次のよう
に述べる。

朕即位ノ初首トシテ群臣ヲ會シ五事ヲ以テ神明ニ誓ヒ國是ヲ定メ萬民保全ノ道ヲ求ム幸ニ
祖宗ノ靈ト群臣ノ力トニ頼リ以テ今日ノ小康ヲ得タリ顧ミ中興日浅ク内治ノ事當ニ振作更
張スヘキ者少シトセス　朕今誓文ノ意ヲ拡充シ茲ニ元老院ヲ設ケ以テ立法ノ源ヲ広メ大審
院ヲ置キ以テ審判ノ權ヲ鞏クシ又地方官ヲ召集シ以テ民情ヲ通シ公益ヲ図リ漸次ニ國家立
憲ノ政体ヲ立テ汝衆庶ト倶ニ其慶ニ頼ント欲ス汝衆庶或ハ舊ニ泥ミ故ニ慣ルルコト莫ク又
或ハ進ムニ軽ク為スニ急ナルコト莫ク其レ能　朕カ旨ヲ体シテ翼賛スル所アレ

　これを基礎にして，翌1876（明治 9 ）年 9 月 6 日，明治天皇による「元老院
議長有栖川宮熾仁親王へ国憲起草を命ずる勅語」が出される。しかしこの時
期，佐賀の乱，神風連の乱，西南戦争などが起きていたのであり，国内治安が
極めて悪化していたこともあって，この勅語が出される 1 年前の，1875（明治
8 ）年 7 月には讒謗律，新聞条例が出され，表現の自由が制約されていたこと
は留意すべきである。地方における民選議会設立のため1878（明治11）年 4 月
地方官会議への提案審議を経て同年 7 月に府県会規則が，1880（明治13）年に
開催された地方官会議議決を経て区町村会法が発布されたが，国会開設の要求

は益々高まる。板垣退助の愛国社は1879（明治12）年の大会で国会開設を奏請する議を決し，翌年 3 月には愛国社が国会期成同盟会と改められて，国会開設願望書を議決し，代表片岡健吉，河野廣中が太政官に執奏を請うも拒まれ，**集会条例**発布を招く。しかしこの時期西園寺公望が中江篤介，松田正久らと東洋自由新聞を発刊して自由民権運動を唱え，かえって運動は激化する。[16] このような潮流のなか，1880（明治13）年には元老院が**日本国憲按**を提出する。これは明治憲法とは異なり，ベルギー憲法なども参照され，「立憲的意味の憲法」として，政体書に比べてかなり先進的な内容であった。この日本国憲按は，国民の権利をよく取り入れており，[17] 民選議院についての明言こそないものの，その余地が十分にあるもので，且つ，立法権は実質的に議会（元老院その他の議会）にある（「第 4 篇第 1 章　立法権」として，「第 1 条　立法の権は皇帝と帝國議会とに分つ故に皇帝は其議案を下附し議会は其議案を上奏する事を得」「第 2 条　帝國議会は元老院及ひ其他の議会より成る」「第 3 条　法律を申明して一般の定例となすは立法権内に属す」との規定を置いていた）。そのために，天皇を中心とした中央集権体制を整備しようとしていた人々（伊藤博文・岩倉具視など）の賛同は得られなかったのである。[18] 1881（明治14）年10月12日には，このような輿論もあって，**国会開設の勅諭**が出されることになった。その中で「将ニ明治二十三年ヲ期シ議院ヲ召シ国會ヲ開キ以テ朕カ初志ヲ成サントス今在廷臣僚ニ命シ假スニ時日ヲ以テシ經畫ノ責ニ當ラシム其組織權限ニ至テハ朕親ラ衷ヲ裁シ時ニ及テ公布スル所アラントス」と述べて，明治23年に憲法制定によって国会開設を行うことが定められた。

　1882（明治15）年 3 月には伊藤博文をヨーロッパの憲法調査に派遣する勅語に付帯する調査項目として「歐洲各立憲君治國の**憲法**に就きその淵源を尋ね其沿革を考へ其現行の實況を視利害得失を研究すべき事」が挙げられたことが，日本で constitution を憲法とする契機となったとされる（**美濃部**54頁）。そこで伊藤帰朝（1883（明治16）年 8 月）後，憲法取調所，制度取調局がおかれて憲法起草が始まる。この過程で，1885（明治18）年にはさきに触れた太政官達第69号（太政大臣左右大臣参議各省卿ノ職制ヲ廃シ内閣総理大臣及各省諸大臣ヲ置キ内閣ヲ組織ス）が制定された。

　この達（たっし）にいう内閣総理大臣の権限を具体的に定めたのが，**内閣職**

権であった。[19] 明治憲法が公布されたのに伴い，より具体的な権限強化を伴う**内閣官制**が出されることになる。内閣制度はこのように憲法制定以前に制度が整えられていたが，憲法には規定されなかった。それは議会とは切り離された「政府」を，明治維新の中心にいた人々が考えていたからに他ならない。明治憲法草案がまとまると，明治憲法発布の直前，1888（明治21）年4月枢密院が置かれ，明治天皇は伊藤博文を議長とし，元勲らを構成員とする枢密院に明治憲法と皇室典範草案を諮詢し，その議了を受けて裁可することになる（皇室典範については天皇について論ずる際に触れる）。

　明治憲法は「政府」を多用する（8条2項・38条・40条・48条・54条・67条・68条・70条・71条・72条・76条2項）。内閣制度はあっても，少なくとも憲法典の文言上は議院内閣制を採用しないことも可能であった。これが超然内閣を生み，また軍部の暴走を生んだ。

　明治憲法は，当時のプロイセン憲法に範をとり，天皇に多くの「大権」を認めていた（第1章）。なによりも憲法典の前に付されている「告文」「憲法発布勅語」を読むだけでその神がかった調子は直ぐに伝わってくる。

　「告文」は冒頭から神話に基づく立場を表明している。明治天皇が神話世界から続く先祖に恭しく申し上げる（「皇朕レ謹ミ畏ミ／皇祖／皇宗ノ神靈ニ誥ケ白サク[20]」）という文言に始まり，その権威が「天壤無窮ノ宏謨ニ循ヒ惟神ノ寶祚ヲ承継シ舊圖ヲ保持シテ敢テ失墜スルコト無シ」というにある。「皇祖皇宗ノ遺訓」と憲法制定を結びつける（皇祖／皇宗ノ遺訓ヲ明徵ニシ典憲ヲ成立シ條章ヲ昭示シ内ハ以テ子孫ノ率由スル所ト爲シ外ハ以テ臣民翼賛ノ道ヲ廣メ永遠ニ遵行セシメ益國家ノ丕基ヲ鞏固ニシ八洲民生ノ慶福ヲ増進スヘシ茲ニ皇室典範及憲法ヲ制定ス）。「臣民」に率先して憲法を守ると言うが，その誓う先は「神靈〔神霊〕」である（皇祖／皇宗及／皇考ノ神祐ヲ禱リ併セテ朕カ現在及将來ニ臣民ニ率先シ此ノ憲章ヲ履行シテ愆ラサラムコトヲ誓フ庶幾クハ神靈此レヲ鑒ミタマヘ）。これを受けた上で，著名な「不磨ノ大典」つまり変更されることを基本的には想定しないことに言及した明治憲法の憲法發布勅語が示される（朕國家ノ隆昌ト臣民ノ慶福トヲ以テ中心ノ欣栄トシ朕カ祖宗ニ承クルノ大權ニ依リ現在及将來ノ臣民ニ対シ此ノ**不磨ノ大典**ヲ宣布ス）。臣民の位置づけも天皇を中心とする政府にまことに都合がよいとらえ方がなされている。

すなわち,

> 惟フニ我カ祖我カ宗ハ我カ臣民祖先ノ協力輔翼ニ倚リ我カ帝國ヲ肇造シ以テ無窮ニ垂レタ
> リ此レ我カ神聖ナル祖宗ノ威德ト竝ニ臣民ノ忠実勇武ニシテ國ヲ愛シ公ニ殉ヒ以テ此ノ光
> 輝アル國史ノ成跡ヲ貽シタルナリ朕我カ臣民ハ即チ祖宗ノ忠良ナル臣民ノ子孫ナルヲ回想
> シ其ノ朕カ意ヲ奉体シ朕カ事ヲ奬順シ相與ニ和衷協同シ益我カ帝國ノ光栄ヲ中外ニ宣揚シ
> 祖宗ノ遺業ヲ永久ニ鞏固ナラシムルノ希望ヲ同クシ此ノ負担ヲ分ツニ堪フルコトヲ疑ハサ
> ルナリ

　と。これにつづく明治憲法の上諭は，英訳[21)]では前文として扱われている。上諭では憲法を「大憲」としているところがある。また国家統治の大権は「朕カ之ヲ祖宗ニ承ケテ之ヲ子孫ニ伝フル所ナリ朕及朕カ子孫ハ将來此ノ憲法ノ條章ニ循ヒ之ヲ行フコトヲ愆ラサルヘシ」とされる。人権保障については，「朕ハ我カ臣民ノ權利及財産ノ安全ヲ貴重シ及之ヲ保護シ此ノ憲法及法律ノ範囲内ニ於テ其ノ享有ヲ完全ナラシムヘキコトヲ宣言ス」とあるように，天皇によって与えられ守られる臣民の権利にとどまることが明示されている。なによりも憲法遵守について「朕カ現在及将來ノ臣民ハ此ノ憲法ニ対シ永遠ニ従順ノ義務ヲ負フヘシ」とあるように，近代憲法が権力者の遵守すべき規範であることが否定されてしまっているのである。

　国民の権利については「臣民權利義務」とされ，「国民」観念が否定されている。日本国憲法と比べて条文も少ないので，ここで全て引用しておこう。

第18條　日本臣民タル要件ハ法律ノ定ムル所ニ依ル
第19條　日本臣民ハ法律命令ノ定ムル所ノ資格ニ應シ均ク文武官ニ任セラレ及其ノ他ノ公務ニ就クコトヲ得
第20條　日本臣民ハ法律ノ定ムル所ニ從ヒ兵役ノ義務ヲ有ス
第21條　日本臣民ハ法律ノ定ムル所ニ從ヒ納税ノ義務ヲ有ス
第22條　日本臣民ハ法律ノ範圍内ニ於テ移住及移轉ノ自由ヲ有ス
第23條　日本臣民ハ法律ニ依ルニ非スシテ逮捕監禁審問處罰ヲ受クルコトナシ
第24條　日本臣民ハ法律ニ定メタル裁判官ノ裁判ヲ受クルノ權ヲ奪ハルヽコトナシ
第25條　日本臣民ハ法律ニ定メタル場合ヲ除ク外其ノ許諾ナクシテ住所ニ侵入セラレ及捜索サルヽコトナシ
第26條　日本臣民ハ法律ニ定メタル場合ヲ除ク外信書ノ祕密ヲ侵サルヽコトナシ

第27條　日本臣民ハ其ノ所有權ヲ侵サルヽコトナシ
公益ノ爲必要ナル處分ハ法律ノ定ムル所ニ依ル
第28條　日本臣民ハ安寧秩序ヲ妨ケス及臣民タルノ義務ニ背カサル限ニ於テ信教ノ自由ヲ
有ス
第29條　日本臣民ハ法律ノ範圍内ニ於テ言論著作印行集會及結社ノ自由ヲ有ス
第30條　日本臣民ハ相當ノ敬禮ヲ守リ別ニ定ムル所ノ規程ニ從ヒ請願ヲ爲スコトヲ得
第31條　本章ニ掲ケタル條規ハ戰時又ハ國家事變ノ場合ニ於テ天皇大權ノ施行ヲ妨クルコ
トナシ
第32條　本章ニ掲ケタル條規ハ陸海軍ノ法令又ハ紀律ニ牴觸セサルモノニ限リ軍人ニ準行ス

　一読明らかなように，ほぼすべての権利が「法律ノ範囲内」とされる。これ
は法律の留保（Vorbehalt des Gesetz）規定と呼ばれるもので，ドイツ的法治
国家の思想の表れでもあった。法治国家は法の支配と似ているが，すくなくと
もその発達した背景，第二次世界大戦終結以前における意味は，国王が行使す
る行政権を立法権に従わせるということ以上のことを意味するものではなく，
立法の内容が本来，基本権（Grundrechte）[22]を侵害するようなものであっては
ならないというものであったはずが，形式的な法律によりさえすれば権利侵害
も可能と読み替えられ，ナチスドイツによる授権法制定を招いてしまった過去[23]
がある。
　もちろん明治憲法制定以前に比べれば天皇の統治権は形式的なものとなって
おり，その点ではたしかに立憲的意味の憲法が制定されたといい得る面があ
る。臣民の権利として規定された明治憲法第 2 章も，そもそも権利の観念が存
在しなかったそれ以前の状態に比べれば格段の進歩であるといえる。
　けれどもさきに引用した明治憲法の条文からもあきらかなように，罪刑法定
主義（第23条）が定められ，信教の自由は「安寧秩序ヲ妨ケス及臣民タルノ義
務ニ背カサル限ニ於テ」（第28条）保障されていたこと，また裁判を受ける権
利（第24条）などは相当強固なものであったはずであるが，天皇制を支える宗
教的基盤である神道が，その本来の意味を離れて国家神道とされ，ゆがんでい
く過程の中で国教と化し，国民の弾圧を招いた。
　また内閣が憲法典の中に明文化されず，統帥権が独立のものとされていた結
果，軍部の暴走を防ぐことが出来なかった。軍部の暴走の過程で，立憲君主で

あったはずの天皇は，明治憲法の持つ神がかりな側面が極端に肥大化され，大正期にデモクラシーが定着したかにみえたのは幻であったかのように人権は大幅に制限されることとなってしまった。

　明治憲法下における立憲主義の消滅は軍部大臣現役武官制の採用が根本要因といえる。1935（昭和10）年2月19日，陸軍中将・貴族院議院菊地武男が，美濃部達吉による明治憲法の解釈学説である天皇機関説を「國體」に背く学説であると非難し，美濃部を「学匪」と排撃した。美濃部は貴族院において，いわゆる「一身上の弁明」を行ったが結局その著書は発禁となった（天皇機関説事件）。この事件を期に，明治憲法は，授権法制定後のドイツのワイマール憲法同様，その民主的側面，立憲的側面が機能不全に陥ることとなったのである。[24]

第2節　日本国憲法

　明治憲法が，特に権利保障に関して実効性を失った中で遂行された「大東亜戦争」[25]は，ポツダム宣言の受諾で終結した。ポツダム宣言は特に憲法の根本的変革をせまる次の条項を含んでいた。戦争犯罪人の処罰・民主主義傾向の強化を求める第10項は，「……日本国政府ハ，日本国国民ノ間ニ於ケル民主主義的傾向ノ復活強化ニ対スル一切ノ障礙ヲ除去スベシ。言論，宗教及思想ノ自由並ニ基本的人権ノ尊重ハ，確立セラルベシ」とし，さらにその12項で「前記諸目的ガ達成セラレ且日本國國民ノ自由ニ表明セル意思ニ従ヒ平和的傾向ヲ有シ且責任アル政府ガ樹立セラルルニ於テハ，聯合國ノ占領軍ハ，直ニ日本國ヨリ撤収セラルベシ」とされたことは，明治憲法の改正を不可避とした。実際，「ポツダム」宣言ニ基ク憲法，同附属法令改正要点」として，東京帝国大学教授・貴族院議員であった宮澤俊義は，1945（昭和20）年9月28日に，外務省において，「『ポツダム』宣言ニ基キ憲法，同附属法令ノ改正ヲ論ズルニ当リ『ポツダム』宣言ノ内容ニ従ヒ（イ）領土ノ変更ニ伴ヒ改正ヲ要スル事項（ロ）軍隊ノ解消ニ伴ヒ改正ヲ要スル事項（ハ）民主的傾向ノ助成ニ伴ヒ改正ヲ要スル事項ノ三ニ分チ論ズルヲ便トス」として，具体的に憲法及び付属法令の改廃について述べている。

　（イ）に該当するものとして，植民地（外地）関係法令，朝鮮貴族等の規定廃止，同時に国内の「臣民」以外の身分は，皇族はともかく，それ以外は廃止

すべき事を述べる。

　「(ロ) 軍隊ノ解消ニ伴ヒ改正ヲ要スル事項」として，「統帥権ノ独立トイフ現象ノ消滅」によって，軍隊関係の規定廃止をせざるを得ないと述べる。さらに具体的に，個別条項にも言及する。「兵役ノ義務」(憲法第20条)「軍事大権」(憲法第11条統帥大権及第12条軍政大権)「戒厳」(憲法第14条)「非常大権」(憲法第31条)「憲法第32条 (憲法第二章軍人ニ対スル特例) ノ廃止及第10条第19条 (文武官ニ関スル規定) ノ改正ヲ要ス」。その上で，「(ハ) 民主的傾向ノ助成ニ關聯スル改正ヲ要スル事項」として，「帝國憲法ハ民主主義ヲ否定スルモノニ非ズ。現行憲法ニテ十分民主的傾向ヲ助成シ得ルモ，民主的傾向ノ一層ノ発展ヲ期待スルタメ改正ヲ適當トスル點次ノ如シ」とする。「天皇ノ大権事項」については「天皇ノ専権ノ如ク考ヘラルルモ國務大臣ノ輔弼ヲ考フレバ必ズシモ民主主義ト矛盾スルモノニ非ズ」としつつ，以下については存続の価値あり，または廃止を要しないとする。「議会ノ召集大権 (憲法第7条)」「緊急勅令 (憲法第8条及第70条)」「憲法第9条ノ命令」「外交大権 (憲法第13条)」。ただし，「非常大権」は「之ヲ軍ニヨル統治ト解セザレバ民主的傾向ノ助成ニ障害トナル制度トシテ問題トナルベシ」という。議院制度については，「主トシテ貴族院ノ組織問題」とし，「議会ノ活動」に関して「通常議會ノ會期ハ3ヶ月ナリ (憲法第42条)。會期ハ短期ニ過ギ，延長スル要アリ。年二回ニ會期ヲ分ツコトモ考ヘラル」と具体的な改正規定の内容に踏み込む。「議會ノ権能」としては，「主トシテ憲法第67条 (既定費) 及ビ第71条 (実行予算) ノ規定問題トナル」とする。「裁判制度」について「陪審制度ハ必ズシモ民主的ナラズ」としたうえで，憲法第61条の「行政裁判所ノ権限ノ強化」，および「請願制度ノ強化」を述べる。[26]

　このように明治憲法の改正が不可避だとして，具体的にいかなる改正が成されるべきか，またその改正はポツダム宣言履行のための，国際的義務であるのか (かつその義務が物権的であるか)，それとも，その履行のために日本政府が責務を負うが，比喩的に言えば契約に基づく義務であって，債権的義務であるのか，が問題となる。これを物権的義務だと解するのが，八月革命説といわれる考え方であり，他方憲法改正無限解説を前提に債権的であると解する説が対立する。八月革命説とは，ポツダム宣言受諾時点で国民主権に矛盾する限り

で明治憲法は失効し，主権を有する国民が新憲法として日本国憲法を制定したのであって，明治憲法第73条の改正手続がとられたのは対外的な形式を整えるために過ぎないとする考え方である。八月革命説は，そもそも実効性を持った政府が存続し，天皇も，また明治憲法上の統治機構も，一応存続し，条約締結能力を有していたことからして，「法的意味の」との限定があっても「革命」とまで称するのは困難ではないか，そもそも憲法改正無限解説に立てばこのような解釈をとる必要はないと批判される[27]。憲法改正規定は，議会による通常立法での改正を認める軟性憲法も，特別多数決を要する法律による改正を認める場合も，また日本国憲法第96条のように衆議院参議院両議院の 3 分の 2 以上の多数による発議を要し，さらに国民投票で過半数が賛成することを要する場合もあって，諸国でかならずしも一定でない。日本国憲法がすでに日本国民に定着していること，また憲法改正というのは，憲法典変更の一つの場合に過ぎないことは念頭に置かれねばならない。八月革命説は有力説ではある。明治憲法第73条の改正手続に基づいて日本国憲法が明治憲法の改正として成立したことは，日本国憲法の上諭に示されているとおりである[28]。

　1945（昭和20）年10月 9 日に東久邇宮稔内閣から幣原喜重郎内閣に変わり，10月11日，連合国軍占領総司令部を訪問した幣原首相に明治憲法の自由主義化が示唆される。10月25日，国務大臣松本烝治を長とする憲法問題調査委員会（通称松本委員会）が発足する。松本委員会は議会の権限強化，天皇大権事項の削減，さらに国務大臣の議会に対する責任強化を伴う議会君主制への移行，国民の権利自由の保障強化とそれらへの侵害に対する救済方法を完全なものとする，といった諸点はともかく，天皇による統治権総攬という大原則には手をつけないという方針がたてられた。そのため，1946（昭和21）年 2 月 8 日に提出された松本委員会による草案は，総司令部から一蹴されることになった[29]。過度に保守的な松本案に接し，総司令部のマッカーサーは，幕僚に対してマッカーサー・ノートと呼ばれる憲法草案の基本原理を示すことになる。

I.
　天皇は国の元首の地位にある（at the head of the state）。皇位は世襲である。天皇の職務および権能は，憲法に基づき行使され，憲法に定められた国民の基本的意思に応えるものである。

Ⅱ.

国権の発動たる戦争は廃止する。日本は，紛争解決の手段としての戦争，および自己の安全を保持するための手段としての戦争をも放棄する。日本は，その防衛と保護とを，今や世界を動かしつつある崇高な理想に委ねる。

日本が陸海空軍をもつ権能は，将来も与えられることはなく，交戦権が日本軍に与えられることもない。

Ⅲ.

日本の封建制度は廃止される。貴族の権利は，皇族を除き，現在生存する者一代以上には及ばない。華族の地位は，今後いかなる国民的または市民的な政治権力をも伴わない。

予算の型は，イギリスの制度にならうこと。[30]

　マッカーサー・ノートを基本にした総司令部案（通称マッカーサー草案）が日本政府に手渡されたのは1946（昭和21）年 2 月13日に行われた会談においてである。日本側から出席した吉田茂外務大臣と松本烝治国務大臣らは驚愕し，総司令部に対し再考を求めたが拒絶され，結局この草案に基づいて憲法改正案が作成されることになった。[31]

　日本政府は総司令部案を翻訳した案がまず作成された（ 3 月 2 日案）。総司令部と訳語の選定等に関して折衝し，1946（昭和21）年 3 月 6 日に「憲法改正草案要綱」が国民に公表される。 4 月10日には，（男女20歳以上全てを有権者とする）完全な普通選挙を認めるよう改正された衆議院議員選挙法に基づく総選挙が行われる。 4 月17日には憲法改正草案要綱が口語で文章化された「憲法改正草案」（内閣草案）が作成された。先の総選挙に基づき 5 月22日に成立した第 1 次吉田茂内閣の下， 6 月20日に成立した第90回帝国議会衆議院に帝国憲法改正案として，内閣草案が提出され，いくつかの修正が行われ， 8 月24日に圧倒的多数で可決した。この第90回帝国議会衆議院は女性が有権者となり，かつ議員として当選しており，いわば憲法制定のための特別議会であったといえる。貴族院に送付された草案は 8 月26日審議が開始され，10月 6 日に再び圧倒的多数で可決される。

　貴族院で行われた修正が衆議院で同意され，枢密院の審議を経て11月 3 日に日本国憲法として公布されたのである。憲法第100条にしたがって， 6 ヶ月後の1947（昭和22）年 5 月 3 日に日本国憲法は施行された。[32]

第3章　日本国憲法総論

第1節　憲法の基本原理

　日本国憲法は，国民主権，基本的人権の尊重，平和主義を基本原理としているといわれる。憲法全体で重点が置かれているものを基本原理と呼んでいるが，解釈者の立場によってその重点が異なる。いずれも個人の尊重（憲法第13条）に帰着するとの解釈も可能である。

　最も争いのない解釈は，憲法前文の宣言する内容を基本原理と捉えることである。

　憲法は一般に前文を有するというわけではない。スウェーデンのように複数の法典からなる憲法の場合にはもちろん，歴史の古い憲法は，前文を有していてもきわめて簡潔である。例えばその書き出しが日本国憲法と同様なアメリカ合衆国憲法の前文は非常に短い。

　「われら合衆国の人民は，より完全な連邦を形成し，正義を樹立し，国内の平穏を保障し，共同の防衛に備え，一般の福祉を増進し，および**われらとわれらの子孫に自由のもたらす恵沢を確保する**目的をもって，**この憲法をアメリカ合衆国のために確定し制定する**」。

　日本国憲法前文はこのほか平和主義に関して大西洋憲章（1941年8月14日）の「六，「ナチ」ノ暴虐ノ最終的破壊ノ後両国［アメリカとイギリス］ハ一切ノ国民ニ対シ其ノ国境内ニ於テ安全ニ居住スルノ手段ヲ供与シ，且ツ一切ノ国ノ一切ノ人類カ**恐怖及欠乏ヨリ解放セラレ其ノ生ヲ全ウスルヲ得ルコトヲ確実ナラシムヘキ平和カ確立セラルルコトヲ希望ス**」並びに「八，両国ハ世界ノ一切ノ国民ハ実在論的理由ニ依ルト精神的ノ理由ニ依ルトヲ問ハス**強力ノ使用ヲ抛棄スルニ至ルコトヲ要スト信ス**。陸，海又ハ空ノ軍備カ自国国境外ヘノ侵略ノ脅威ヲ与エ又ハ与ウルコトアルヘキ国ニ依リ引続キ使用セラルルトキハ将来ノ平和ハ維持セラルルコトヲ得サルカ故ニ，両国ハ一層広汎ニシテ永久的ナル一

般的安全保障制度ノ確立ニ至ル迄ハ斯ル国ノ武装解除ハ不可欠ノモノナリト信ス。両国ハ又**平和ヲ愛好スル国民**ノ為ニ圧倒的軍備負担ヲ軽減スヘキ他ノ一切ノ実行可能ノ措置ヲ援助シ及助長スヘシ」から多大な影響があることは周知の事実である。さらに，リンカーンによるゲティスバーグ演説の「……私たちの前には大いなる責務が残されています。名誉ある戦死者たちが最後まで完全に身を捧げた大義のために，私たちも一層の献身をもってあたること。これらの戦死者たちの死を無駄にしないと高らかに決意すること。神の導きのもと，この国に自由の新たなる誕生をもたらすこと。そして，**人民の，人民による，人民のための政府**をこの地上から絶やさないことこそが，私たちが身を捧げるべき大いなる責務なのです」という有名な文句，並びにトマス・ジェファーソンによるアメリカ独立宣言にある「われわれは，自明の真理として，すべての人は平等に造られ，造物主によって，一定の奪いがたい天賦の諸権利を付与され，その中に**生命，自由および幸福の追求**のふくまれることを信ずる。また，これらの権利を確保するために人類の間に政府が組織されること，そしてその**正当な権力は被治者の同意に由来する**ものであることを信ずる」との表現が，国民主権，代議制民主主義を宣言する日本国憲法前文の背後にあることもまた明らかである。[33]

　制定者がどのような資料を参考にして前文を書き上げたかはその文言を理解する上で重要な意味を持つが，もちろん前文のモデルと同じ解釈をしなければならないということはない。

　憲法の前文は，それが付されている場合で，かつ一定の長さを有する場合，通常その憲法によってたつ基本原理を宣言している。日本国憲法の前文はそれなりの長さを有しており，日本語として読みやすいとはいえないが，分析的に読み解けば，次の内容が宣言されている。

　前文第 1 項で代議制民主主義，国際協調主義，人権保障（「自由のもたらす恵沢」の確保），平和主義，国民主権，日本国憲法の民定性が，また法の支配をも宣言していると解する立場もある（「そもそも國政は，國民の厳粛な信託によるものであつて，その權威は國民に由来し，その權力は國民の代表者がこれを行使し，その福利は國民がこれを享受する。これは人類普遍の原理であり，この憲法は，かかる原理に基くものである。われらは，これに反する一切

の憲法，法令及び詔勅を排除する」の解釈）。第2項でさらに立ち入った平和主義の宣言と，「平和のうちに生存する権利」が，第3項で国家主権と国際協調主義が宣言され，第4項でこれらを達成すると誓う。

　国民主権理念が政治に現れるのが民主主義であり，国家主権・国際協調主義は，国民主権と併せて平和主義と人権保障の前提といいうる。このように，国民主権，基本的人権の尊重，平和主義が相互に密接にかかわる基本原理であることは，前文の解釈から導くことが出来る。憲法前文が，直接裁判所が判断するときに依拠して法令等を違憲または合憲と判断する規範となるか，つまり狭義の裁判規範となるかは消極に解するのが有力である。³⁴⁾以下三つの基本原理について概観しよう。

第2節　国民主権

1．「君主」の主権の「統一性」と，「国民」の主権の「あいまい性」？

　フランスの皇帝ルイ14世は「朕は国家なり」（L'Etat c'est moi.）といったと伝えられる。これはある意味真実であって，君主の権限が絶対的であることを如実に示している。このような絶対的な君主の権限が元来「主権」（sovereignty）と称された。主権者たる君主は対外的に国を代表し，国内で最高の権威と権力を持つ，すなわち統治権を有する。対外的独立性（国家主権）と対内的最高性（様々な自治的組織に優越する）を備えた統治権者を主権者と称したのである。このような主権が，フランス革命を期に国民にあるとされたことで，とくにその最高性という点に解釈上困難が生ずることになる。明治憲法下での上杉慎吉対美濃部達吉の論争は憲法上「大権」を有し「統治権者」³⁵⁾であった天皇の政治的権限をどのように解するかについての対立であった。けれども，この論争当事者は本来それほど対立的な学説をとっていたわけではない。たとえば上杉は1925年に出版された著書で次のように述べている。「現代ニ於テハ，一七八九年ノふらんす人権宣言カ，憲法トハ自由ノ保障ト権力ノ分立トヲ定ムルモノニシテ，之ヲ定メスンハ憲法アルノ國家ニ非スト云ヒシヨリ，此ノ如キ内容ヲ有スル憲法ヲ定ムルヲ，特ニ立憲政体ト称シ，憲法ト云フトキハ，一般ニ現代ノ所謂ル立憲政体ヲ定ムルノ憲法ノミヲ指スニ至レリ」³⁶⁾。既述の立憲的意味の憲法の説明と全く変わらないことがわかる。歴史的比較法

ていることを必ずしも意味しない。イギリスは憲法に基づく政治が行われる
べきだという慣行が世界で最も早い時期に確立したという意味で立憲主義
の母国と言われるが，憲法という名称をもった法典は存在せず，**立憲主義**
（Constitutionalism）という言葉が従来用いられなかった（最近では若干状況
が異なるようであるが）。イギリスでは，慣習的に確立したルールに政治権力
者が従わなくてはならないという意味ではもちろん憲法に基づく政治が確立し
ている（このためにイギリスは不文憲法国あるいは非成典憲法の国と呼ばれる
ことがある）。イギリスでは，むしろ**法の支配**（rule of law）という言葉が歴
史的由来もあって用いられる。中世イギリスにおいて専制的な君主に対して
「国王も神の下と法の下にある」と述べたブラクトンの言葉に淵源がある言葉
であり，人の支配（rule of men），つまり恣意的な，法に基づかない政治を否
定する考え方である[6]。

　法の支配という言葉は最初に成文の憲法典を持ったアメリカにおいても，ま
た立憲政治が成文憲法典を持って初めて実現した日本においても用いられる
が，歴史的に遡って子細に検討するとなかなかに難しい課題がある。

　日本が近代的な法制度を整備する上で大きな影響を受けたドイツ並びにフラ
ンスにおける法治主義または法律適合性の原則にもここで触れておこう[7]。

　18世紀のドイツ諸邦（Land）は絶対君主制をとっていたが，経済発展の遅
れのため，絶対主義と対決しそれを倒すような市民階級は存在しなかったの
であって，フランス革命に誘発された「革命」は起きなかった。しかし，最
初は思想レベルで，次いで政治的現実においても，若干の影響が現れること
になる。自由の保障が国家の目的であるという自由主義的国家論が，**ルソー**
（Jean-Jacques Rousseau）の影響を受けた**カント**（Immanuel Kant）によっ
て主張され，南ドイツの諸邦で，フランスに倣った憲法を制定せよとの民衆の
声に一定の妥協をした憲法を制定した君主も出現し，「法治国家理論」が発達
する。

　たとえばヴェルテンベルクの国法学者**モール**（Robert von Mohl）による比
較的自由主義的な法治国家論，プロイセンで保守的な法治国家理論を唱える**シ
ュタール**（Friedrich Julius Stahl）などである。シュタールの理論は，19世
紀後半のビスマルク憲法下の形式的法治国家理論に影響を与えた。すなわち，

的知識があっても，明治憲法はそれを否定しさってしまう要素を持っていたといえよう。

2．日本国憲法制定時の「國體変更」論争と主権論争

日本国憲法は明治憲法と基本原理が異なる。立憲主義の採用という点では一応の同一性があるものの，天皇の大権（内容的には主権）と国民主権，そして前者を「國體」（新字体に直すと「国体」であるが，この標記は国民体育大会を想起させる）とする立場からその変更が可能か，また変わったのか，といった点が論争になった。

「國體」は治安維持法において法概念となっていた。1929（昭和4）年5月31日の大審院による治安維持法違反被告事件[37]は「万世一系ノ天皇君臨シ統治権ヲ総攬シ給フコトヲ以テ其ノ國體ト為」すと判示している。しかし社会的には様々な意味で「國體」概念が用いられていたために，日本国憲法においてそれが変更されたかが争いになったのである。

一つは憲法学者佐々木惣一と哲学者和辻哲郎の論争である[38]。法実証主義の立場から「國體」は変更したという佐々木とそれに納得できない和辻との論争は，立脚点が違いすぎるため，あまりかみあっていないようである。他方，実質は「國體変更」論争であるが，それが法哲学者尾高朝雄と憲法学者宮澤俊義の「主権論争」となった「ノモス主権」論争は[39]，若干言及した八月革命説と「ノモス主権」論との関係を考える上でも重要であるが，高度な学問的内容を含むためその検討は別の機会に行うこととして，ここでは立ち入らない。

3．フランス憲法における主権原理に示唆された1970年代の主権論争

いずれもフランス憲法を主たる比較対象として研究している二人の憲法学者杉原泰雄と樋口陽一の間で行われたのがこの論争である[40]。いずれもルソー，ア[41]ベ・シェイエス[42]，1789年フランス人権宣言，1791年フランス憲法，1793年フランス憲法の「国民主権」概念を考察の基礎においている。杉原説は，国民主権は，国内における国家権力自体（統治権）の帰属を指示する法原理であり，日本国憲法も可能な限りプープル主権の要素（直接民主制の要素）を強調して解釈すべきとする[43]。すなわち，主権は実際に国政のあり方を決定する最高の「権

力」であって，主権の帰属する「国民」は有権者の総体（あるいは政治的意思決定能力を有する市民の総体）であるというのである。これに対して，樋口説は，主権とは，「直接にはあくまでも権力の正当性の所在の問題であって，権力の実体の所在の問題ではない[44]」という。主権が直接行使されるということは永久にありえない。主権は国家権力の行使を究極的に正当化する「権威」であって，主権の帰属する「国民」は，国民全員（政治的意思決定能力のない者も含む）であるという。これらの説は，次の二つの対立する考え方を日本国憲法の解釈に持ち込んだものである。

フランス1958年憲法前文で言及されている，フランス人権宣言（1789年8月26日）は，「国民とは，相互に平等な個人のみからなる」（La nation n' est formé que d'individus égaux les uns aux autres）という考え方を示している。しかしその考え方を主権とどう結びつけて考えるかにつき二つの異なる立場からなる憲法が制定された。

フランス1791年9月3日憲法は「国民（ナシオン nation）主権」すなわち，「国民とは，全国籍保持者の統一団体である」（La nation est une collectivité unifiée de nationaux）という考え方への転換を示しており，ここでいう「国民」は，「全国民」（nation entière）＝「国籍保持者の総体」（ensemble des nationaux）と解される[45]。これに対し，フランス1793年6月24日憲法が採用した「人民（プープル poaple）主権」にいう「人民」は有権者の総体であるという[46]。現実にはいずれも極端な考え方であって，少なくとも直接に日本国憲法の解釈に適用可能な考え方とは解されない[47]。

4．現在の有力説（宮澤俊義・芦部信喜・佐藤幸治）

ここまで見てきたような論争の前提となり，またはこれらの論争を踏まえて提唱されている有力な考え方を検討しておこう。

宮澤俊義は，主権を一種の憲法制定権力としてとらえ「主権」とは国家の政治のあり方を最終的に決める力または意思（ないし権力または権威），一つの建前・理念であるとなし，「国民」とは特定の誰それではなく，特別の資格を持った君主というような人間ではなくて，Jedermann を意味し，「国民主権原理の主眼は，主権が国民に属するというよりもむしろ，主権は君主というよ

な特定の人間に属していないということにあるといえる」とする。日本国憲法制定後の通説と言ってよいこの学説に対し，論争を踏まえつつ有力に主張されているのが芦部信喜による次の解釈である。

「国民主権は，一体的国民（全国民）が国家権力の源泉であり，国家権力を民主的に基礎づけ正当化する根拠であるという意味と，さらに，国民（実際にはそれと同視される積極的国民＝有権者）が国家権力の究極の行使者だという意味をあわせ含む」。「ただこの同一性ないし自同性の原則は一つの擬制であるから，普通選挙制の趣旨に従って有権者の範囲ができるかぎり拡張され，その多様な意思を国会に公正かつ効果的に反映するような選挙制度が整備されることなど，自同性の原則を，現実に保障する具体的な制度が伴わなければならない」。

芦部説と類似する側面を持ちつつ，通常国民主権実現のための条件（上で芦部によって示された「ただ……」以下の言明）を「実定憲法上の構成的原理としての国民主権」として示すのが佐藤幸治である。

「憲法制定権力者としての国民主権　国民主権には，大別して，憲法を定立し統治の正当性を根拠づけるという側面と，実定憲法の存在を前提としてその憲法上の構成的原理としての側面とがあり，後者はさらに，国家の統治制度の民主化に関する側面と公開討論の場（forum）の確保に関する側面とを包含するものと解すべきである。（中略）国民主権は，まず，主権という属性をもった国家の統治のあり方の根源にかかわる憲法を制定しかつ支える権力ないし権威が国民にあることを意味する。この場合の国民は，憲法を制定した世代の国民，現在の国民，さらに将来の国民をも包摂した統一体としての国民である。

（中略）実定憲法上の構成的原理としての国民主権　（イ）統治制度の民主化の要請　国民主権は，憲法を成立せしめ支える意思ないし権威としてのみならず，その憲法を前提に，国家の統治制度が右の意思ないし権威を活かすよう組織されなければならないという要請を帰結するものと解される。…国民は有権者団という機関を構成するが，それは民意を忠実に反映するよう組織されなければならないとともに，統治制度全般，とりわけ国民を代表する機関の組織と活動のあり方が，憲法の定める基本的枠組みの中で，民意を反映し活かすという角度から不断に問われなければならないというべきである。（中略）（ロ）公

開討論の場の確保の要請　構成原理としての国民主権は，統治制度の民主化を要請するのみならず，かかる統治制度とその活動のあり方を不断に監視し問うことを可能ならしめる公開討論の場が国民の間に確保されることを要請する」[51]。

　体系的整理はなされているが，しかし国民主権概念にあまりに多くのものを包含させていて，かえって憲法解釈に際して国民主権概念が持つ意義が過度に大きくなっているのではないかが懸念される。

５．なにに注目して考えるか

　従来は「主権」に注目して論争が行われてきた。国民か人民かというのは日本語としてはほとんど意味が異ならないため，その解釈論が普及してきたとはいえない。そこで「国民」という観念をいかに理解するかそれ自体を問題にすべきだというのが近年有力な見解である。すなわち，「日本国憲法の制定による国民主権原理の採用は，明治憲法における『民族』国家を否定して，社会契約論で説明されるような人為的結合としての『国民』国家へと日本国の構成原理を転換させた，歴史的に決定的な事件として評価されるべき」[52]である。

６．さしあたりの「解釈」

　憲法解釈の際には，革命を正当化するという側面を有すると解されることから，規範の解釈を行う上で，「主権」の概念として「憲法制定権力」を想定するのは，不要であると考えられ[53]，このことも考慮に入れれば，「国民主権原理」とは，「国政のあり方は，最終的には，国民の意思力によって決定せらるべし」とする建前・理念，当為命題を意味する原理ないし[54]「統治権が絶対化することを妨げる原理」[55]であると解される。

　さて国民主権の原理を右のように定義づけたとしても，その「国民」の意味するところが明らかになったとはいえない。しかし従来から各国家で国民の範囲を限定するメルクマールとして「国籍」がその構成する人民へ与えられてきた。

　国籍の概念は，そもそも国家支配を正当化する個人の有する国家における地位といった意味合いが含まれていると解されることに鑑みれば，国民主権原理にいう「国民」概念と「国籍」の概念は，由来から見れば一致する概念である

と理解することができる。ここで，「国籍」を定める立法は，憲法の基本原理を考慮し当該国家の伝統的に「国民」であると観念されてきた人民を少なくとも排除することは許されない，と理解することができると解される。

すなわち，法律を待たずに上記強調部分が憲法第10条の規範的要請であると解されるのであって，排除することが出来ない「国民」の内実として国籍保持者を指すものと理解することで「国民主権原理」の限定性は保たれると解される。多数説との違いは，右強調部のみである。したがって，**国民主権原理は，国籍保持者による国家支配の正当化，国政のあり方を国籍保持者が最終的にその意思でもって決めること，そのことによって，統治の絶対化を妨げる原理**であると解されることになる。

第3節　平和主義

日本国憲法第9条が戦争放棄を宣言し，第2項で「陸海空軍その他の戦力」を保持しないと定めていることはあらためて強調するまでもなく重要な特色である。政治的にさまざまな主義主張が関わる問題でもあるため，学説については必要最小限度の言及にとどめ，判例の見解を中心に整理する。[56)]

1．学説概観

前文で「政府の行為によつて再び戦争の惨禍が起こることのないやうにする」とあるのは侵略戦争を二度と起こさないようにすべきだとの政治的決断であり，それを具体化したのが第9条第1項の「國權の發動たる戦争と，武力による威嚇又は武力の行使は，國際紛争を解決する手段としては，永久にこれを放棄する」という規定である。

国権の発動たる戦争，というのは単に戦争といっても同じで，国際法（戦時国際法・武力紛争法）の適用を受ける戦争を指すと解される。武力による威嚇は，日本が三国干渉にあたって示したような武力の示威であり，武力の行使は，満州事変のような事実上の紛争を引きおこす武力行使を指すのであり，結局法的な（狭義の）戦争及び事実上の戦争全てを指していると解される。しかしここで問題となるのが「国際紛争を解決する手段」との文言である。

国際紛争を解決する手段，というのは予備知識なしに読めば結局全ての戦争

が放棄されていると解されるが，不戦条約以来の国際法上の用語法に従うならば，第9条第1項は全体として侵略戦争を行わないという宣言と解釈されるべきことになろう[57]。しかし第1項を国際法上違法な戦争等，つまり侵略戦争を放棄したと解するとしても，第2項の解釈は分かれる。第2項はいっさいの軍事力の不保持を定め，第2項後段が国際法上交戦者に認められる諸権利をも否認している結果，自衛戦争を含む全ての戦争が放棄されているとする説（2項全面放棄説[58]）と，第2項の「目的」は第1項に言う「国際紛争解決の手段として」の戦争等を放棄するためであるので，自衛または制裁のための軍事力の保持は禁止されないとの説（自衛戦争合憲説[59]）である。これらの第9条に法規範性を認める解釈の他，法規範性そのものを否認する政治的マニフェスト説[60]や政治的規範であって裁判所が法的判断に用いるべき裁判規範ではないとの説[61]がある。なお第9条第2項の「戦力」は，「その他の」を文字通り厳格にとると近代国家がなりたたない（戦争に役立つ潜在的能力一切が含まれてしまうので，航空機，港湾施設，核戦力研究なども含まれることになり不合理である）。それゆえ「戦力」は「外敵の攻撃に対して実力をもってこれに対抗し，国土を防衛することを目的として設けられた，人的・物的手段の組織体」である「軍隊および有事の際にそれに転化しうる程度の実力部隊」と解される（芦部60頁）。警察力は国内治安の維持と確保を目的とするが，軍隊は国土防衛が主たる目的である。ただし，学説上有力な武力無き自衛権論も，自衛権放棄説も，国際法の用語法に鑑みれば，容易には与し得ない。国際法上，自衛権はそもそも放棄できないと解すべきだからである。この前提があるからこそ学説が多岐にわたることにもなり，現実の政治においても問題が生じるのである。

２．現行法制度と政府の立場

　学説概観で示した最後の2説は一見自衛隊が存在する現状を説明するに適切な考え方のように思われるが，自衛隊に関する膨大な法律は，自衛隊及び防衛省を行政機関の一種として内閣の統制下に置き，自衛隊員を公務員と扱っている。すべての権限発動に法律の根拠を有する体制は第9条を法規範と見なしていなければあり得ない[62]。政府は直接に自衛戦争合憲説をとらず，2項全面放棄説と同様の立場に立ちつつ，自衛権が否定できない以上，そのための「自衛

力」は保持を許されるとしている。したがって，政府の見解からも，自衛のための「必要最小限度」を超えた武力を自衛隊が有するに至ると違憲となるはずである。過度の軍備増強を図ろうと政府が画策すれば次の選挙で落選することが予測されるというのが先の政治的規範説の立場であって，民主政治に対する信頼と同時に，実に危ういバランスの上に現在の自衛隊法制が運用されていることは間違いない。

　文民条項（第66条第2項）を傍証に，また第9条起草時に当初は政府も1項全面放棄説あるいは2項全面放棄説にたっていたようであるが，警察予備隊創設より後は，言葉遊びのような，それでいて形式論理だけは一貫した内閣法制局による，ある意味首尾一貫した解釈論を採用してきた。

　自衛隊と防衛省は，一体となった組織である。第9条との関係で創設以来所轄官庁はあくまで総理府の外局，後に内閣府（総理府から名称変更）の外局として，防衛庁及び防衛施設庁とされてきた。けれども，2007年1月，防衛省が設置され，あわせて自衛隊の任務が拡大されている。自衛隊法第2条第1項は「この法律において『自衛隊』とは，防衛大臣，防衛副大臣，防衛大臣政務官及び防衛大臣秘書官並びに防衛省の事務次官及び防衛参事官並びに防衛省の内部部局，防衛大学校，防衛医科大学校，統合幕僚監部，情報本部，技術研究本部，装備施設本部，防衛監察本部，地方防衛局その他の機関（政令で定める合議制の機関並びに防衛省設置法（昭和29年法律第164号）第4条第24号又は第25号に掲げる事務をつかさどる部局及び職で政令で定めるものを除く。）並びに陸上自衛隊，海上自衛隊及び航空自衛隊並びに防衛装備庁（政令で定める合議制の機関を除く。）を含むものとする」と規定し，また防衛省設置法第3条は，「防衛省は，我が国の平和と独立を守り，国の安全を保つことを目的とし，これがため，陸上自衛隊，海上自衛隊及び航空自衛隊（自衛隊法（昭和29年法律第165号）第2条第2項から第4項までに規定する陸上自衛隊，海上自衛隊及び航空自衛隊をいう。以下同じ。）を管理し，及び運営し，並びにこれに関する事務を行うことを任務とする」（第1項），「防衛省は，前項に規定する任務のほか，条約に基づく外国軍隊の駐留及び日本国とアメリカ合衆国との間の相互防衛援助協定（以下「相互防衛援助協定」という。）の規定に基づくアメリカ合衆国政府の責務の本邦における遂行に伴う事務で他の行政機関の所

掌に属しないものを適切に行うことを任務とする」(第2項)と規定する。

　防衛省の任務規定は,それが自衛隊と一体のものであることを示している。そして自衛隊法第3条は「自衛隊は,我が国の平和と独立を守り,国の安全を保つため,我が国を防衛することを主たる任務とし,必要に応じ,公共の秩序の維持に当たるものとする」(第1項)のを基本とする。

　それに加えて「自衛隊は,前項に規定するもののほか,同項の主たる任務の遂行に支障を生じない限度において,かつ,武力による威嚇又は武力の行使に当たらない範囲において,次に掲げる活動であつて,別に法律で定めるところにより自衛隊が実施することとされるものを行うことを任務とする」(第2項柱書)。そこに挙げられているのは「我が国周辺の地域における我が国の平和及び安全に重要な影響を与える事態に対応して行う我が国の平和及び安全の確保に資する活動」(第1号)と「国際連合を中心とした国際平和のための取組への寄与その他の国際協力の推進を通じて我が国を含む国際社会の平和及び安全の維持に資する活動」(第2号)である。

　元来専守防衛の組織であることを理由に軍ではないから合憲であると説明されてきた自衛隊は,国外での活動が肯定されることで,ますます「軍隊」に近づいている。そもそも軍隊は自国外での活動が主なものであるから,日本で議論を呼んだ国連軍への参加[63]にせよ,PKO(Peacekeeping Operation:平和維持活動)への参加にせよ,憲法で正面から軍を認めている国では問題とならないのである。

　なお自衛隊の任務にある「国際連合を中心とした国際平和のための取組への寄与その他の国際協力の推進を通じて我が国を含む国際社会の平和及び安全の維持に資する活動」は,既述の通り防衛省設置の際自衛隊法が改正されて追加されたものであるが,これは1954(昭和29)年6月の参議院本会議の「自衛隊の海外出動をなさざることに関する決議」,1980(昭和55)年10月30日の国連憲章第43条に基づく国連軍への参加,平和維持軍(PKF)への参加のみならず,PKOへの参加も自衛隊法上認められないとの政府統一見解を覆し,1992(平成4)年6月「国際連合平和維持活動等に対する協力に関する法律」(PKO協力法)[65]以来の一連の「有事」法「整備」の仕上げともいえる。立ち入った評価は独立の論文を要する複雑な問題であるが,関連法を概観しておこう。

防衛省・自衛隊の組織図[64]

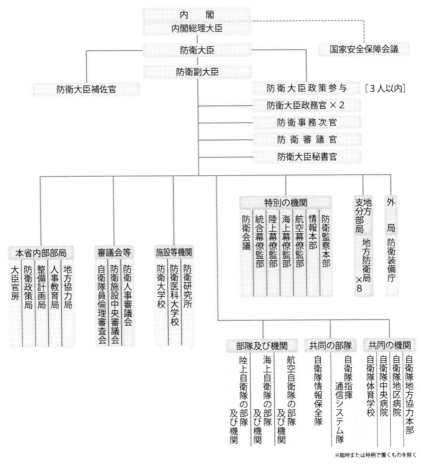

（〈https://www.mod.go.jp/j/profile/mod_sdf/〉（2022年1月9日アクセス）より）

　すなわち，1997（平成9）年9月23日の改訂「日米防衛協力のための指針」（いわゆる「新ガイドライン」）から始まり，1999（平成11）年5月の「周辺事態法」[66]，2001（平成13）年9月11日のアメリカのいわゆる9.11テロ事件に対する日本政府の対応としての「テロ対策特別措置法」[67]，2003（平成15）年には「イラク支援特別措置法」（平成15年8月1日法律第137号）が制定されている。2003（平成15）年6月には，有事三法として「武力攻撃事態法」[68]，「安全保

障会議設置法の一部を改正する法律」[69]，「自衛隊法及び防衛庁の職員の給与等に関する法律の一部を改正する法律」[70]が成立する。翌年6月14日には，有事関連7法及び関連3条約が承認される。

　有事関連7法とは，国民保護法[71]，米軍行動円滑化法[72]，特定公共施設利用法[73]，国際人道法違反処罰法[74]，外国軍用品海上輸送規制法[75]，捕虜取扱法[76]，改正自衛隊法を指す。また関連3条約は，日米物品役務相互提供協定（ACAS）の改定，ジュネーブ条約第1追加議定書（国際的武力紛争の犠牲者の保護），ジュネーブ条約第2追加議定書（非国際的武力紛争の犠牲者の保護）を指す。同時期に「特定船舶の入港の禁止に関する特別措置法」が議員立法として制定された[77]。

　2014年の集団的自衛権を（部分的に）認める閣議決定（7月1日）を受け，2015年に「平和安全法制」（平和安全法制整備法［既存の自衛隊関連法および在日米軍にかかる10本の改正法］と国際平和支援法［新法］）が大幅な会期延長を伴って可決された（9月17日）。78条にのみ間接侵略概念が残っているものの自衛隊76条1項1号に「又は我が国に対する外部からの武力攻撃が発生する明白な危険が切迫していると認められるに至つた事態」の文言が加えられ，2項に「我が国と密接な関係にある他国に対する武力攻撃が発生し，これにより我が国の存立が脅かされ，国民の生命，自由及び幸福追求の権利が根底から覆される明白な危険がある事態」が規定された。防衛出動の可能性は，日本に対する武力攻撃が侵略の意図で，かつ急迫不正におこなわれる場合のみであった。武力攻撃事態法の制定により意図を問わずに行われた場合に拡大され，さらに平和安全法制の制定により，重要影響事態，海外における緊急事態，存立危機事態の場合にまで拡大された。自衛隊法95条の2で武器等防護の名のもとに実質的な集団的自衛権の行使を認めるなど，もはや自国防衛の名で主張するのが不可能なほど拡大されており，もはや憲法改正の是非を問うべき時期に来ているといえよう［2022年1月補記］。

3．自衛隊の創設，安保条約と判例の展開

　自衛隊は当初朝鮮戦争の時代，いまだ占領下にあった時期，1950年に警察予備隊として誕生した。この合憲性を争って当時の左派社会党書記長鈴木茂三郎が最高裁判所に直接求めた裁判においては「現行の制度の下においては，特定

の者の具体的な法律関係につき紛争の存する場合においてのみ裁判所にその判断を求めることができるのであり，裁判所がかような具体的事件を離れて抽象的に法律命令等の合憲性を判断する権限を有するとの見解には，憲法上及び法令上何等の根拠も存しない[78]」として訴えが却下された。

　警察予備隊は，後に保安隊及び警備隊（1952年）へと拡張し，さらにその2年後，自衛隊創設へと至る。政府は憲法制定過程では第9条は自衛のためのものを含めて一切の戦争を放棄し，軍備も一切禁じていると解していたが（1946年6月26日衆議院帝国憲法改正委員会における吉田茂首相の答弁），警察予備隊創設から自衛隊創設までは，警察力を補うものに過ぎないとし，自衛隊創設に伴って，憲法は自衛権を否定していない，したがって，自衛のため必要な最小限度の実力としての自衛力は戦力ではないとの見解を出すに至る。

　1952年にサンフランシスコ講和条約と同時に締結された日米安全保障条約（日米安保条約）[79]は，1960年に改定されて現在に至る。日米安保条約第3条は「締約国は，個別的に及び相互に協力して，継続的かつ効果的な自助及び相互援助により，武力攻撃に抵抗するそれぞれの能力を，憲法上の規定に従うことを条件として，維持し発展させる」と規定し，第5条で「各締約国は，日本国の施政の下にある領域における，いずれか一方に対する武力攻撃が，自国の平和及び安全を危うくするものであることを認め，自国の憲法上の規定及び手続に従つて共通の危険に対処するように行動することを宣言する」（第1項）とした上で，「前記の武力攻撃及びその結果として執つたすべての措置は，国際連合憲章第51条の規定に従つて直ちに国際連合安全保障理事会に報告しなければならない。その措置は，安全保障理事会が国際の平和及び安全を回復し及び維持するために必要な措置を執つたときは，終止しなければならない」（第2項）と規定する。

　この日米安保条約の下アメリカ軍が日本に駐留している（第6条参照）が，その合憲性が争われた砂川事件上告審[80]において，次のように判示されている。憲法第9条「によりわが国が主権国として持つ固有の自衛権は何ら否定されたものではなく，わが憲法上の平和主義は決して無防備，無抵抗を定めたものではない」。「わが国が，自国の平和と安全を維持しその存立を全うするために必要な自衛のための措置をとりうることは，国家固有の権能の行使として当然の

ことといわなければならない」。「憲法前文にいわゆる平和を愛好する諸国民の公正と信義に信頼すること……［で］われらの安全と生存を保持しようと決意した」。このこと「は、……国際連合の機関である安全保障理事会等の執る軍事的安全措置等に限定されたものではなく、わが国の平和と安全を維持するための安全保障であれば、その目的を達するにふさわしい方式又は手段である限り、国際情勢の実情に即応して適当と認められるものを選ぶことができる……［の］であって、憲法9条は、我が国がその平和と安全を維持するために他国に安全保障を求めることを、何ら禁ずるものではない」。このように、あきらかに日米安全保障条約を合憲と解しているかのように判示しながら、他方で日米安全保障条約は「主権国としてのわが国の存立の基礎に極めて重大な関係をもつ高度の政治性を有するものというべきであって、その内容が違憲なりや否やの法的判断は、その条約を締結した内閣およびこれを承認した国会の高度の政治的ないし自由裁量的判断と表裏をなす点がすくなくない。それ故、右違憲なりや否やの法的判断は、純司法的機能をその使命とする司法裁判所の審査には、原則としてなじまないものであり、従って、一見極めて明白に違憲無効であると認められない限りは、裁判所の司法審査権の範囲外のものであって、それは第一次的には、右条約の締結権を有する内閣およびこれに対して承認権を有する国会の判断に従うべく、終局的には、主権を有する国民の政治的批判に委ねられるべきであると解するを相当とする。そして、このことは、本件安全保障条約またはこれに基く政府の行為の違憲なりや否やが、本件のように前提問題となっている場合であると否とにかかわらない」。このように、先の政治的規範説に立っているようにも解され得る立場をとる。

　これに対し、自衛隊の合憲性については、限りなく合憲説に近いようにも思われるものの、実際に判決文を読むと、最高裁は違憲とも合憲とも明言していない。

　第1審で自衛隊違憲判決が出された長沼ナイキ基地訴訟[81]においても、札幌高等裁判所は自衛隊は一見極めて明白に侵略的なものとはいえない[82]として控訴人らの主張を退け、上告審（最高裁）[83]は訴えの利益がない、すなわち、平和的生存権は、行政にその行為を取り消すよう求める裁判の原告たる資格を基礎づけない[84]と判示している。

第4節　基本的人権の尊重

1．概観

　日本国憲法は前文において「自由のもたらす恵沢の確保」を目的とし，第3章で詳細な人権保障規定を置く。明治憲法においても「権利」規定はあったが，あくまで臣民の権利であった。同じ臣民の権利という言い方をすることもあるイギリスと比べると，実態は相当に異なる。

　実際，イギリスでは civil rights という考え方が徹底しており，制定法がなくともコモン・ロー上の権利保障が図られてきた[85]。人権保障は，その規定方式は相当にさまざまであって，アメリカのように州憲法においても連邦憲法においても人権規定がある国もあれば，フランスのように1789年フランス人権宣言を尊重するものとの宣言にとどまるもの，カナダのように当初は法律で定められ，後に憲法典に取り込まれたもの，オーストラリアのように州レベル（ヴィクトリア州）あるいは準州レベル（首都特別地域：ACT）の法律はあるが憲法典には限られた規定しかない国などがあり[86]，ドイツや日本，韓国やインドの現行憲法のように詳細な人権規定が整備されている国ばかりではない。南アフリカ憲法のように規定は充実しているが実際の保障は生成過程の国もあるし，社会主義諸国，とくに中華人民共和国や朝鮮民主主義人民共和国のように，規定がほとんど全く意味を持っていない国もある。

　日本の場合，大正デモクラシーと呼ばれた一時期には明治憲法の下でも相当程度権利保障が進んだが，その後，明治憲法の規定が，法律によりさえすれば権利を制限できるものであったために，日中戦争以降の多くの権利制限規定を生み出すことにつながった。このことへの反省として，日本国憲法の詳細な人権規定が意味を持つ。

　人権は，一人ひとりの個人的属性，社会的地位等を捨象して，自由かつ平等な個人を確立するための手段である。他方で様々な条約によって形成されてきた国際人権法は，むしろこのようなそれぞれの「属性」「社会的地位」に着目して規定を置き[87]，最終的に独立した個人の「人権」を確保しようとするものだといってもよい。

　日本国憲法は比較的整理された人権条項を有している[88]。

　日本国民の要件（第10条），人権の総則規定（第11条〜第14条）を置き，参政権（第15条），請願権（第16条），国家賠償請求権（第17条），人身の自由（第18条）について規定した上で，国家権力が一般市民に対する干渉をしない，という意味での自由権につき規定し（第19条〜第23条），家族に関する規定と婚姻に関する男女平等・対等を定める第24条を置き，いわゆる社会権について規定し（第25条〜第28条），さらに古典的自由としての財産権について規定する（第29条）。その上で，納税の義務（第30条）規定をはさんで，裁判に関わる諸規定を置いている（第31条以下）。

　ただし，それまでまったく想定されていなかった裁判所による法律等の憲法適合性審査を導入した第81条の下で，最高裁判所は当初人権制限的な法律や条例を「公共の福祉」のために制限できるといとも簡単に判示していた。ここでは人権の享有主体について判例の見解を中心に簡単に整理しておくことにする。

２．外国人の権利

　「臣民の権利」であった明治憲法下においては，ほとんど論じられることがなかったのが外国人の人権である。そもそも不平等条約を解消しようというのが憲法及び主要法律の当初の制定目標であったのであり，外国人はむしろ優遇されていた。けれども多くの植民地を獲得し植民地の人民を「外地」の「日本臣民」と扱ってきた日本は，日本国憲法施行時に日本国外に出たことがない外国人を生みだし，その権利保障が課題となった。これに加えて高度経済成長の時期を経て日本国内には多くの外国人が滞在することになる。日本国憲法が「国民の権利及び義務」と題した章を持っているからといって，外国人に権利を保障しないでよいという帰結は当然とは言い難い。憲法の文言を軽視して良いわけではないが，それだけでは語り得ない。最高裁判所の判例は一応建前では権利の性質上許される限り人権保障は外国人にも及ぶとされている[89]。けれどもその判示をした判例（マクリーン事件最高裁判決）が外国人の人権保障は外国人の在留制度の枠内で与えられるに過ぎないと述べていることが，有権解釈の本質を示しているといえる。

　参政権は外国人には保障されないのが当然と解されてきたが，永住者等であ

って地域に定着しているような外国人には法律で地方自治体における選挙権を付与しても違憲ではないとの最高裁判決がある。⁹⁰⁾ただし地方自治体（東京都）の管理職試験の受験資格に付き外国人を日本人と同じに扱わなくとも，その運用の実態に鑑みれば合理的な区別であって憲法第14条第1項には反しないとされている。⁹¹⁾

社会権は従来国籍国によって保障されるものであったが，財政事情等の事情がなければ法律によって外国人に社会権の保障を及ぼすことに憲法上の支障はない。1981年には，社会権規約⁹²⁾及び難民条約⁹³⁾の批准を契機として社会保障関係の国籍要件が撤廃された（芦部92頁）。

入国の自由は，憲法で統制されるものではなく，国際慣習法上，外国人に保障されないのは当然である。⁹⁴⁾またその当然の帰結として，在留の権利も憲法上保障されているものとはいえない。⁹⁵⁾ただし第22条が保障する居住移転の自由が外国人に否定される理由はなく，正規の手続で入国を許可された者が濫りにその在留資格を奪われることは許されないと解される。最高裁が外国人に第22条第2項を根拠に外国人に出国の自由を認めたことがあるが，⁹⁶⁾入国の自由について国際慣習法の統制を認めるのであれば出国の自由についても国際慣習法上国家はそれをそもそも制限し得ないとしなければ首尾一貫しない。出国の自由の判決とは論理が一貫しないが，いわゆる森川キャサリーン事件において，最高裁は，入国の自由と在留権が否認されている判例に照らせば外国人には憲法上外国へ一時旅行する自由を保障されているものではなく，再入国の自由も保障されないとした。⁹⁷⁾ただし特別永住者については，再入国が認められている。⁹⁸⁾

3．「法人」の権利

法人は，普通の人（法律用語で「自然人」）以外で，法律上の行為能力が与えられているものをいう。表題で法人を鉤括弧でくくったのは，本来，団体の権利とすべきと解されるからである。判例においては，「会社が，納税の義務を有し自然人たる国民とひとしく国税等の負担に任ずるものである以上，納税者たる立場において，国や地方公共団体の施策に対し，意見の表明その他の行動に出たとしても，これを禁圧すべき理由はない。のみならず，憲法第3章に定める国民の権利および義務の各条項は，性質上可能なかぎり，内国の法人に

も適用される……から，会社は，自然人たる国民と同様，国や政党の特定の政策を支持，推進しまたは反対するなどの政治的行為をなす自由を有する[99]」と判示して，政治的行為の自由（政治献金をする自由）を広く認めている。この判決には批判が強く，実際，政治献金は現在かなり規制されている（公職選挙法及び政治資金規正法参照）のであって，この判決が実効性を持つものであれば，現行法は違憲ということになりそうであるが，そのような主張は存在しないといってよい。法人は法律で人為的に作り出された人格であってその構成員の保護に資するものであり，かつ法人設立の目的にかなう限りで限られた権利を認められるに過ぎないとしなければ，法人格を持たない団体と法人格を持つ団体とで権利保障に差がつくことになり，したがってその構成員相互間に権利保障の強度に差がついてしまうことになるから，上記の判決はとうてい維持しがたい。強制加入団体である税理士会が政治献金目的で会員から特別会費を徴収したことについて最高裁は「政党など規制法上の政治団体に対して金員の寄付をするかどうかは，選挙における投票の自由と表裏を成すものとして，会員各人が市民としての個人的な政治的思想，見解，判断等に基づいて自主的に決定すべき事柄である」。「公的な性格を有する税理士会が，このような事柄を多数決原理によって団体の意思として決定し，構成員にその協力を義務づけることはできないというべきであ[100]」ると判示している。ただし，阪神淡路大震災復興支援のための拠出金を兵庫県司法書士会に対して支出した群馬司法書士会について，その構成員が，拠出金のため登記申請1件あたり50円の復興支援特別負担金徴収を行うことを決議したことに異議を唱えた事件につき，この決議は「公的機能の回復に資することを目的とする趣旨のものであって」，群馬司法書士会の「権利能力の範囲内にあるというべき」で，「本件負担金の額も，登記申請事件1件につき，その平均報酬約2万1,000円の0.2％強に当たる50円であり，これを3年間の範囲で徴収するというものであって，会員に社会通念上過大な負担を課するものではないのであるから，本件負担金の徴収について，公序良俗に反するなど会員の協力義務を否定すべき特段の事情があるとはみとめられない[101]」との判決もあり，目的の如何によって判断が分かれているようにも見える。

　いずれにせよ，憲法上の権利には集会結社の自由（第21条第1項）や労働者

38

の団結権（第28条）のように団体または集団で行使されることが通常の権利もあること，民族団体のようなマイノリティ・グループが，法人格を持つ団体を結成しているか否かでその保護の程度に差がつくのは問題があることなどを考慮してこの問題を考える必要がある。

4．未成年者の権利

　未成年者の権利問題は，通常「子どもの権利」という呼称で検討される。人権は「人間」に認められる権利であるという視点からすれば「子ども」も「人間」である以上，わざわざ別異に取り扱うのはおかしいようにも思われる。けれども，子どもが「大人」によって保護される存在である以上，子どもの保護のためにその権利が一定程度制限されることは経験則上否定しがたい。有り体に言えば「子どものための制限」のみが許され，大人の都合による恣意的な制約は許されないと言うことになる。しかしこれだけでは不十分であって，人格的未成熟による不利益を被らないよう必要最小限度の制約のみが許されると解すべきであろう。これをパターナリスティックな制約ということがあるが，そのように言うだけでは必ずしも制約の必要最小限性は導かれないことに注意が必要である。

　憲法自体が参政権を「成年者」にのみ保障し（第15条第3項，公職選挙法第9条及び第10条），また民法において行為能力が制限されていること（民法第4条・第6条）は，未成年者が身心ともに未発達であることがその理由とされる[102]。他方で憲法上，「児童」の酷使は禁止され（第27条第3項），学習権が保障されている（第26条第1項）し，地方公共団体の条例（一般に青少年保護育成条例という名称である）によって保護されると同時に，表現の自由などが制約される（芦部86頁）。「児童の権利条約[103]」は公定訳から受ける印象に反して18歳未満の全ての子どもが対象であって，その内容は注目に値する。

5．天皇及び皇族の「人権」

　天皇も，また即位の可能性がある皇族も，憲法自体が平等な国民の例外としての身分を規定しているのであって，たしかに「人間」には違いないが，普通の国民と同様な意味での「人権」をそもそも語り得るのかという疑問が生じる

であろう。基本的な身分関係や成年については皇室典範に規定され，国籍法の直接の適用は受けず，その身分は皇統譜に記録される。主権者国民に含まれないことからの権利制限は多岐にわたる。政治的表現の自由，参政権（選挙権・被選挙権）はもとより，信教の自由，婚姻の自由，さらに学問研究の自由も制限される。これらを人権享有主体に対する制限として正当化することはかなり難しい。皇族が一般国民になる可能性を残しておくことで，危ういバランスを立憲主義との関係で保っていると考えられる。[104]

結語—憲法総論再考の意義

　以上駆け足で憲法の意義，憲法史，憲法の基本原理について整理検討してきた。従来の憲法総論についての議論では，紙幅の関係もあろうが，他の諸国の憲法，特にブリティッシュ・コモンウェルス諸国の憲法の実態についての紹介，それらの憲法との比較が明示的にはなされてこなかったように思われる。[105]本稿においては人権についての立ち入った言及を行わなかったため，不十分のそしりは免れないかもしれない。けれども，コモンウェルス諸国の憲法とその理論に注目するということは，同時に歴史的視点を重視するということでもある。イギリス及びその植民地であった諸国のうち，コモンウェルス諸国と呼ばれる国々が，成文憲法典を有するけれども，不文の慣習が非常に大きな役割を持っている。日本において不文の慣習を重視するという立場を強調していたのは美濃部達吉であるが，不文の慣習が重要であることそれ自体は確かであって，必ずしも憲法変遷による成文憲法典の変更を安易に認めることには直結しない。本稿が特に重視したのは明治憲法制定以前の「国制」であり，その確認は明治憲法自体の意義を考えるにあたっても重視されるべきだというにある。このような視点を踏まえてこそ，日本国憲法の解釈が説得力をもつと考える。本稿の検討を踏まえつつ，日本国憲法の統治機構，日本国憲法下の人権保障，憲法改正について稿を改めて整理することが当面の課題である。

　　第1部　註

1) 　本稿は当初講義案として執筆したものであるため，註は最小限に抑えている。憲法の概説書は汗牛充棟ただならぬ数が出版されており，本稿筆者も法学入門の性格を持ったもの（佐藤潤一『法学と憲法入門』（敬文堂，2006年）），また平和学入門として国際人権法との関わりを重視したもの（佐藤潤一『人権と平和——憲法と国際人権法の交錯——』（晃洋書房，2011年））の二冊をすでに公にしている（その後2013年に佐藤潤一『教養　憲法入門』（敬文堂）を刊行している）。これらとの重複は出来るだけ避けたので，憲法総論のみを扱っているとはいえ，体系の面では若干バランスを欠くところがあ

ると思われるが，理論的に憲法問題になりうることであれば，判例に現れた論点に限らず扱っていくことでその欠缺を補うこととしたい。

2）　通説は，憲法学者の多数が唱えている説を指す場合と，大多数の学者とまではいえないが，影響力の大きい有力説を含む場合がある。ここでは，「通常……と解される」との表現でこの両者を示すこととする。また「判例」は，①裁判例，②代表的な判決，③類似した事例に対して繰り返される事が多い，判決の中で示される，条文解釈の形で定立された規範，を意味することがある。文脈で明らかな場合はとくに断らないが，三つのうちいずれかを指すものとすべき場合は，註記することにしたい。

3）　解釈は通説判例と同様の結論に立つ場合もあるが，そうでない場合は通説判例を説明した上でその解釈を取り得ない理由を述べることにする。なお平和主義に関しては，註 1 前掲『法学と憲法入門』第 2 章第 3 節及び『平和と人権』第 I 部でも扱っており，重複を避けるため，簡潔な言及にとどめている。法解釈技術それ自体に立ち入る余裕はないので，次の二著の併読を進めたい。笹倉秀夫『法解釈講義』（東京大学出版会，2009年），内野正幸『憲法解釈の論理と体系』（日本評論社，1991年）。

4）　日本語の「憲法」については，穂積陳重『法窓夜話』（岩波文庫）所収「憲法」及び『続法窓夜話』（岩波文庫）所収「憲法という語」参照。constitution 概念についてSuri Ratnapala, *Australian Constitutional Law, Foundations and Theory*, Second Edition (Oxford University Press, 2007) を，Verfassung 概念について，カール・シュミット（Carl Schmitt：尾吹善人訳）『憲法理論（Verfassungslehre）』（創文社，1972年）第 1 部第 1 章を参照。

5）　本稿においては，以下の諸文献における議論を踏まえ，最高裁判所の主要判例は可能な限り言及するよう努めた。引用の際は，たとえば，**佐々木** 4 頁という形で引用したが，概括的に著者名を示すのみにとどめた場合もある。**佐々木惣一**『改訂日本国憲法論』（有斐閣，1952年），**美濃部達吉**著・**宮澤俊義**補訂『日本國憲法原論』（有斐閣，1952年），**清宮四郎**『憲法 I 〔第 3 版〕』（有斐閣，1979年），**宮澤俊義**『憲法 II 〔新版〕』（有斐閣，1972年），宮澤著・芦部信喜補訂『全訂日本国憲法』（日本評論社，1978年）〔**宮澤註釈**〕，芦部著・**高橋和之**補訂『憲法〔第 4 版〕』（岩波書店，2009年），**佐藤幸治**『憲法〔第 3 版〕』（青林書院，1995年），**中川剛**『基本的人権の考え方』（有斐閣，1991年）の他，近年の有力説である，**長谷部**恭男『憲法　第 4 版』（新世社，2008年），**松井**茂記『憲法〔第 3 版〕』（有斐閣，2007年），**渋谷**秀樹『憲法』（有斐閣，2007年）などのそれぞれ特色ある体系書についても可能な限り言及した。なお，講義案という性格ももつため，**重要語句及び重要な人物名**をゴチックで示している。

6）　現代イギリスにおける立憲主義と法の支配との関係については，後述するダイシーについても本稿より詳細な引用をして論じている，佐藤潤一「『EU 改革条約』とイギリスの『憲法改革』に関する覚書」『大阪産業大学論集　人文・社会科学編』第 3 号（2008年 6 月）78-84頁参照。

7） 憲法体系書でこれを簡潔に整理指摘しているものとして，野中俊彦・中村睦男・高橋和之・高見勝利『憲法Ⅰ〔第4版〕』（有斐閣，2006年）を参照。以下の整理は主として同書による。同書は個々の人権条項についても歴史的背景について比較的詳細に述べている。なお時代背景等について，勝田有恒・山内進・森征一『概説　西洋法制史』（ミネルヴァ書房，2004年），碧海純一『新版法哲学概論　全訂第二版補正版』（弘文堂，2000年）を参照。

8） Albert Venn Dicey, *Introduction to the Study of the Law of the Constitution* (1915)；伊藤正己・田島裕共訳『憲法序説』（学陽書房，1983年）。

9） この点を体系書において指摘している古典は**清宮**8-10頁であるが，法の支配について日本国憲法との関係を体系的に整理した嚆矢は，伊藤正己『法の支配』（有斐閣，1954年）である。なお，本文括弧内で引用しているのは日本国憲法の条文である。とくに断らない限り，日本国憲法の条文に言及する場合には条文のみを示す。また引用は法規定に限らず旧字体，仮名遣いなどは原文に即したが，漢数字は算用数字に変えている。

10） これは法制史または国制史の課題である。それ自体は憲法をささえる日本固有法を考えるために有用な側面があるが，立ち入らない。さしあたって，石井紫郎『日本国制史研究Ⅰ権力と土地所有』（東京大学出版会，1966年），『日本国制史研究　Ⅱ　日本人の国家生活』（東京大学出版会，1986年），瀧川政次郎『日本法制史　上・下』（講談社学術文庫，1985年・憲法との関連で同書の嵐義人による解説を特に参照），石井良助『日本法制史概説』（創文社，1975年）を参照。

11） 明治維新を1868年として論じないのは，近代史のとらえかたについての論争があることを踏まえている。ここでは立ち入らない。

12） 以下の記述は，日本国憲法制定まで含めて，多くの憲法体系書が簡潔にまとめている憲法制定史に基づいている（例えば**佐々木**71-115頁，**清宮**39-53頁，**芦部**18-32頁）。時代背景等について簡潔には佐藤信・五味文彦・高埜利彦・鳥海靖編『改訂版詳説　日本史研究』（山川出版，2008年；本文で示した「明治初期の官制」図は同書掲載のものに若干手を加えたものである）の他，大石眞『日本憲法史〔第2版〕』（有斐閣，2005年）を参照。このあたりの経緯は，通常体系書ではあまり触れられることがない。けれども，近代的な憲法が存在しないことが，いかに国民の権利を制限することになるのか，また専制政治を防ぎ得ないのか，といったことを考えるには得難い素材を提供している。そこで不十分であるのは承知しつつ，明治憲法制定史についても若干の頁を割くことにしたい。

13） 慶応4年太政官達第331号。この太政官達は「慶応四年戊辰閏四月」の日付を示して公布されている。

14） 政体書は，過去に出された全ての法令を掲載している『法令全書』掲載のものが正式である。国立国会図書館のサイトではこのような廃止されている古い法令もweb上で参照可能である。〈http://dajokan.ndl.go.jp/SearchSys/index.pl〉を参照。政体書

もこのページから検索できる。参照したURL（Uniform Resource Location）は2010年12月25日時点のものである（以下においても同様）。アメリカ合衆国憲法に範をとったといっても，直接にではなく，中国語訳のそれを参照したといわれる。

15）明治元年3月14日五箇條ノ御誓文の内容を念のために示しておこう。
　　一　廣ク會議ヲ興シ萬機公論ニ決スヘシ
　　一　上下心ヲ一ニシテ盛ニ經綸ヲ行フヘシ
　　一　官武一途庶民ニ至ル迄各其志ヲ遂ケ人心ヲシテ倦マサラシメン事ヲ要ス
　　一　旧来ノ陋習ヲ破リ天地ノ公道ニ基ク可シ
　　一　智識ヲ世界ニ求メ大ニ　皇基ヲ振起ス可シ

16）いわゆる北海道開拓史官有物払下事件も，専制政治の弊を浮き彫りにする結果となった。

17）たとえば人身の自由について「第7条　人身の自由は侵す可からざる者とす」「○法律に定めたる場合に当り及ひ法律に掲けたる規程に循ふに非ざれば之を拘引，拿捕若くは囚禁する事を得す」；「第9条　住居は侵す可からざる者とす」「○法律に定めたる場合に当り及ひ法律に掲けたる規程に由るに非ざれは住居に侵入し及ひ之を検探する事を得す」との規定を置き，財産権などは「第11条　財産は侵す可からざる者とす」「○公益の故に由り及法律に定めたる場合に当り及ひ法律に掲けたる規程に由り，而して預め応当の賠償をなすに非ざれは何人も其私有を褫さるる事なかる可し」との規定を置くなど，むしろ日本国憲法第29条の規定に近い。

18）伊藤博文は岩倉具視宛の書簡で「各國之憲法ヲ取集焼直シ候迄ニ而我國體人情等ニハ聊モ致注意候モノトハ不被察」と評し，岩倉具視は「我カ國體ト相符ハサル所アル」と評した。

19）これは以下のように非常に簡単なものであった。

太政大臣左右大臣参議各省卿ノ職制ヲ廃シ内閣総理大臣及各省諸大臣ヲ置キ内閣ヲ組織ス

（明治18年太政官達第69号）

　　今般太政大臣左右大臣參議各省卿ノ職制ヲ廃シ更ニ内閣総理大臣及宮内外務内務大蔵陸軍海軍司法文部農商務逓信ノ諸大臣ヲ置ク
　　内閣総理大臣及外務内務大蔵陸軍海軍司法文部農商務逓信ノ諸大臣ヲ以テ内閣ヲ組織ス

　　内閣職権
　　第1條　内閣總理大臣ハ各大臣ノ首班トシテ機務ヲ奏宣シ旨ヲ承テ大政ノ方向ヲ指示シ行政各部ヲ総督ス
　　第2條　内閣總理大臣ハ行政各部ノ成績ヲ考ヘ其説明ヲ求メ及ヒ之ヲ檢明スルコトヲ得
　　第3條　内閣總理大臣ハ須要ト認ムルトキハ行政各部ノ處分又ハ命令ヲ停止セシ

　　　　メ親裁ヲ待ツコトヲ得
　　第4條　内閣總理大臣ハ各科法律起案委員ヲ監督ス
　　第5條　凡ソ法律命令ニハ内閣總理大臣之ニ副署シ其各省主任ノ事務ニ屬スルモ
　　　　ノハ内閣總理大臣及主任大臣之ニ副署スヘシ
　　第6條　各省大臣ハ其主任ノ事務ニ付時状況ヲ内閣總理大臣ニ報告スヘシ但事ノ
　　　　軍機ニ係リ參謀本部長ヨリ直ニ上奏スルモノト雖モ陸軍大臣ハ其事件ヲ内
　　　　閣總理大臣ニ報告スヘシ
　　第7條　各大臣事故アルトキハ臨時命ヲ承ケ他ノ大臣其事務ヲ管理スルコトアル
　　　　ヘシ

20）引用中のスラッシュ（／）は原文改行を示す。以下においても同様。

21）明治憲法の公式註釈書である『憲法義解』（伊藤博文著，宮澤俊義校注，岩波文庫，1989年〔復刊版〕）は，伊藤巳代治によって英訳され，不平等条約の相手国及び主要列強諸国に配布された。Marquis Hirobumi Ito, translated by Baron Miyoji Ito, *Commentaries on the constitution of the empire of Japan, Second Edition*（Chuo Daigaku, 1906）．この英訳は現在 web で全文が公開されており
　〈http://www.archive.org/details/commentariesonco00itohuoft〉より入手可），同書に収められた明治憲法の英訳が，公式な明治憲法の英訳扱いされている。ただし，たとえば英語で書かれた日本法の概説書の中には，この英訳中の Emperor を Tenno と変えているものがあるのが興味深い。e.g., Wilhelm Röhl, History of Law in Japan since 1868（Brill Leiden-Boston, 2005）60-73.

22）人権 Menschenrechte と市民権 Burgerrechte を合わせたもので，ドイツ・オーストリアなどでの用語法。日本国憲法でいう基本的人権にあたる。

23）Ermächtigungsgesetz: Gesetz zur Behebung der Not von Volk und Reich（The 1933Enabling Act: Law to Remedy the Distress of the People and the Reich）．

24）明治憲法の内容的な問題点は，日本国憲法について考察する際にあわせて論ずる。

25）この用語を用いるのは，それを肯定する趣旨ではない。単に太平洋戦争や15年戦争といったのでは，アジア諸国に対する侵略的側面がかえって損なわれるのではないかと考えてのことである。したがって，「太平洋戦争」「15年戦争」という呼称を否定する趣旨ではない。戦争の性格論は近代史の重要課題であるが，ここでは立ち入らない。

26）質疑応答として掲載されているところには軽々しく憲法改正をすべきでないとか現段階での女子参政権には反対との意見などがあるが，記載が質問者の意見か宮澤の意見かはっきりしないところがある。

27）八月革命説を「最も適切な学説」とする立場がある（芦部30頁）一方で，八月革命説は「およそ一般に国際法と国内法との関係を如何に捉えるかについてのひとつの学説，ラジカルな国際法優位の一元論，『国際法は国内法を破る』とする学説，いかなる国の国内法に対してであれ形式的効力において国際法は上位し，国際法に反する国内法は

『直接かつ即時に』失効すると主張する学説である」（菅野喜八郎「高見勝利『宮沢俊義の憲法学史的研究』を読んで」『日本法学』第66巻第4号141頁，同『続国権の限界問題』（木鐸社，1988年）147頁）と批判する立場があり，後者がより説得的であると解される。

28）「朕は，日本國民の總意に基いて，新日本建設の礎が，定まるに至つたことを，深くよろこび，**枢密顧問の諮詢及び帝國憲法第73條による帝國議會の議決を経た帝國憲法の改正を裁可し，ここにこれを公布せしめる**」。この上諭を当然のこととして受け入れ日本国憲法を欽定憲法であるとする立場はもちろん存在する（**佐々木**113-114頁）。しかしまた上諭は明治憲法時代の慣行による形式的な公布文に過ぎず，法的効力がないことは，この問題を考える上で忘れてはならない点である。なお，日本国憲法改正の主張と憲法改正の限界，さらに憲法改正手続法（日本国憲法の改正手続きに関する法律）の問題点について，隅野隆徳『欠陥「国民投票法」はなぜ危ないのか』（アスキー新書，2010年），佐藤潤一「改憲問題の現況と課題に関する覚書――憲法と平和を考える視点――」長期的共同研究組織第二期平和研究『平和学論集Ⅳ』（産研叢書32，大阪産業大学産業研究所，2010年）63-88頁参照。

29）松本草案が提出されたのは1946年（昭和21）年2月8日であるが，実際には2月1日に毎日新聞によって正式発表前にスクープされ，そのスクープによって総司令部が態度を一変させることになる。ただし1945（昭和20）年の段階ですでに憲法改正の研究と準備は進められていたのであって，1946年1月11日には「日本統治制度の改革」と題されたSWNCC-228（国務・陸軍・海軍三省調整委員会［State-War-Navy Coordinating Committee］文書228号）が総司令部にアメリカ政府から送付されている。

30）マッカーサー三原則と呼ばれることもあるが，実際にはⅢという標記の後にかなりの空白を明けて予算についての記述があること，三原則というには3番目に脈絡がないことなどから，マッカーサーによるメモ・覚書という趣旨で「マッカーサー・ノート」と呼ぶほうが良いと解される。佐々木髙雄『戦争放棄条項の成立経緯』（成文堂，1997年）1-8頁参照。翻訳は佐々木前掲書の他同文書を収めている高柳賢三・大友一郎・田中英夫編著『日本国憲法制定の過程　Ⅰ』（有斐閣，1972年）などを参考にした拙訳である。

31）この経緯を指して，日本国憲法は「押しつけ憲法」であるとの主張がある。既に述べたように，憲法改正無限界説に立つ場合には無意味な主張であるし，憲法の効力は，最終的に国民が承認していること（参照，渡辺宗太郎「国民主権」『憲法の基本問題』有斐閣，1951年），なによりも衆議院及び貴族院の審議は実質的なものであって原案に修正を加えて完成し，圧倒的多数で可決された上，憲法成立後の見直しの機会が占領側から与えられた際にも日本国憲法の存続が選択されたこと等に鑑みれば，学問的には特に取り上げるに値しないと解される。

32）以上の簡潔な整理として芦部22-26頁参照。日本国憲法の制定過程については，特に

原秀成『日本国憲法制定の系譜　I　戦争終結まで』（日本評論社，2004年），同『日本国憲法制定の系譜　II　戦後米国で』（日本評論社，2005年），同『日本国憲法制定の系譜　III　戦後日本で』（日本評論社，2006年）が近年の注目すべき労作である。

33)　この「生命，自由，および幸福の追求」は，ジョン・ロックが『統治論』（Two Treaties of Government）で人の固有の権利（property）として主張した「生命，自由および財産（estate）」に由来し，日本国憲法第13条に規定されている。

34)　平和的生存権の主張に関して近年名古屋高裁で前文の裁判規範性を積極に解する立場が確定しているが，これに関しては平和的生存権（新しい人権）を論ずる別稿で検討したい。

35)　星島二郎編『最近憲法論：上杉博士対美濃部博士』（実業之日本社，1913年）参照。

36)　上杉愼吉『新稿憲法述義〔増補改訂版〕』（有斐閣，1925年）234頁以下。

37)　昭和4年（れ）第389号，昭和4年5月31日第4刑事部判決大審院刑事判例集第8巻。

38)　佐々木惣一「国体は変更する」『世界文化』1946年11月号，和辻哲郎「国体変更論について佐々木博士の教を乞ふ」『世界』1947年3月号，佐々木「国体問題の諸論点―和辻教授に答う―」『季刊法律学』4号，和辻「佐々木博士の教示について」『表現』1948年，佐々木「和辻博士再論読後の感」『天皇の国家象徴性』1949年。佐々木惣一の諸論文は後『憲法学論文選二』（有斐閣，1956年）に収録，和辻哲郎の諸論文は『国民統合の象徴』（勁草書房，1948年）に収録。

39)　宮澤俊義「八月革命の憲法史的意味」『世界文化』1946年5月号，第90帝国議会における発言，尾高朝雄『国民主権と天皇制』（「新憲法体系」国立書院，1947年），宮澤「国民主権と天皇制についてのおぼえがき」『国家学会雑誌』第62巻6号，尾高「ノモス主権について」『国家学会雑誌』第62巻11号，宮澤「ノモス主権とソフィスト」『国家学会雑誌』第63巻10・11・12合併号，尾高「事実としての主権と当為としての主権」『国家学会雑誌』第64巻4号。宮澤の諸論文は宮澤俊義『國民主権と天皇制』（勁草書房，1957年）に収録されており，また『憲法の原理』（岩波書店，1967年）にもすべて採録されている。尾高朝雄の諸論文は尾高朝雄『国民主権と天皇制』（国立書院，1947年），尾高『法の窮極にあるものについての再論』（勁草書房，1949年）（「ノモスの主権について」を収録している）に収録されているものが，現在入手しやすいものである。

40)　杉原泰雄『国民主権の研究』（岩波書店，1971年），同『人民主権の史的展開』（岩波書店，1978年），同『国民主権と国民代表制』（有斐閣，1983年），同『国民主権の史的展開』（岩波書店，1985年）。本講義案での条文訳は，以下においても杉原『国民主権の研究』から引用している。

41)　ルソーの「人民主権」論にいう「人民」の説明は次のようなものである。「もし社会契約から，その本質的でないものを取りのぞくと，それは次の言葉に帰着することがわかるだろう。『われわれの各々は，身体とすべての力を共同のものとして一般意思の最高の指導の下に置く。そしてわれわれは各構成員を，全体の不可分の一部として，ひと

まとめとして受けとるのだ』。〔中略〕この結合行為は，直ちに，各契約者の特殊な自己に代わって，一つの精神的で集合的な団体を作り出す。その団体は集会における投票者と同数の構成員からなる。それは，この同じ行為から，その統一，その共同の**自我**，その生命およびその意思を受けとる。このように，すべての人々の結合によって形成されるこの公的な人格は，かつては都市国家という名前を持っていたが，今では**共和国**（République）または**政治体**（Corpus politique）という名前を持っている。それは，受動的には，構成員から**国家**（État）と呼ばれ，能動的には**主権者**（Souverain），同種のものと比べるときには**国**（Puissance）とよばれる。構成員についていえば，集合的には**人民**（Peuple）という名をもつが，個々には，主権に参加するものとしては**市民**（Citoyens），国家の法律に服従するものとしては**臣民**（Sujets）とよばれる」〔原典は傍点による強調だが，**ゴシック体**による強調に変えた〕（桑原武夫・前川貞次訳，ルソー『社会契約論』第1編第6章，31頁）。

42）アベ・シェイエス『第三階級とは何か』（大岩誠訳，岩波文庫，1950年）〔E. Sieyès, Qu'est-ce que le Tiers États?, chap. V, éd. de Société de l' Histoire de la Révolution française, 1988.〕。その意義については，杉原泰雄による次のまとめが簡潔で要を得ているので引用しておこう。「（ⅰ）国政のあらゆる事項につき国民は自由に共同意思を表明することができる。権力担当者（国民代表）は，これを阻止することができないし，行っても違法・無効である。（ⅱ）実定憲法が国民の自由な共同意思の表明を保障するための諸制度を規定している場合であっても，それは創設的なものではなく，確認的な性質のものにすぎない。（ⅲ）法生活の現実を考慮するならば，それにもかかわらず，憲法改廃の自由なイニシアティヴ，その最終的承認権，その他国政一般についての訓令権，代表の任免権等，国民が共同意思（主権）の主体であるところから帰結される諸権限とそのための手続が実定憲法上明確に保障されていることが不可欠となるであろう。（中略）彼のいうところを合理的に解するならば，彼の見解は，国の最高法規において主権が現実に行使可能なものとして保障されていることを当然に要求する」（杉原『国民主権の研究』188頁）。ただし同書189頁によれば，シェイエス自身は，アンシャン・レジームの憲法の排除を意図したものと解する余地はあるものの，「国民は，憲法に服さないだけではなく，それに服することもできないし，服してもならない」（E. Sieyè, Qu'est-ce que le Tiers Éats?, chap. V, p.68），共同意思の形成においては「事実が全てであり，形式は零である」（Sieyè, op. cit.,, chap. V, p.71）との表現もしているので，そのことがフランス革命後に人民の主権性を否定する役割も果たしてしまったという。

43）杉原泰雄『憲法Ⅰ』（有斐閣，1987年）64-66頁，190-207頁。

44）樋口陽一『近代立憲主義と現代国家』（勁草書房，1973年）。

45）関連諸規定を引用しておこう。「主権は，単一，不可分，不可譲で，時効にかかることがない。主権は，国民に属する。人民のいかなる部分も，またいかなる個人も，主権の行使を簒奪することができない」（第3篇前文第1条）。「すべての権力は，国民に由

来する。国民は，委任によってしかそれらを行使することができない。フランス憲法は，代表制をとる。代表は，立法府と国王である」（同第 2 条）。「立法権は，人民によって自由に選出される有期の代表者からなる国民議会に委任され，後に規定する手続に従い，国の裁可をえて国民議会がこれを行使する」（同第 3 条）。「政府は，君主制をとる。行政権は，国王に委任され，後に定める手続に従い，国王の権威の下で，有責の大臣およびその他の官吏がこれを行使する」（第 4 条）。「司法権は，人民により適時選出される裁判官に委任される」（第 5 条）。

「県において任命される代表は，各県の代表ではなく，全国民の代表である。県は，代表にいかなる委任をも与えることができない」（第 3 篇第 1 章第 3 節第 7 条）。

46）　フランス1793年 6 月24日憲法（モンタニャール＝ジャコバン憲法）の「人民（プープル peuple）主権」関連条文は以下の通り。「主権は人民（peuple）にある」（1793年人権宣言第25条）。「主権者たる人民は，フランス市民の総体である」（1793年憲法第 7 条）。「フランスに生まれかつ居住している満21歳以上のすべての男子…はフランス市民の諸権利の行使を認められる」（同憲法第 4 条）。

47）　筆者はフランス憲法の研究はこれら邦語文献を通じてしか行っていないため，内容にたちいった検討は差し控える。

48）　宮沢俊義「国民主権と天皇制」『憲法の原理』（岩波書店，1967年）285-287頁，**宮澤註釈**33-38頁，53-54頁。

49）　芦部信喜『憲法学Ⅰ　憲法総論』（有斐閣，1992年）244-245頁。

50）　なお，これらが国民主権実現の「条件」であることを明示するものとして，尾吹善人『日本憲法―学説と判例―』（木鐸社，1990年）26頁。

51）　**佐藤幸**98-101頁。

52）　愛敬浩二「国民国家と国家主権・国民主権」山内敏弘編『新現代憲法入門』（法律文化社，2004年）240-241頁。

53）　菅野喜八郎『国権の限界問題』（木鐸社，1978年）206頁以下参照。

54）　宮沢俊義「国民主権と天皇制」『憲法の原理』（岩波書店，1967年）346頁，菅野喜八郎「八月革命説覚書」『続・国権の限界問題』（木鐸社，1988年）153-156頁参照。

55）　中川剛『憲法を読む』（講談社，1985年）84頁。

56）　詳細は，佐藤潤一『法学と憲法入門』（敬文堂，2006年）第 2 章第 3 節及び佐藤潤一『人権と平和――憲法と国際人権法の交錯――』（晃洋書房，2011年）第Ⅰ部参照。

57）　なお第 1 項を「およそ，国際紛争解決の手段でない戦争というものは，実際にはほとんどありえない」こと，「前文はもとより，本文のどこにも自衛のための戦争や軍備を予想している規定はない」ことから，「すべての戦争を否定するのが憲法全体の意図であり，第 1 項だけは，自衛戦争を除外しているとみなすのは憲法の曲解である」という有力説（ 1 項全面放棄説）があることは重要である（**清宮**112頁）。

58）　佐藤功『憲法　上〔新版〕（ポケット註釈全書）』（有斐閣，1983年）109頁以下。

59)　**佐々木**231頁以下。この説は第2項にいう交戦権の否認を，国際法上，戦争を行う権利を主張しないというだけだと解する。

60)　高柳賢三「平和・九条・再軍備」ジュリスト第25号（有斐閣，1953年）5頁。

61)　伊藤正己『憲法〔新版〕』（弘文堂，1990年）168頁，同『憲法入門〔第4版補訂版〕』（有斐閣，2006年）104-115頁。

62)　もちろん法規範が何を意味するかについては法哲学的に困難な問題も確かにある。この問題については，碧海純一『新版法哲学概論』（弘文堂，1964年）75頁，同『新版法哲学概論全訂第二版補正版』（弘文堂，2000年）60頁以下，小林直樹『法理学　上』（岩波書店，1960年）7頁，加藤新平『法哲学概論』（有斐閣，1976年）306頁，五十嵐清『法学入門〔第3版〕』（悠々社，2005年）1-4頁，Suri Ratnapala, *Jurisprudence* (Cambridge University Press, 2009) Part I & Part IV. しかし政治的規範説は裁判規範ではないと主張するにとどまり，法規範性を正面から否定しているわけではないから，名称によるミスリーディングな面があるように思われる。なお近年**長谷部**67-72頁で示されている見解は，第9条を準則としての規範ではなく原則規範だとするが，その実際の効果は政治的マニフェスト説と極めて近いもののように思われる。**松井，渋谷**等，近年の憲法体系書は，自衛隊の合憲性を前提する，あるいは内閣法制局の解釈に一定の評価を与える傾向にあるように思われる。

63)　国連憲章第7章「平和に対する脅威，平和の破壊及び侵略行為に関する行動」に基づく軍事行動（特に第43条に基づくもの）。憲章が想定した意味での真の意味での国連軍は未だ構成されたことがないが，日本国憲法の解釈として第9条の下でこの措置への参加が可能かどうかは大きな争点となってきた。

64)　防衛省・自衛隊のサイト https://www.mod.go.jp/j/profile/mod_sdf/index.html より。

65)　当初武器使用を制限し，PKFへの参加は凍結されていたが，これは2001年12月の改正で解除され，武器使用基準も緩和された。

66)　正式名称は「周辺事態に際して我が国の平和及び安全を確保するための措置に関する法律」（平成11年5月28日法律第60号）。

67)　正式名称は「平成13年9月11日の米国において発生したテロリストによる攻撃等に対応して行われる国連憲章の目的達成のための諸外国の活動に対してわが国が実施する措置および関連する国連決議等に基づく人道的措置に関する特別措置法」（平成13年11月2日法律第113号）。

68)　正式名称は「武力攻撃事態等における我が国の平和と独立並びに国民の安全の確保に関する法律」（平成15年6月13日法律第79号）。

69)　武力攻撃事態等（武力攻撃事態および武力攻撃予測事態）への対処に関する基本方針並びに内閣総理大臣が必要と認める武力攻撃事態等への対処に関する重要事項を安全保障会議に諮る事項として追加したもの。

70) 武力攻撃事態法に対応した改正。

71) 正式名称は「武力攻撃事態等における国民の保護のための措置に関する法律」（平成16年6月18日法律第112号）。

72) 正式名称は「武力攻撃事態等におけるアメリカ合衆国の軍隊の行動に伴い我が国が実施する措置に関する法律」（平成16年6月18日法律第113号）。

73) 正式名称は「武力攻撃事態等における特定公共施設等の利用に関する法律」（平成16年6月18日法律第114号）。

74) 正式名称は「国際人道法の重大な違反行為の処罰に関する法律」（平成16年6月18日法律第115号）。

75) 正式名称は「武力攻撃事態における外国軍用品等の海上輸送の規制に関する法律」（平成16年6月18日法律第116号）。

76) 正式名称は「武力攻撃事態における捕虜等の取扱に関する法律」（平成16年6月18日法律第117号）。

77) 有事7法のうち，自衛隊法以外の正式名称や関連条約については，防衛省・自衛隊のサイトでまとめられている〈https://www.mod.go.jp/j/presiding/index.html〉。2014年7月1日の集団的自衛権を部分的に承認する閣議決定が直接的な要因となって大規模な反対デモ等が行われた。その後戦後最大の通常国会会期延長を行って可決され（2015年9月17日），2016年3月29日から施行されたのが，いわゆる「平和安全法制」である。10本の関連法改正（平和安全法制整備法）と1本の新規立法（国際平和支援法）を指す。従来自衛隊法にあった「関節侵略」概念を削除し，重要影響事態，海外における緊急事態，存立危機事態といった茫漠とした概念，そして国際法上の自衛権概念を19世紀前半にまで遡らせかねない状況が創出された。

78) 最大判昭和27（1952）年10月8日民集6巻9号783頁；行集3巻10号2061頁（警察予備隊違憲訴訟）。

79) 正式には「日本国とアメリカ合衆国との間の相互協力及び安全保障条約」。昭和35（1960）年6月23日条約第6号（昭35外告49）。

80) 最大判昭和34年12月16日刑集13巻13号3225頁。

81) 札幌地判昭和48年9月7日判時712号24頁。

82) 札幌高判昭和51年8月5日行集27巻8号1175頁。

83) 最一小判昭和57年9月9日民集36巻9号1679頁。

84) 「平和的生存権」については，別稿で検討する。

85) 近年「人権」（human rights）観念が無かったイギリスで，人権と市民的自由に関するヨーロッパ条約・通称ヨーロッパ人権条約違反の判決が続き，同条約は1998年に国内法化された（1998年人権法）。しかし明治憲法時代の日本と同時代のイギリスにおける権利保障状況はこのことと同断には語り得ない。イギリスにおける市民的自由と人権の関係については，倉持孝司「3．市民的自由」「4．1998年人権法」戒能通厚編『現代

イギリス法事典』（新世社，2003年）138-145頁で概観を得ることが出来る。

86）　オーストラリアのこれらの人権に関する法律（2006年ヴィクトリア州人権及び責任
　　章典法及び首都特別地域2004年人権法）については，邦訳を大阪産業大学論集人文・社
　　会編第11号に掲載しているので参照されたい。

87）　国際人権法という言い方自体が新しいものであって，人権に関する国際法
　　（International Law relating to Human Rights）が国際人権法（International
　　Human Rights Law）という熟語として定着し始めたのはようやく1990年代に入って
　　からだといえる。この点は日本の国際人権法学会がその結成時に問題としたところであ
　　った。

88）　民主主義を確保する制度と，それに関わる権利を保障することを憲法の役割として，
　　社会権や平和的生存権について，裁判規範性を極めて希薄なものであるとする説（松井）
　　や，従来の人権分類とは異なる分類を提示する説（渋谷），人権は，法律による具体化
　　を待たず，また公共の福祉による制約も基本的には認められない切り札であるべきとす
　　る説（長谷部）など，憲法の人権条項をどのように分類し体系的に捉えるかについて，
　　近年従来の通説的見解に異論が唱えられている。また，発表の時期はこれらの著作より
　　古いが，刑事手続に関する諸権利を「コモン・ロー的権利」とする説（中川）は，人権
　　の歴史的な展開からすると説得力があると解される。これらの点については，基本的人
　　権について具体的に論ずる別稿で論じることとしたい。

89）　マクリーン事件最高裁判決（最大判昭和53年10月4日民集32巻7号1223頁）。

90）　最三小判平成7（1995）年2月28日民集49巻2号639頁。この問題については，佐藤
　　潤一『日本国憲法における「国民」概念の限界と「市民」概念の可能性──「外国人法
　　制」の憲法的統制に向けて──』（専修大学出版局，2004年），特に第5部を参照。

91）　最大判平成17（2005）年1月26日民集59巻1号128頁。

92）　正式名称「経済的，社会的及び文化的権利に関する国際規約」（昭和54年8月4日条
　　約第6号）。
　　社会権規約第2条第2項は社会権についての差別禁止・内外人平等原則を規定する。

93）　正式名称「難民の地位に関する条約」（昭和56（1981）年10月15日条約第21号）。難
　　民条約第4章は福祉についての内外人平等原則を規定する。

94）　最大判昭和32（1957）年6月19日刑集11巻6号1663頁。

95）　最大判昭和53（1978）年10月4日民集32巻7号1223頁。

96）　最大判昭和32（1957）年12月25日刑集11巻14号3377頁。

97）　最一小判平成4（1992）年11月16日裁集民事166号575頁。

98）　平和条約国籍離脱者等入管特例法の定める特別永住者のこと。詳細は佐藤本節註5
　　前掲書［佐藤潤一『日本国憲法における「国民」概念の限界と「市民」概念の可能性
　　──「外国人法制」の憲法的統制に向けて──』］を参照。なお外国人登録法の廃止，
　　住民基本台帳への外国籍者の登録，出入国管理及び難民認定法の改正など近時の問題に

ついては別稿で検討したい。

99）最大判昭和45（1970）年6月24日民集24巻6号625頁（八幡製鉄政治献金事件）。

100）最三小判平成8（1996）年3月19日民集50巻3号615頁（南九州税理士会事件）。

101）最一小判平成14（2002）年4月25日判例時報1785号31頁（群馬司法書士会事件）。

102）未成年者へ参政権を拡張することが違憲であるわけではない。

103）Convention on the Rights of the Child; 1577UNTS 3, G. A. res. 44/25, annex, 44U. N. GAOR Supp.（No. 49）at 167, U. N. Doc. A/44/49（1989）.

104）もっとも，皇室典範第11条が「年齢15年以上の内親王，王及び女王は，その意思に基き，皇室会議の議により，皇族の身分を離れる」（第1項）及び「親王（皇太子及び皇太孫を除く。），内親王，王及び女王は，前項の場合の外，やむを得ない特別の事由があるときは，皇室会議の議により，皇族の身分を離れる」（第2項）と規定する。すなわち，天皇には退位の自由が無く，皇太子及び皇太孫には皇族の身分を離脱する自由がない。このことは違憲の疑いがあるが（奥平康弘『憲法Ⅲ　憲法が保障する権利』（有斐閣，1993年）41頁），皇室典範第3条が「皇嗣に，精神若しくは身体の不治の重患があり，又は重大な事故があるときは，皇室会議の議により，前条に定める順序に従つて，皇位継承の順序を変えることができる」と規定し，ここで「重大な事故」とあるのは皇嗣（皇太子と皇太孫が含まれる）が即位を拒むという事態を想定していると解し得るとすれば，少なくとも皇太子と皇太孫についての皇室典範の規定は違憲とはいえないであろう（蟻川恒正「立憲主義のゲーム」『ジュリスト』2005年5月1日－15日合併号（1289号）参照）。

105）もちろんイギリス憲法やカナダ憲法の研究書は多いが，日本国憲法の解釈と結びつけたものとしては，元山健・倉持孝司編『新版　現代憲法　日本とイギリス』（敬文堂，2000年）が貴重な例外である。なお，その（本文で述べた）ような紹介は比較憲法（学）の課題であるという立場は当然ありうるところであるが，比較憲法（学）の意義を含む「憲法学とは何か」についての議論は別稿で行いたい。

第 2 部　憲法統治分野の研究と教育

問題の所在―統治機構をどのように学ぶか

　教養としての憲法学の構築について考えると，人権問題については，近年工夫が凝らされたテキストが刊行されているが，憲法の統治機構をどのように学ぶか，工夫されたものがあるかというと，必ずしも十分ではないと思われる。より正確に言えば，清宮四郎『憲法　Ⅰ〔第3版〕』（有斐閣，1979年）以来，統治機構に関する著作は，国民主権に関する根本的な発想転換を提唱した杉原泰雄『憲法　Ⅰ　憲法総論』（有斐閣，1987年）及び同『憲法　Ⅱ　統治の機構』（有斐閣，1989年）を契機にした国民主権／人民主権論争にかかわる転換と，憲法訴訟にかかわる著作（たとえば近年出版された体系書として戸松秀典『憲法訴訟　第2版』（有斐閣，2008年）及び新正幸『憲法訴訟論　第2版』（信山社，2010年））のインパクトはあるものの，基本枠組みがほとんど変わっていない。

　本稿は特段変わった体系を取っているわけではないが，近年の学説判例の展開を考慮し，別稿で扱った憲法総論と同様の視点，すなわち「網羅的な体系的記述をめざすのではなく，教養として憲法を学ぶにあたって必要とされる最小限の知識を示すとともに，特に歴史的視点と，コモン・ロー諸国の憲法との比較に重点を置いて，通説判例に対する若干の異議を提示する」[1]視点から，統治機構の諸問題について考察を加えようとするものである。

　なお，本来，日本国憲法における天皇を，実質的な意味での「統治機構」と解するのは妥当ではないかもしれないが，いくつかの解釈問題があり，統治機構を考える上で有意義なこと，大日本帝国憲法（以下「明治憲法」とする）との関係を考える上では重要な論点を含むことから，最初に扱うことにする。

第1章　天　皇

第1節　「象徴」の意味

　日本国憲法においては，天皇は日本国及び日本国民統合の象徴であるとされる。元首（明治憲法第4条）とされた，君主たる天皇が，日本国憲法において，明治憲法下と同じ「天皇」であるのであれば，そもそも君主が有する象徴的性格が表に出てきたものと解することもできる。けれども日本国憲法における天皇はあまりにも明治憲法と異なる。

　明治憲法につき憲法改正無限界説をとり，日本国憲法を明治憲法の改正憲法と捉えるのならば，[2]上記のような解釈は一応の理由がある。しかし日本国憲法は，その編別を見る限りたしかに明治憲法が意識されている（日本国憲法は国民主権原理に立つにもかかわらず第1章が「天皇」とされている）が，拠って立つ基本原理が根本から異なる以上，日本国憲法制定の法理をどのようなものと捉えるかは別として，天皇制が明治憲法と連続したものと捉えるよりも，断絶したものと捉えるほうが，少なくとも憲法の条文解釈としてはわかりやすい。明治憲法は，天皇の権威を「皇祖皇宗」に由来するものとするが，日本国憲法は天皇の地位は「国民の総意」に基づくとしているからである。[3]

　「象徴」は「抽象的・無形的・非感覚的なものを具体的・有形的・感覚的なものによって具象化する作用ないしはその媒介物を意味する」（芦部45頁）。国旗が国の象徴的意味を持つことは争いないが，実際には人間である君主を象徴とする例はそれほど多くない。[4]国民主権は君主のような特定個人に主権が属していないことを意味するのであるから，明治憲法と比較して考える限り，「象徴」とは，明治憲法で規定されていた，また慣行上扱われていたような意味での君主でも元首でもないことを意味するものと解すべきである。そのことによって国事行為の解釈問題を生ずるが，これについては2.で述べる。ただし，日本国憲法における天皇は，世襲（第2条）とされている以上，一種の君主で

あり，また形式的とはいえ君主といえるのであれば，一種の元首と解すること
も可能である。天皇は刑事責任を負わないと通説は解し，民事責任についても
判例は否定する。前者は摂政と，国事行為の臨時代行を委任された皇族がそ
の在任中訴追されない（皇室典範第21条，国事行為の臨時代行に関する法律第
6条）ことからの類推解釈であるが，後者について学説はおおむね批判的であ
る。

第2節　「国事行為」の性質

とはいえ実際に天皇は明治憲法下と同じ血統の天皇であり，その政治利用が
なされることは充分に想定できる。特に昭和天皇についてはその問題が顕著で
あった。そのため天皇の国事行為に対して内閣の助言と承認が必要で，内閣が
その責任を負う（第3条）。また「天皇は，この憲法の定める國事に關する行
爲のみを行ひ，國政に關する權能を有しない」（第4条第1項）。摂政の規定は
ある（第5条）が，法的には，ほとんど意味がない。

具体的な国事行為としては国会の指名に基づく内閣総理大臣の任命（第6条
第1項）と内閣の指名に基づく最高裁判所長官の任命（第6条第2項）がまず
規定される。その上で，第7条は，その他の国事行為を列挙する。①憲法改
正，法律，政令及び條約を公布すること，②国会を召集すること，③衆議院を
解散すること，④国会議員の総選挙の施行を公示すること，⑤国務大臣及び
法律の定めるその他の官吏の任免並びに全権委任状及び大使及び公使の信任状
を認証すること，⑥大赦，特赦，減刑，刑の執行の免除及び復権を認証するこ
と，⑦栄典を授与すること，⑧批准書及び法律の定めるその他の外交文書を認
証すること，⑨外国の大使及び公使を接受すること，⑩儀式を行うこと，であ
る。なお④は日本国憲法制定過程において当初一院制であったことの名残によ
る文言で，当然衆議院議員の総選挙とあるべきところである。

天皇の国事に関する行為の性質は，国民が無意識に有している天皇の権威を
ある意味維持しながら，実際には天皇の政治的権能を否定するという二重構造
に基づいていることを考えなければ理解することができない。

上記の国事行為は厳密に解すると，大使及び公使の接受は国事行為なのに，
元首を接受しえない，という国際道義上は問題のある解釈が導かれる。国会開

会の際に天皇が「おことば」を述べる慣行があるが，日本共産党はそれを憲法
違反としてボイコットし続けている。このような国事行為に密接に関連する
「公的行為」を，通常の公務員などと同様に認める（公的行為説・清宮）か，
国事行為についての文言を最大限緩やかに解するのが有力である。最もいずれ
に解するとしても，日本国憲法が国事行為を限定列挙としか見えない形で規定
している趣旨を没却するとの批判は免れない。

　なお，衆議院を解散することが国事に関する行為の 1 つとされている理由
も，上述のような二重性から説明できる。衆議院の解散は明治憲法においては
天皇大権の一つとされていた（明治憲法第 7 条）。この規定を，本来他の明治
憲法上の大権規定同様実質的に内閣や国会の権限と対応するものとしておかれ
た規定と解すると，日本国憲法で衆議院の解散についての実質規定は第69条の
みであるため，現実の政治における慣行を説明しにくい。

　「内閣は憲法第69条に規定された場合にのみ衆議院を解散できる」とする主
張があるが，このような考え方を妥当とすると，現実に行われてきた内閣によ
る憲法第 7 条による衆議院の解散はすべて憲法違反と解さざるを得ない。

　第69条は，「内閣は，衆議院で不信任の決議案を可決し，又は信任の決議案
を否決したときは，10日以内に衆議院が解散されない限り，総辞職をしなけれ
ばならない」と定める。本条の「衆議院が解散されない限り」との文言は，解
散権が内閣にあることを前提しての規定と解する余地があるが，根拠条文が明
らかではない。他方「衆議院で不信任の決議案を可決し，又は信任の決議案を
否決したとき」に限り内閣が解散権を行使できる旨を定めた規定と解すること
も不可能ではない。したがって，いずれの解釈が憲法体系上正当であるかを考
察しなければならない。

　「内閣は憲法第69条に規定された場合にのみ衆議院を解散できる」とする主
張は，「69条説」と呼ばれるものである。日本国憲法が，いわゆる「議会統治
制」を採用しているとの理解に立つもので，当該条文自体の論理解釈として
は首肯しうる点もある。しかし，この見解に立つと，内閣が政策を大幅に変更
したような場合，内閣自身が民意を問う手段が，実質的にかなり限られること
になる。すなわち，議会多数派が与党であってそこから内閣が選出されている
場合，与党自身の内部的分裂がなければ，衆議院解散制度はほとんど機能しな

い。もちろん，政府が複数の政党からなる連立政権である場合には，与党に参加している一部政党の翻意によって不信任案が可決されることはあり得る。このように，多数の政党が存在し，内閣が連合政権となることが通常の状態でない限り機能しないものとして憲法の制度を解釈することは妥当ではないのではなかろうか。

　これに対して，第69条を，解散権が内閣にあることを前提しての規定と解する場合，根拠条文が問題となる。すなわち，第69条以外で明示的に衆議院の解散に言及されているのは天皇の国事行為を列挙する第7条第3号のみであって，第7条が形式的な天皇の行為を定めているとすれば，第7条柱書および第3条も形式的なものと解する方が，論理が一貫するからである。第7条柱書および第3条が形式的なものであるとすると，これらの条文に言う「内閣の助言と承認」も形式的なものとなり，結局衆議院解散についての根拠条文が憲法上見出せないことになる。このため行政権に衆議院の解散権が含まれるとする見解（いわゆる65条説）や，議院内閣制を憲法が採用していることに根拠を求める見解（いわゆる制度説）が主張されるが，いずれも明確性に欠け，説得力を欠く。したがって，条文に直接根拠を求めるとすれば，第7条柱書および第3条の「内閣の助言と承認」が，内閣の実質的決定権をも含むものとして理解するほかない。

　もっとも，「国政に関する権能を有しない」（第4条）天皇の国事行為に対する「内閣の助言と承認」が，場合によって形式的になったり実質的になったりと，文言上首尾一貫性を欠くとの批判は説得力をもつ。しかし，この点は条文の不備であると考えられ，憲法7条にしたがって，内閣は法的な制限なく衆議院を解散できると解される[8]。

　さらに，いわゆる苫米地事件最高裁判決は，上記7条説を前提としているものと解されること，実際上の衆議院解散が7条を根拠としていることを一種の憲法習律ととらえうるとすれば，もはや69条説に立っての衆議院解散が行われる余地がほとんどないことも，7条説の正当性を裏付けるものと解される。

　以上から，内閣は第7条によって法的な制限なく衆議院を解散できるものと解されるので，69条説は妥当でないと解される。もっとも，政治的に，あるいは政策的に，内閣による解散権行使の限界を考慮すべきである。この点，衆議

院の解散は，あくまで内閣が民意を問う手段として行使されるべきものであって，濫用は許されないものと解される。[9)]

第3節　女系・女性天皇

　上で述べたような憲法規定の国事行為に関する問題のほか，現在皇室典範によって男系男子のみが皇位を継承することを問題視する立場がある。明治憲法下においては憲法典において「皇男子孫」が皇位を継承するものとされていたが（明治憲法第2条），日本国憲法下においてこれを規定するのは法律である皇室典範であって，日本国憲法の規定ではないので，皇室典範の改正によってこれを行うことが可能である。問題はそれが憲法上要請されるかどうか，ということである。

　この点男女平等を定める憲法第14条に反するから問題だとする見解がある。しかし，このような見解は天皇及び皇族自体が国民と平等でない「身分」として憲法上規定されていることからすれば失当であろう。

第4節　皇室財産

　明治憲法下において憲法の統制下になかった御料（天皇の財産）及び皇族の財産（併せて「皇室財産」）は，「国に属する」こととされ，天皇や皇室の活動費用は「すべて……予算に計上して国会の議決を経なければならない」（第88条）。皇室経費には，内廷費，宮廷費，皇族費の三つの区別がある（皇室経済法第3条）。[10)]

第 2 章　権力分立

　権力分立は Separation of Powers の訳であり，「三権」に分かれるとは限らないが，通常は立法，行政，司法の三権の分立を指す。日本国憲法の規定は第 4 章国会，第 5 章内閣，第 6 章司法，であって，前二者が機関名を表題にしているのに第 6 章は権限の名称を表題にしていて，必ずしも首尾一貫した規定ではないように見える。けれども司法作用に何が含まれるかは歴史的に決まるものであって，明治憲法下において行政裁判所が設置されていたこと（明治憲法第61条参照）と，明治憲法の表題を踏襲したことを考え合わせると，このような表題にも一応の理由がある。

　ジョン・ロックは，立法権と執行権の分離を強調したが，司法権については目だった言及が無い（ジョン・ロック著　加藤節訳『完訳　統治二論』（岩波文庫，2010年）参照）。これは当時のイギリスの状況を反映したものである。1789年フランス人権宣言第16条は「権利が保障されず，権力の分立が定められていない社会は憲法を持つとはいえない」と規定し，またアメリカ合衆国憲法が厳格な三権分立を採用したのは，モンテスキューが1748年に『法の精神』第11篇第 6 章で次のように述べていることに影響を受けたとされる。[11]

　「各国家には三種の権力，つまり，立法権力，万民法に属する事項の執行権力および公民法に属する事項の執行権力がある。

　第一の権力によって，君公または役人は一時的もしくは永続的に法律を定め，また，すでに作られている法律を修正もしくは廃止する。第二の権力によって，彼は講和または戦争をし，外交使節を派遣または接受し，安全を確立し，侵略を予防する。第三の権力によって，彼は犯罪を罰し，あるいは，諸個人間の紛争を裁く。この最後の権力を人は裁判権力と呼び，他の執行権力を単に国家の執行権力と呼ぶであろう。」

　すなわち，立法権については，執行権を持つものが立法に「阻止する権限」を持って参与すべきであると言い，司法権は「恐るべきもの」であって，陪審

制・裁判権力は「無となる」べきものであるとすると同時に，執行権を「講和または戦争をし，外交使節を派遣または接受し，安全を保障し，侵略を防ぐ」権力（現在の判例理論に見る「統治行為」に近い）とした上で，これらのうち二権が同一の人間あるいは同一の役職者団体に属すれば自由は失われ，三権が同一に帰すれば全ては失われるという。

　このモンテスキューの主張は「イギリスの国制について」と題する章で行われており，1690年のロックの『市民政府論』（前掲訳書は『統治二論』とする）の主張を踏まえて展開されたものである。イギリスの国制が厳密な意味での三権分立かどうかはともかく，基本的には三権（正確には国家機関が行使する三つの権限といったほうがよいであろう）を分離独立させるという考え方はすでにこの時点で充分明らかになっていた。けれども三権を完全に別々の機関に割り振るべきだとは述べていないことに注意が必要である。議院内閣制（イギリス），大統領制（アメリカ），混合体制（大統領＋議院内閣）（フランス）のように，古くから立憲主義が成立していたと目される諸国のいずれも異なる体制をとっていることから，このことは容易に理解できる。

　明治憲法は，第 5 条（天皇の立法権），第37条（帝国議会の天皇の立法権への「協賛」），第55条（天皇の行政権を国務各大臣が「輔弼」するとの規定），第57条（天皇の名における「司法権」）を見ると，曲がりなりにも三権分立の憲法であったことがわかる（第37条等で「政府」という語が用いられていることにも特徴的である）。

　これに対し，日本国憲法は第41条で国会に立法権を，第65条で内閣に行政権を，第76条で裁判所に司法権を，第81条で裁判所に違憲審査権を付与しており，三権分立とその維持のための違憲審査制という構造が見て取れる（なお，第65条だけが「すべて」という形容詞が無い）。

　以下においては議院内閣制と司法権・違憲審査権の二つに大きく分け，前者で内閣と国会について論じる。そのうえで，日本国憲法が採用する財政民主主義と，日本国憲法になって初めて明文で憲法上の制度となった地方自治について述べることにする。

第3章　議院内閣制

　明治憲法下においては，大正デモクラシー期を除くと，憲法上明文の保障が
なかったこともあり，政党に基礎をおく議院内閣制は行われなかった。明治憲
法制定当初においては大隈重信のようにイギリス流の議院内閣制を憲法上規定
すべきとの意見もあったが，プロイセンの憲法に強い影響を受け，君主の権
力が少なくとも文言上は残され，内閣総理大臣は同輩中の主席（primus inter
pares）にすぎず，内閣を構成する大臣の罷免権も持っていなかったため，と
くに戦争が激しくなった時期に，陸海軍大臣の現役武官制が定められていた時
期には，陸軍や海軍が大臣を出すことを拒絶することで組閣を阻止することが
できたのであり，軍部に政治が従属する結果を招いてしまった。

　議院内閣制（Parliamentary Government; régime parlementaire;
parlamentarische Regierung）の「本質」は，「内閣の議会（民選議院）に対
する政治責任の原則」を指す。内閣も議会も政治制度の不可欠の構成機関であ
ることが前提となる。[12]

　民選議院が前提とされるのであるから，当然直接民主制とは異なる。国会と
内閣の「両者は一応分離・独立しているが，分立が厳格でなく，内閣が議会に
対して政治責任を負うことを要として，両機関の協同関係が仕組まれている制
度」である。

　議院内閣制には，古典型，議会万能型，内閣政治型などの諸「類型」がある
が，最低限押さえておくべきは，元来君主国において発展した政治制度である
ということである。

　古典型は，イギリス型の原型や，19世紀前半のフランス七月王政時代の議院
制を指す。君主と議会が対立的な権力分立の機関であって，両者の連結機関が
内閣である。この型は共和政体にも移植されている（ドイツのワイマール憲法
やフランスの第五共和制憲法）。議会万能型は，フランス第三・第四共和制憲
法下の議院制を指す。元首の権力が名目化し，議会が最高機関とされ，内閣は

議会に従属するものとされた。歴史的に古いこの二類型に対して，内閣政治型は，現代イギリスの制度をいう。君主権力の名目化が根拠であって，法的構造的には議会万能型と等しい。政治的主権者としての国民と，法的な主権者としての議会，と理解されている。内閣政治型における「内閣の議会解散権」は，内閣の「指導力の重要な手段として，その裁量に委ねられるが，国民の意思を直接国政に反映せしめねばならぬという憲法習律上の規則（特に委任（マンデート）の理論）によって，その行使が義務付けられる場合がある」。

　明治憲法は「本来，ドイツ立憲君主型の所謂大権（超然）内閣制を採っていた。即ち，憲法制定者は，意識的に大臣の議会に対する政治責任の原則を排除したが，憲法施行当初は，議会の政党と無関係な天皇の政府が統治した。しかし，憲法慣行上，政党内閣の名のもとに，不完全ながら，古典的議院内閣制が行われた時期がある（1924-1932）」。明治憲法時代は，議院内閣制は憲法で明示的に規定されていなかったのであり，大正デモクラシーと呼ばれる，限られた時期にだけ実行された政治制度であった。

　日本国憲法の規定をみると，①行政権を内閣が保持（第65条）し，内閣は国会から一応分立した統一的合議制機関（第68条，第70条）であること，②内閣は国会に対し，「連帯して責任を負う」（第66条第3項）ことからして，議院内閣制を採用しているといってよい。日本国憲法における衆議院と内閣の関係については，まず衆議院は内閣に対して内閣不信任決議によりその政治的責任を追及しうる（第69条）のであり，その他の国政調査権，議院に大臣が出席し質疑に答える（第62条，第63条）ものとされる。なお，総理大臣及び大臣の過半数が国会議員でなければならない（第68条第1項）という点は，フランスの制度からすると必須の本質的要件とまではいえないという説もある。

　日本国憲法の類型上の特質としては，①国会の優位，②内閣の衆議院解散権が規定されていることから，とくにその解散権が無制約型か制限型かが，解釈の問題として残ることになる。衆議院の解散の実質的決定は，第69条の場合のみか，第7条に基づき，第69条の場合以外にも一般的に解散をなしうるかが問題となり，明文で内閣に対して一般的な解散権を認める規定がないため問題となる。ただし，すでに述べたように，実務上は第7条による解散が可能であるという点で一致している。

第1節　国　会

1．代表制民主主義

　憲法は代表制民主主義を採用している（前文第1項，第43条）。他方で一定の直接民主制的制度も規定している（第95条，第96条など）。選挙権の規定（第15条）からして憲法が代表制民主主義を基本としていることは明らかであるが，国民代表機関としての国会の権限については，若干の問題がある。理論上特に最初に問題となるのは，第41条が「國會は，國權の最高機關であつて，國の唯一の立法機關である」と規定していることである。

2．国権の最高機関

　国権は統治権といっても同じ事であるが，最高機関が文字通りの意味であることはあり得ない。第81条が裁判所に憲法適合性審査の権限を与えているからである。このため通常は，この文言は**政治的美称**にすぎないと解される。政治的美称説と呼ばれるこの見解は浅井清や宮澤俊義によって提唱された。「国会は主権を有する日本国民を政治的に代表する意味において，最高の地位にあるものであり，最高機関とは，この政治的代表者としての国会に与えられた美称であると解すべきである[13)]」とか，国権の最高機関とは「特別な法律的意味を有する言葉ではなく，国会は選挙を通じて直接に主権者たる国民に連結しているというところから，多くの国家機関のうちで最も大きな重要性をみとめられることを意味するにとどまる。『弱い政府と強い議会』という原則がみとめられている点に，とくに，最高機関たる性質があらわれている[14)]」などと主張される。

　これに対して，憲法制定当初から有力に主張されているのが**統括機関説**である。「国会は国権の最高の発動を為す機関である」（**佐々木**212頁）。「国会は単に立法機関たるに止まらず，国家の最高機関である。最高機関は国家の活動を創設し，保持し，又終局的に決定する機関である。この機関がないならば国家は崩壊してしまうであろう。最高機関は種々の作用を為す種々の機関と関係せしめて見るときは，これに対して統括を為す機関である。わが国では，憲法により，国会が最高機関であり，統括の作用を示すのである」（**佐々木**377頁）。

これに近いのが清宮四郎の諸説である（清宮201～203頁）。すなわち，ケルゼン（Hans Kelsen, Allgemeine Staatslehre）[15]に依拠して言えば，厳格な法的意味で「国家機関相互の間に，一方が命令し，他方が服従する関係が存するときは，両者の間に上下関係または従属関係があるといい，他のいかなる機関の命令にも服しない機関があるときは，これを『最高』または『最上級』の機関という」。この意味では国会だけでなく裁判所も，内閣も最高機関である。ではイギリス流の国会主権のように，主権者の意味，あるいは国会の意思が常に他の国家機関に優越するとの意味であろうか。これはあきらかに違うという。では明治憲法の天皇のような「統治権の総覧者」かといえば，これもあきらかに違うという。「まず第一に，それは，憲法が，国会を唯一かつ最高の立法機関とし，立法権が国会に留保・独占され（国会意思の留保），行政権も司法権も，憲法によるほかは，国会の意思にもとづいて組織され，行使されるを要する（国会意思の上位）としている点にあらわされている」。「第二に，内閣の成立と存続が国会の意思に依存し（議院内閣制），国会に，法律議決権のみならず，条約承認権，財政議決権が認められ，また，各議院に，国政調査権がみとめられることなどによって，行政及び司法をコントロールする作用を行いうることも，国会の最高機関性のあらわれとみられよう」。「第三に，〔中略〕その権限について，憲法に特に規定されているもののほか，いずれの機関の権限に属するか不明のものは，国会の権限に属するものとの推定を受けるものと解せられるが，これも最高機関性のあらわれであろう」。このように既存の学説を整理した清宮説を受けて提唱されたのが，**総合調整権能説**である（田中正己・酒井吉栄）。国会は憲法改正発議権・立法権・条約承認権・財政監督権・国政審議権の他，内閣総理大臣の指名権・内閣不信任決議権・弾劾裁判権・議院の資格争訟裁判権を持つ。これらは，三権の間の総合調整作用を果たすためであると解される。

　結局，内閣および裁判所の権限との関係をどのようにとらえるか，「唯一の立法機関」との文言との関係をどのように理解するかで学説が分れているといえる。

3．唯一の立法機関

　立法とは，形式的には当然「法律を制定すること」を意味する。ここで「法律」を「国会が制定するもの」というふうに形式的に定義したのでは，定義が循環してしまう。したがって，実質的意義の法律とは何かを考えなければならない。通常は法律とは**一般的抽象的法規範**と解され，その中核は，**義務を課し，又は権利を制限する規範**であるとされる。これは本来的には，行政権による「義務を課し，又は権利を制限する規範」の定立を否定する意味を持つものであって，立法国家の建前の強化を強調する意味がある（内閣法第11条参照）。憲法第73条第 6 号が「この憲法及び法律の規定を実施するために，政令を制定すること」を内閣の行う事務と規定し，その但し書きで「政令には，特にその法律の委任がある場合を除いては，罰則を設けることができない」と規定していることは，法律による政令への**委任立法**は許されるが，限界があることを示している。国会の立法機関性を無に帰するような**包括的委任**は許されない（罰則の委任に関しては，罪刑法定主義との関係で，別稿で検討する予定である）。法律の委任に基づく命令（憲法は「政令」についてのみ言及するが，行政機関が制定する規範の制定根拠は第73条第 6 号に求める説と，第65条に求める説がある）の合憲性は，そもそも「法律の委任」がいかなる意味であるかを把握しなければ論じることができない。なお，政令と法律との関係は，条例と法律との関係と対比することでよりよく理解できる。この問題は地方自治の項で述べる。

　では「國の唯一の立法機關」にいう**唯一**のとはいかなる意味であろうか。

　憲法上明示的に法律事項とされている（すなわち，法律で定めることが明示されている）規定は40に及び，このことを勘案した上で，実質的意味の法律，すなわち「**法規（Rechtssatz）**」とは，「憲法の直接的執行として国民の権利・義務を規律する成文の法規範」であるとする説が最も説得的であろう。すなわち，そのような意味での法規制定を国会が独占することを意味するのであり（**国会単独立法の原則**），国会がそのような意味の法規制定の中心となる（**国会中心立法の原則**）ことを意味する。

　憲法に特別の定めがある場合（議院規則・第58条第 2 項，最高裁判所規則・第77条）は例外であるが，実際にはすでに言及しているように議院規則所管事

項と考えられる事項を規定している国会法が制定されている。法律との優越関係については，実務的に法律優位説が支配的であるが，その根拠は明らかとはいえない。また最高裁判所の規則制定権についても，問題がある。

　裁判所法第10条第1号は法令の違憲審査を常に大法廷で審査すべきことを定めていたが，1948年4月に，最高裁判所がかつて合憲と判示した裁判と意見を変更しない場合には小法廷で裁判ができると規則を改正した。法律と最高裁判所規則（正確には最高裁判所裁判事務処理規則）が矛盾しており，そのままでは疑義があったが，1948年12月に規則に合わせた形で裁判所法が改正された。これら二つについては，実務上は一応解消され問題となっていないが，理論的には解決されていない。憲法の起草者は両者を同等と考えていたようであるが，両者の法的効力関係について学説的には法律優位説，同等説，規則優位説が対立している。最高裁判所の規則制定権と国会の法律制定権の競合関係について論じる場合には，議院の規則制定権と国会の法律制定権の競合関係と対比しつつ，法律によるコントロールがどのような意義を持つかを考えなければならないのである。また，この問題は，より簡潔に，裁判所の自律性について，議院の自律性と対比せよ，という問題に書き換えることもできる。なお，議院の自律権は規則制定権にとどまらない。この点はすぐ後に述べる。

　第95条は　の地方公共団体のみに適用される特別法について，法律の定めるところによって，その地方公共団体の住民投票で過半数の同意を経なければ「これを制定することができない」と規定する。この規定は国会が「國の唯一の立法機關」であることの例外といえるであろうか。この点は，その文言にかかわらず，法律の効力発生条件と捉えれば例外とならず，制定行為そのものに地方公共団体の住民を関わらせるべき規定と捉えると例外となるが，1951年以降住民投票を要する法律は制定されておらず，実務的観点からはあまり生産的な議論ではない。

　なお内閣法第5条が「内閣総理大臣は，内閣を代表して内閣提出の法律案，予算その他の議案を国会に提出し，一般国務及び外交関係について国会に報告する」と規定していることは，国会が「國の唯一の立法機關」であることに反しないかという問題がある。行政機関に立法権を与えるべきではなく，内閣が法律制定を要請する場合にはその旨を国会に提案すれば足りるので，同条は憲

法違反であるとの説[23]があるが，同説の主張者は他方で第73条第1号が内閣の職務として「國務を總理すること」について国政全般について配慮する，すなわち一種の執政権を読み込む解釈をとっているため一貫性を欠くようにも思われる[24]。実際には議院内閣制をとる日本国憲法において内閣の構成員は国会議員でもあるのであって，議員として法案を提出することができるのであるからそもそも内閣法第5条の合憲性は議論する実益に乏しいともいえる（**宮澤註釈554頁**）。

　この問題を考えるにあたっては，最高裁判所の規則制定権と対比することが有益であろう。例えば裁判所法を改正して，「最高裁判所は，訴訟に関する手続，弁護士，裁判所の内部規律及び司法事務処理に関する事項について，法律案を国会に提出することができる。」という規定を設けたとすると，この規定にはどのような憲法上の問題点が含まれているか。これを内閣の法律案提出権の場合と比較して論ずることで法律案提出権の性質を明らかにすることができよう。

　結論的には否定的に解さざるを得ない。

　明らかに権力分立の原則を意味のないものにしてしまうという点はおいても，最高裁判所が法律案を提出できるような法律の制定ないしそのような改正をすることが可能ならば，そもそも憲法が最高裁判所に規則制定権を認める必要はないはずである。確かに，ここで仮定された改正案は憲法第77条第1項の最高裁判所規則制定権に関する規定そのものであり，最高裁判所が，みずからの判断のみで決定できる規則制定に国民代表である国会議員の意見を反映するという立法目的を仮想し得る。けれども，このような法改正が実現した場合，その法律案に基づいて成立した法律と最高裁判所の規則制定権によって制定された規則が矛盾した場合，現状よりもさらに困難な問題が生じることになる。というよりも，憲法の規定する最高裁の規則制定権が法律によって空文と化すのではなかろうか。内閣の法律案提出権は，既に述べたように，それを認めなくとも実際上内閣構成員は議員として法案提出を行うことができるので，そのことを論ずる実益はほとんどないが，最高裁判所の上記のような法案提出権を認めることは，かえって最高裁判所の自律権を侵害する結果となるものと解される。また，第4章でも述べる「司法権の独立」を侵害し，なによりも，権力

分立を基本とする憲法の趣旨を没却する。

　さて，以上立法に関する憲法上の原則を様々な角度から検討してきた。これらの問題は，また別の角度から検討することで一層あきらかになる。

　実質的意義の法律，すなわち法規の意義をいかなるものとして捉えるかは，国の行政組織に関する事項が原則として法律で規定されていること（ただし国家行政組織法によって内部組織に関しては政令に委任されている。国家行政組織法第 7 条参照）と，国会は「国の唯一の立法機関である」と定める憲法第41条との関係を考えるにあたっても重要である。この点，ドイツで形成されてきた「法律による行政の原理」との関係を考慮する必要がある[25]。憲法が法律事項としていることの意義を，法規の意義と関連させつつ，行政を法律に「基づいて」行うことの意味を考えることが，この問題の解決の糸口となるといえる。

　ここで直接民主制との関係を考えるため，第96条が憲法改正について国民投票で過半数の賛成を得ることを要請していることから，「国会は，必要があると認められるときは，議決により法律案を国民投票に付することができる。その場合，投票の過半数の賛成があるときは，右法律案は法律として成立する」という趣旨の法律が制定された場合，どのような憲法上の問題が生ずるかを考えて見よう。

　憲法改正についての検討を踏まえないとわかりにくいところがあるが，第96条第 1 項が「この憲法の改正は，各議院の總議員の 3 分の 2 以上の賛成で，國會が，これを發議し，國民に提案してその承認を経なければならない。この承認には，特別の國民投票又は國會の定める選挙の際行はれる投票において，その過半数の賛成を必要とする」とある前段の各議院の総議員の 3 分の 2 以上の賛成という要件をはずして，実質的に憲法典を改正する内容をもった法律を「国民の過半数の賛成がある」との理由で成立させることになりかねないことには注意しなければならない。

　人権制約的な内容を伴う，例えば監視カメラや通信傍受（wiretapping）を行う権限を行政機関，特に警察や自衛隊に与える法律や，自衛隊法が，ここで仮定されているような法律として国民に提案されることを考えてみれば，大きな問題があることがわかる。すなわち，本法律は，ナチスドイツが制定した授権法[26]と同様の効果を持ちかねない危険性を持つ。国民投票の過半数というのは

決して容易な要件ではないからそのような危惧は為にする議論であるとの反論
も考えられるけれども，フランス第5共和制憲法が，第4共和制憲法の改正手
続を無視して直接の国民投票によって成立したことを想起するのは有用であろ
う。そもそもこの法律は上述したように，国会が唯一の立法機関であるという
第41条に反すると考えられよう。なおこのような法律を合憲と解する立場をと
ると，第41条との関係が説明し難いほか，憲法第96条第1項で規定される衆参
両議院が憲法改正を発議する要件としての総議員の3分の2以上の賛成という
要件は改正可能な要件であるととらえるのでなければ首尾一貫しないことには
注意が必要である。

4．国会議員の権限

　憲法の条文が当然に想定している種々の仕事を行うため国会議員に認められ
るべき権限が国会法で規定されている。憲法自体が直接規定するのは，相当額
の歳費を受ける権利（第49条），（5）でみる不逮捕特権（第50条）及び院内に
おける発言についての免責特権（第51条）である。しかし議院内閣制をとる憲
法は（第66条），内閣総理大臣が，一般国務及び外交関係について国会に報告
することを想定しており（第72条），それゆえ内閣に対する質問権（国会法第
74条～第76条）が認められている。また，立法府の構成員であるから，法律案
に対する質疑権があることもまた当然といえる（衆議院規則118条，参議院規
則108条参照）。法律案の発案については，国会法第56条第1項で規定されてい
るが，発議・議案に対する修正動議には一定の賛成者が必要である（国会法
56条1項，57条，57条の2）。議案の提出については，衆議院では議員20人以
上，参議院では議員10人以上の賛同を要し，予算を伴う法律案については衆議
院で議員50人以上，参議院で議員20人以上の賛同を要するが，これが国会議員
の発案権に対する過度の制約となっていないかは問題である。法律案自体を実
効的なものとするための条件，法律案の濫発を防ぐという観点は理解できない
ではないが，小数政党所属議員あるいは無所属議員の法律案提出権をほとんど
完全に否定することになりかねない。国会の裁量に属するものとすれば憲法違
反をいう余地はないことになるが，各議員がたとえ単独であっても「全国民を
代表する」（第43条）議員として法律案の提出を必要であると考えた場合に不

可能となってしまうことには問題があろう。

5．議員特権

　代表制民主主義の制度としての国会は衆議院と参議院とからなる（第42条）。両議会はいずれも「全國民を代表する」（第43条）ものとされるが，厳密に解釈しようとするとこの「代表」概念には問題がある。

　まず確認しておくべきは，国会議員が「法律の定める場合を除いては，國會の會期中逮捕されず，會期前に逮捕された議員は，その議院の要求があれば，會期中これを釈放しなければならない」（第50条）[27]こと，また「兩議院の議員は，議院で行つた演説，討論又は表決について，院外で責任を問はれない」（第51条）[28]ことから，国会議員に対する選挙民の「委任」は「自由委任」である（すなわち，自らを選出した選挙民に対して議会における発言が選挙民の政治的意思と異なる故を以て法的責任を問われない）と解されることである。

　この点憲法第15条第 1 項の「公務員を選定し，及びこれを罷免することは，國民固有の権利である」との規定を重視し，一定の命令委任（すなわち場合によっては国会議員のリコール）も認めうるとする立場[29]があるが，上述の第50条及び第51条の規定からすると，そのような解釈には無理があるのではないかと思われる。

　全国民を代表していないという「政治責任」に基づいてのリコールを法制化しようとしても，現に地方自治法で定められているような要件（地方自治法第80条第 1 項，第81条第 1 項，第86条第 1 項参照）を満たさなければならないとすれば，次の選挙で落選させるよう運動するほうが，はるかに容易であるということになるであろう。また，当該議員が選出された選挙区において当該選挙区の投票者がリコールの権限を持つとすれば，あきらかに命令委任の制度となり，問題である。

　日本国憲法上，国会の両議院の議員は「全國民の代表」とされ（第43条第 1 項），議院で行った演説，討論または表決について院外で責任を問われないとされるが（第51条），地方公共団体の議会の議員についてはこの種の規定はみられず，また，直接請求による解職の制度が法律で認められている。このような違いがみられるのは，地方自治体の議員に対する命令委任を意味するもので

は必ずしもなく，住民自治の観点から，地方自治体における代表制民主主義を補うものとしての直接民主制を制度化したものである，と解すべきである。では，国会議員が院内で人の名誉を侵害する発言をした場合，民事上，刑事上の責任を問われるか。また，所属議院において，右発言を理由に除名の決議がなされた場合，当該議員はその決議の効力を訴訟で争うことができるか。この問題は，地方議会の議員の場合と対比することで明らかとなる。この点，「地方自治の本旨」（第92条）の意義について検討するところで改めて取り上げることにする。

　ここで特に国会議員の院内発言の免責特権（第50条）及び不逮捕特権（第51条）について考えるために，設例を用いて検討しよう。

　国会議員には弁護士資格を持つ者も多い。弁護士資格を持つ議員が，派遣労働者の権利利益を拡充する内容の法律案に関して開催された地方公聴会において，この法律案の必要性を訴えたとする。その際に特定の経営者団体幹部についてやや過激に亘る文言を用い，かつその幹部が違法行為を行っていることを示唆した上で，自己の発言を，自己が開設したインターネットサイトに掲載した。その発言中では，自己が遂行中の訴訟で当該人物の違法行為を立証したとの文言があったとする。このような事情がある場合で，経営者団体幹部が名誉毀損を理由として，国とこの議員を相手取り損害賠償を求めて提訴するとともに，議員が所属する弁護士会に対してその懲戒の請求をしたような場合を考えてみよう。

　一見すると，インターネットサイトへの掲載を行った時点で，院内での発言ではなくなるように見えるが，事実関係を見れば，国会の中ではなく「地方公聴会」における発言である。憲法が院外で責任を問われないとするのは，政治的発言が，特に批判を伴う場合に過激に走りがちであること，そのことを理由に名誉毀損等で濫りに逮捕されるようでは自由闊達な討論は不可能である。けれども上の設問では重要な点が二つある。

　一つは自己が遂行中の訴訟に於いて違法行為を立証した，というのは，弁護人としてそのような主張を行ったということであれば，それは学術的にはともあれ，訴訟に於いて，というのは権威付けの発言に過ぎない。

　そうではなく，判決でそのような認定がなされたということであれば，当該

人物は法的責任を既に負っている者であり，それに加えて政治的責任を追及するのでなければ，設例のような発言は不適切である。これらの発言をインターネットに掲載したことについても，議会の議事録という形で公表されるのであれば格別，議会の議事録とは別の形でこのような発言をインターネットに掲載する場合，表現の自由と名誉権とが衝突する，通常の権利の比較衡量の問題になると解される。

６．二院制・国会の権能・議院の権能

　衆議院と参議院については，任期についての規定は憲法におかれているが（第45条，第46条），選挙人資格，議員定数，議員資格（立候補資格年齢）などは法律に委ねられている（第44条，第47条）。二院制をとっている以上同時に両議院の議員であることは当然認められない（第48条）。議員資格について財産や収入による差別が禁止される（第44条）ので当然国庫から歳費を受ける（第49条）。公職選挙法が両院の選挙権（第９条第１項）・被選挙権（第10条第１項第１号及び同項第２号）・議員定数（第４条第１項及び同条第２項）などを定める。具体的な違いを確認しておこう（次の表参照・選挙制度については後述）。両院の構成が異なるのは多様な民意を反映し審議を慎重にするためであると解される。この問題については政党についての検討が欠かせないが，これについては後に検討するところに譲る。

　さて憲法は，後述のように法律の制定（第59条），予算の審議と議決（第60条），条約の承認（第61条），内閣総理大臣の指名（第67条第２項）について衆議院の優越を定めている。

　両院の関係はこのようなものであるが，国会としての権能は，①憲法改正の発議権（第96条・本講義案の第７章で検討する），②法律の議決権（後述），③内閣総理大臣の指名権（本章２参照），④弾劾裁判所の設置権（第64条，第78条，国会法第125条〜第129条，裁判官弾劾法参照・詳しくは第４章で述べる），⑤財政監督権（第５章で検討する），⑥条約承認権（第73条第３号）が挙げられる。

　これに対して衆参両議院各々の権能は次のようなものである。

　第一に議院の自律性に関するものである。「各議院が内閣・裁判所など他の

国会の構成

衆議院		参議院	
小選挙区289人 ⎫ 　　　　　　⎬ 465人 比例代表176人 ⎭	議員定数	選挙区制98人 ⎫ 　　　　　　⎬ 245人 * 比例代表147人 ⎭	
4年	任期	6年（3年ごとに半数改選）	
満18歳以上の男女	選挙権	満18歳以上の男女	
満25歳以上の男女	被選挙権	満30歳以上の男女	
あり	解散	なし	

＊令和4年改選後は比例代表選出議員が148人，選挙区選出議員100人となり，参議院の議員定数は248
人となる。
　　　　　　　　　　　　　　　　　　　　　　　　　　　　　（法令にもとづき，筆者作成）

国家機関から監督や干渉を受けることなく，その内部組織および運営等に関し
自主的に決定できる権能」を議員自律権という（芦部299頁）。具体的にはまず
内部組織について，①会期前に逮捕された議員についての釈放請求権（第50
条），②議員の資格争訟の裁判権（第55条），③役員選任権（第58条第1項）が
認められる。②はその結論を通常裁判所で争えないとされている。③は，憲法
の文言からは「役員」が何を意味するかが明確でないが，少なくとも議院運営
上重要な地位にある者は含まれよう。

　これに加えて第二に，議事運営に関する自律権として，①議院規則制定権
と，②議員懲罰権がある（いずれも第58条第2項）。①については「唯一の立
法機関」の意味を検討したところですでに触れたが，明治憲法においては議院
法の存在が予定されていたこと（明治憲法第51条）と対比しての考察が求めら
れよう。すなわち，少なくとも憲法の文言上は国会法の制定は予定されていな
いにもかかわらず，制定過程において当初一院制がとられていたことの反面と
して，衆参両院の関係を規律する法律が求められたことを考慮に入れるべきで
あると考えられる。

　ところで表でも確認出来るように，公職選挙法第10条は，被選挙権を有する
者を，衆議院議員については年齢満25年以上の者，参議院議員については年齢
満30年以上の者と定めている。この規定に憲法上の問題はないだろうか。ま
た，同条を改正して，衆議院議員及び参議院議員のいずれも年齢満35年以上の
者とした場合は，憲法上どのような問題が生じるか。

　被選挙権は直接に憲法に規定されているわけではない。詳しくは第5章で改めて論ずるが，憲法第15条第1項が「公務員を選定……する権利」を認めており，それは当然に立候補の自由を想定していると考えられることが一つの根拠と解される。成人年齢が公職選挙法上20歳とされていること，そして議員になるための資格を，投票資格を有するようになってから5年の人生経験を想定したことは，一見して不合理とはいいがたい。けれども衆議院議員と参議院議員の立候補年齢に5年の差があることについてはどうであろうか。一般には公衆に近い衆議院議員に対して解散がなく任期が長い（6年）参議院議員は「理の府」とも呼ばれるもので，一層年齢を重ねることを求めていることも，合理性があるといわれる。

　しかし実際には25歳で衆議院議員に立候補している例はそれほど多くはない。そのような事実をふまえ，さらに近年の青少年の児童化を反映して，上記のように立候補資格年齢を35歳に引き上げるとの主張に合理性を認めるとすると，投票資格年齢も引き上げられなければ整合性を欠くことになる。他方で，多くの選挙人によって選出されること自体が議員の民主的基礎であると考えれば，被選挙資格は投票資格年齢と同じでも，何ら問題ないと考えることが可能である。このような立場からは，現行法制における衆議院議員及び参議院議員についての議員になるための資格年齢要件は違憲であると解されることになろう。

　それでは，既に触れたような，その内実が法律事項とされていること（第44条，第47条）をどのように解すべきであろうか。この規定の意味を立法裁量に委ねるものと解しても，憲法第44条但し書きが「人種，信條，性別，社會的身分，門地，教育，財産又は収入によつて差別してはならない」と規定していることに反しないかが問題となる。年齢の差を要件とすることは，この但し書きの明文に反するとは言い難い。けれども，第14条第1項が法の下の平等を一般的に規定していることに照らして，不合理な年齢要件は第14条第1項違反の問題を生じうる。この点，現行法制は，両院それぞれの立候補資格年齢について不合理とまではいえないと解される。しかし，両院の立候補資格年齢を35歳まで引き上げることは，とくに衆議院議員について10歳引き上げることになり，いかなる社会状況の変化もそれを合理化することは困難であろう。なお投票資

格年齢との関係も考慮すると一層理解が深まるであろうが，この点は後に論ずることとしたい。

　第三に，国会の職務との関係を如何に解するかそれ自体解釈上の争いがあるのが，**国政調査権**（第62条）である。国会の職務の中心は立法であるから立法のための調査であるというのは狭きに失する解釈であって，同条は別段立法のためと限定しているわけではない。国会は全国民の代表（第43条）として，内閣に対する統制を行う（第66条，第72条など）のであるから，国政調査権は少なくとも「国政」全般に及ぶものと考えられる（司法権との関係は第4章で検討する）。

　法律制定手続　　法律はどのような手続で成立するかも確認しておこう。「法律案は，この憲法に特別の定のある場合を除いて，両議院で可決したとき法律となる」（第59条第1項）。法律案は衆議院・参議院どちらに先に提出しても良い。

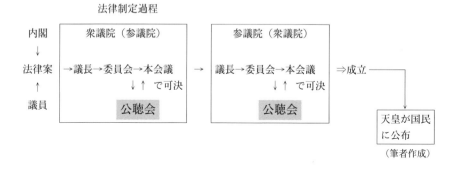

（筆者作成）

　上の概略図は最も単純な場合を示している。そこに委員会とあるが，実際の議事はほとんど委員会において議論され，本会議は法案の採否を決定するだけの場となっている（国会法第5章参照）。また内閣提出法案については，内閣法制局で入念な審査が成された上で法案が提出されていることには注意が必要であろう（内閣法制局設置法及び同法施行令参照。制度自体は内閣の項で説明する）。後に憲法訴訟について論ずる（第4章）際にも触れるように，このことは，少なくとも内閣提出法案に基づく法律が違憲と判断されることがない一

つの原因であるといえるからである。

　憲法上は別段の条件がないけれども，国会議員が議案を提出するには，国会法上，衆議院で議員20人以上，参議院で議員10人以上の賛成が要件とされており，また予算を伴う法律案提出には衆議院で議員50人以上，参議院で議員20人以上の賛成が要件とされている（国会法第56条第1項）。議案・法律案修正についても同様であり（同法第57条），予算についても同様の規定がある（同法第57条の2，第57条の3）。この点，議院一人一人が全国民の代表である（憲法第43条）ことから，この要件がハードルとして高いと言えるか問題となる。

　実際には，この程度の賛同者も得られないようであれば，可決することは困難であろうから，問題ないと考えられている。

　さて，法律案は，先にも示したように両院で可決したときに法律となるのが原則であるが（第59条第1項），衆議院で可決した法律案について，参議院がこれと異なる議決をした場合，衆議院で出席議員の3分の2以上の多数で再び可決しなければ不成立となる（第59条第2項）。与党が衆議院において3分の2以上を占めることはそうあるわけではなく，3分の2以上による再可決は数えるほどしか行われていない。そこで，参議院が衆議院「と異なる議決」（第59条第2項）をした場合には，衆議院は両院協議会を開くことができる（第59条第3項・国会法第10章）。なお，参議院が，衆議院の可決した法律案を受け取った後，国会休会中の期間を除いて60日以内に議決しないときは，衆議院は，参議院がその法律案を否決したものとみなすことができる（第59条第4項）。国会法第84条は両院協議会開催について衆議院が参議院に要請したときはそれを拒めないが，参議院が衆議院に要請した場合には拒否できる旨定める。これは憲法第54条の規定に鑑みて法律で規定された衆議院の優越ということができる。

　会期制　ここで国会休会中の期間という言葉があるように，憲法は国会が会期制をとることを予定している（第50条・不逮捕特権の規定，常会・第52条，臨時会・第53条。なお国会法第2章参照）。国会は内閣の助言と承認を受けて天皇が行う（第7条第2号・第53条）。

　選挙制度　すでに述べたように公職選挙法で衆議院議員，参議院議員の選挙制度が具体的に定められている。小選挙区比例代表並立制と呼ばれる現行制

度については憲法問題が裁判で提起されたことがあるが，最高裁判所は選挙制度についての国会が持つ裁量権を大幅に認め，選挙権の侵害には当たらないという。また同じ判決において，一定の条件を満たさなければ政見放送を行えないことも「政見放送は選挙運動の一部をなすにすぎず，その余の選挙運動については候補者届出政党に所属しない候補者も十分に行うことができるのであって，その政見等を選挙人に訴えるのに不十分とはいえないことに照らせば，政見放送が認められないことの一事をもって，選挙運動に関する規定における候補者間の差異が合理性を有するとは到底考えられない程度に達しているとまでは断定しがたい」と判示されている。

第2節　内　閣

1．行政権の意義と内閣

　憲法第65条が「行政権」というとき，その中身は必ずしも明らかではない。

　そもそも行政自体を定義することは，立法・司法と比較して困難がある。

　憲法第72条が内閣総理大臣の職務として「一般国務及び外交関係」と「行政各部」の「指揮監督」とを「並びに」という接続詞でつなげていることからすると，これら全てが行政に含まれるのだろうか。

　また憲法第73条が「他の一般行政事務の他」に，第1号で，「國務を總理する」のが内閣の職務であると規定している。一般行政事務が，いわゆる「お役所」でのルーティンワークを指すことは間違いないとして，「國務を總理する」ことが「法律の執行」と並列されていることからすれば，法律の執行以外の内閣の職務，日常的な用語法で言えば政治がここでは想定されていると解される。「國務を總理する」ことは行政権の統括であるとの主張もあるが（たとえば宮澤），賛成しがたい。

　内閣が行使する権限が行政権である，としたのでは循環論法（tautology）で，何の意味も無い。積極的に内容を定義づけようとする説もあるが，あまり成功していないと考えられるし，なによりも，法律の及ばない「行政」の領域を認めることになりかねないのであって，行政が法律に基づいて行われるべきであるという「法律による行政の原理」が徹底しないことになるのではなかろうか。

　さしあたりは行政というのは,「法律を執行する」というのが中心になるが (憲法73条 1 号参照), 普通,「統治権」から立法権と司法権を「控除」した (差し引いた) 残りが行政権であるという控除説が唱えられる。ただこのように解すると, 立法でも司法でもなければなんでも行政ということになってしまい不都合もある。そもそも, 憲法が国会を国権の最高機関としているのに対して, 内閣が「政治を行う府である」こと, すなわち執政府であることが隠蔽されてしまうのではないかというのである。[34]

2．内閣の構成

　内閣は, 首長たる内閣総理大臣とその他の国務大臣で組織される (第66条第 1 項)。内閣構成員は文民であることが求められる (第66条第 2 項)。[35] 内閣法は国務大臣を原則14人以内, 最大17人以内とする (内閣法第 2 条)。国務大臣の過半数は国会議員でなければならない (憲法第68条第 1 項)。明治憲法時代とは異なり (本節冒頭で述べたところを参照), 国務大臣の罷免権を持つ (第68条第 2 項) 日本国憲法における総理大臣は, 名実ともに首相である。総理大臣は, さらに法律及び政令に主任の国務大臣と共に連署し (第74条), 国務大臣の訴追に対する同意権を有する (第75条)。

3．内閣総理大臣

　内閣総理大臣は, 国会議員の中から国会の議決で指名される (第67条第 1 項)。この指名に当たって衆議院と参議院の指名が異なる場合は両院協議会を開くが, 最終的には衆議院の議決が優先する (同条第 2 項, 国会法第86条第 1 項・同法第88条)。内閣総理大臣が欠けたとき (死亡, 国会議員の地位を失ったとき, 辞職など) には, 内閣は総辞職することになる (憲法第70条, 国会法第64条)。ただし新たに総理大臣が任命されるまでは引き続き内閣の職務を行う (第71条)。総理大臣は「内閣を代表して議案を国会に提出し, 一般国務及び外交関係について国会に報告し, 並びに行政各部を指揮監督する」(第72条)。[36]

4．内閣の職務

内閣は一般行政事務に加えて次の「事務」を行うこととされている。

①法律の誠実な執行（第73条第1号）

②国務を総理すること（第73条第1号）

③国会の召集（第52条～第54条）・衆議院の解散（第7条第3号・第69条）

　・参議院の緊急集会（第54条第2項・第3項）

④外交関係の処理（第73条第2号）

⑤条約の締結（第73条第3号）

⑥法律の定める基準に従い，官吏に関する事務を掌理する（第73条第4号）

⑦予算を作成して国会に提出すること（第73条第5号）

⑧この憲法及び法律の規定を実施するために，政令を制定すること。但し，政令には，特にその法律の委任がある場合を除いては，罰則を設けることができない（第73条第6号）

⑨大赦，特赦，減刑，刑の執行の免除及び復権を決定すること（第73条第7号）

　これら列挙されたものも「行政事務」だという解釈もあるが[37]，条文の文言としては確かに「事務」ではあるが，単に「事務」であるといってしまうのは，ことが「政治」「統治」にかかわることからすると問題もありそうである。

　基本的に，内閣の職務は，天皇の国事行為に対応している（正確に言うと，明治憲法時代に天皇の大権事項とされていたことが内閣の職務とされ，象徴としての天皇がその権威付けを行う）。天皇の国事行為に対しては内閣が助言と承認を行う（第3条・第7条柱書）。

　国会の指名に基づく内閣総理大臣の任命と，内閣の指名に基づく最高裁判所長官の任命（第6条）は，対応する規定が特に内閣の章に置かれていない。けれども，憲法改正・法律・政令・条約の公布（第7条第1号），内閣の決定に基づく国会の召集（第7条第2号），衆議院の解散（第7条第3号），国会議員の総選挙施行を公示すること（第7条第4号），栄典（文化勲章など）の授与（第7条第7号），大赦，特赦，減刑，刑の執行の免除及び復権の認証（第7条第8号），外国の大使や公使の接受（第7条第9号），そして儀式を行うこと（第7条第10号）といった国事行為は，上記のように，原則として内閣の職務として対応する規定が存在する[38]。

　この内閣の職務とされているもののうち，問題になるのは①条約締結への国

会の関与の程度，②予算の法的性質，③衆議院の解散権の根拠と限界，である。②については，第5章　財政民主主義の項で述べる。政令の法律との関係，内閣の法案提出権限については，第3章第1節6で述べたほか，本章第3節1で若干の検討を行う。

①については，第73条第3号が，事前に，時宜によっては事後に国会の承認を得ることを規定するが，事前はともかくとして事後に国会で条約締結が否決されたり条約内容に修正を加えたりすることが許されるかが問題になる。この点従来は事後に国会で条約締結を否決したり修正したりしても国際法上無効であるとの説が有力であったようだが，条約法条約（条約法に関するウィーン条約）が日本について1981年8月1日に効力発生して以来，同条約の第27条及び第46条の解釈問題に帰着するものと解される。

すなわち，同条約第27条は「当事国は，条約の履行を正当化する根拠として自国の国内法を援用することができない。この規則は，第46条の規定の適用を妨げるものではない」と定め，同条約第46条第1項は「いずれの国も，条約に拘束されることについての同意が条約を締結する権能に関する国内法の規定に違反して表明されたという事実を，当該同意を無効にする根拠として援用することができない。ただし，違反が明白でありかつ基本的な重要性を有する国内法の規則に係るものである場合は，このかぎりでない」とする。結局，憲法第73条第3号但し書きが「基本的な重要性を有する国内法の規則」に該当するかどうかと言うことになるのである。最近では該当すると解する説も有力になってきている[39]。

③については，「内閣は憲法第69条に規定された場合にのみ衆議院を解散できる」とする主張の妥当性を検討する必要があるが，これについては，統治機構講義案（1）第1章2で検討したところに譲る。

第3節　内閣と国会の関係

1．概　観

多くの憲法体系書や教科書類は，このような項目は立てていない[40]。しかし，立法府と行政府が一体である議院内閣制においては，立法における行政府の役割，財政に関する立法と行政の関わり方（予算［案］とその国会審議），外政

に関する立法府の関与（条約批准の国会承認など）を理解することは重要であ[41]る。

　ここでは最初に，国会と内閣の関係について，本章1及び2で見てきたとこ[42]ろを図で整理しておこう。

　また，国会に法律案を提出するのは，内閣であることもあるが，実際には個々の省庁であることも多い。ここで，知識の確認を兼ねて，内閣及び国家行政組織を確認しておこう。[43]

　立法における行政府の役割に関して，まず政府提出法案が法律案の大半を占めていることについては，すでに述べた（第3章1（3）参照）。財政に関する立法と行政の関わり方（予算［案］とその国会審議）については第5章で検討することにする。外政に関する立法府の関与のうち，条約批准の国会承認については，すでに第3章第2節4で検討した。ここでは，まず，2．で立法における行政府の役割について未検討の問題，とくに委任立法の問題について検討し，その上で，3．で国会に対する内閣の責任について，いままで述べてきたところを総論的にまとめることにする。これらの検討をふまえた上で，4．で，国会と内閣両者を結びつける存在であり，議院内閣制の理解それ自体に深

国会と内閣の関係

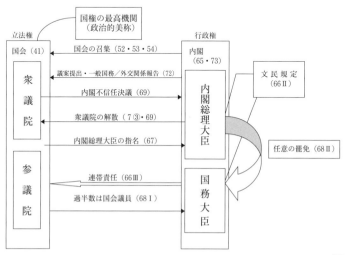

（筆者作成）

くかかわる，政党について検討することにする。

２．委任立法の問題

　国家公務員の政治的行為に関して，旧郵政省職員の政治的行為が問題となっ
た猿払事件⁴⁴⁾では，第１審及び第２審⁴⁵⁾は違憲判断を下したが，最高裁判所は，き
わめてあっさりとした理由付けで合憲判断を下している⁴⁶⁾。ここで，未検討の問
題，つまり委任立法の限界が問題となっている。罰則の委任については人身の
自由，とくに刑事裁判手続に関する諸々の人権，罪刑法定主義の問題とかかわ
るため，人権に関する別稿で検討するが，純粋に委任それ自体の問題を，ここ
で検討することにする。本件で問題となったのは，国家公務員の政治的行為禁
止に関する国家公務員法〔以下「国公法」〕第102条及びその違反を罰する同法
110条第１項第19号⁴⁷⁾である。国公法第102条は次のように規定する。

> 職員は，政党又は政治的目的のために，寄付金その他の利益を求め，若しくは受領し，又
> は何らの方法を以てするを問わず，これらの行為に関与し，あるいは選挙権の行使を除く
> 外，人事院規則で定める政治的行為をしてはならない。

　このように定める第１項が主たる規定であり，「職員は，公選による公職の
候補者となることができない」との第２項の規定や「職員は，政党その他の政
治的団体の役員，政治的顧問，その他これらと同様な役割をもつ構成員となる
ことができない」と定める３項の規定は，いわば当然の帰結である。国公法
題第102条第１項の規定を具体化する「委任立法」が，人事院規則14－7であ
る。猿払事件後に改正されているが，基本的な規定は変化がない。現代的課題
への対処という意味でも，現行の規則を挙げておこう（ここでは判例それ自体
の検討にはあまり立ち入らない）。人事院規則14－7第１項では，適用範囲が
定められている。

> 法及び規則中政治的行為の禁止又は制限に関する規定は，臨時的任用として勤務する者，
> 条件付任用期間の者，休暇，休職又は停職中の者及びその他理由のいかんを問わず一時的
> に勤務しない者をも含むすべての一般職に属する職員に適用する。ただし，顧問，参与，
> 委員その他人事院の指定するこれらと同様な諮問的な非常勤の職員（法第81条の５第１項

内閣及び国家行政組織図

内閣

― 内閣官房
― 内閣法制局
― 国家安全保障会議
― 人事院

― 都市再生本部
― 構造改革特別区推進本部
― 知的財産戦略本部
― 地球温暖化対策推進本部
― 地域再生本部
― 郵政民営化推進本部
― 中心市街地活性化本部
― 道州制特別区推進本部
― 総合海洋推進本部
― 宇宙開発戦略本部
― 総合特別区域推進本部
― 原子力防災会議
― 国土強靱化推進本部
― 社会保障制度改革推進本部
― 健康・医療戦略推進本部
― 社会保障制度改革推進会議
― 水循環政策本部
― まち・ひと・しごと創生本部
― サイバーセキュリティ戦略本部
― 東京オリンピック競技大会
　　・東京パラリンピック競技大会推進本部
― 特定複合観光施設区域整備推進本部
― ギャンブル等依存症対策本部
― アイヌ政策推進本部
― 国際博覧会推進本部
― 新型インフルエンザ等対策推進会議

― 内閣府―宮内庁・金融庁・消費者庁
　　└ 公正取引委員会・国家公安員会
　　・個人情報保護委員会・カジノ管理委員会
― デジタル庁
― 復興庁

― 総務省―公害等調整委員会―消防庁
― 法務省―出入国在留管理庁・公安審査委員会
― 外務省
― 財務省―国税庁
― 文部科学省―スポーツ庁・文化庁
― 厚生労働省―中央労働委員会 *
― 農林水産省―林野庁・水産庁
― 経済産業省―資源エネルギー庁・特許庁
― 国土交通省―観光庁・気象庁・運輸安全委員会
　　・海上保安庁
― 環境省
― 防衛省―防衛装備庁

＊厚生労働省の外局として1962年以来置かれていた社会保険庁は，2009年12月31日に廃止され，その業務は2010年1月1日以降，特殊法人日本年金機構に受け継がれた。

（〈https://www.cas.go.jp/jp/gaiyou/jimu/jinjikyoku/files/satei_01_05_3.pdf〉に基づき筆者作成。）

に規定する短時間勤務の官職を占める職員を除く。）が他の法令に規定する禁止又は制限に触れることなしにする行為には適用しない。

　但し書きで一応の例外規定はあるものの，ほぼ全ての「公務員」が対象となっており，すでに対象範囲が広すぎるように感じられる。これに次いで規定される第2項は「法又は規則によつて禁止又は制限される職員の政治的行為は，すべて，職員が，公然又は内密に，職員以外の者と共同して行う場合においても，禁止又は制限される」と定めており，「内密に」という文言の解釈如何によっては，問題になる。「職員が自ら選んだ又は自己の管理に属する代理人，使用人その他の者を通じて間接に行う場合においても，禁止又は制限される」（第3項）は，事実上の影響力行使を禁ずるものとして理解可能である。けれども，次の第4項は問題である。すなわち，「法又は規則によつて禁止又は制限される職員の政治的行為は，第6項第16号に定めるものを除いては，職員が勤務時間外において行う場合においても，適用される」のである。猿払事件で問題となったのもこの点である。勤務時間外にも一切の政治活動を禁じられるとしたら，公務員には投票の権利以外には政治的な行為は一切できないことになってしまうのではなかろうか。これは，委任立法である行政権が制定する「規則」が規制しうる範囲を超えている。「投票の権利以外には政治的な行為は一切できない」という解釈が大げさでないことは，以下で引用する人事院規則14-7の第5項及び第6項を一読すれば直ちに了解されるはずである。

　　（政治的目的の定義）
　5　法及び規則中政治的目的とは，次に掲げるものをいう。政治的目的をもつてなされる行為であつても，第6項に定める政治的行為に含まれない限り，法第102条第1項の規定に違反するものではない。
　一　規則14-5に定める公選による公職の選挙において，特定の候補者を支持し又はこれに反対すること。
　二　最高裁判所の裁判官の任命に関する国民審査に際し，特定の裁判官を支持し又はこれに反対すること。
　三　特定の政党その他の政治的団体を支持し又はこれに反対すること。
　四　特定の内閣を支持し又はこれに反対すること。
　五　政治の方向に影響を与える意図で特定の政策を主張し又はこれに反対すること。

六　国の機関又は公の機関において決定した政策（法令，規則又は条例に包含されたものを含む。）の実施を妨害すること。

七　地方自治法（……）に基く地方公共団体の条例の制定若しくは改廃又は事務監査の請求に関する署名を成立させ又は成立させないこと。

八　地方自治法に基く地方公共団体の議会の解散又は法律に基く公務員の解職の請求に関する署名を成立させ若しくは成立させず又はこれらの請求に基く解散若しくは解職に賛成し若しくは反対すること。

　　（政治的行為の定義）

6　法第102条第1項の規定する政治的行為とは，次に掲げるものをいう。

一　政治的目的のために職名，職権又はその他の公私の影響力を利用すること。

二　政治的目的のために寄附金その他の利益を提供し又は提供せずその他政治的目的をもつなんらかの行為をなし又はなさないことに対する代償又は報復として，任用，職務，給与その他職員の地位に関してなんらかの利益を得若しくは得ようと企て又は得させようとすることあるいは不利益を与え，与えようと企て又は与えようとおびやかすこと。

三　政治的目的をもつて，賦課金，寄附金，会費又はその他の金品を求め若しくは受領し又はなんらの方法をもつてするを問わずこれらの行為に関与すること。

四　政治的目的をもつて，前号に定める金品を国家公務員に与え又は支払うこと。

五　政党その他の政治的団体の結成を企画し，結成に参与し若しくはこれらの行為を援助し又はそれらの団体の役員，政治的顧問その他これらと同様な役割をもつ構成員となること。

六　特定の政党その他の政治的団体の構成員となるように又はならないように勧誘運動をすること。

七　政党その他の政治的団体の機関紙たる新聞その他の刊行物を発行し，編集し，配布し又はこれらの行為を援助すること。

八　政治的目的をもつて，第5項第一号に定める選挙，同項第二号に定める国民審査の投票又は同項第八号に定める解散若しくは解職の投票において，投票するように又はしないように勧誘運動をすること。

九　政治的目的のために署名運動を企画し，主宰し又は指導しその他これに積極的に参与すること。

十　政治的目的をもつて，多数の人の行進その他の示威運動を企画し，組織し若しくは指導し又はこれらの行為を援助すること。

十一　集会その他多数の人に接し得る場所で又は拡声器，ラジオその他の手段を利用して，公に政治的目的を有する意見を述べること。

十二　政治的目的を有する文書又は図画を国又は特定独立行政法人の庁舎（特定独立行政法人にあつては，事務所。以下同じ。），施設等に掲示し又は掲示させその他政治的目的のために国又は特定独立行政法人の庁舎，施設，資材又は資金を利用し又は利用させること。

十三　政治的目的を有する署名又は無署名の文書，図画，音盤又は形象を発行し，回覧に供し，掲示し若しくは配布し又は多数の人に対して朗読し若しくは聴取させ，あるいはこれらの用に供するために著作し又は編集すること。

十四　政治的目的を有する演劇を演出し若しくは主宰し又はこれらの行為を援助すること。

十五　政治的目的をもって，政治上の主義主張又は政党その他の政治的団体の表示に用いられる旗，腕章，記章，えり章，服飾その他これらに類するものを製作し又は配布すること。

十六　政治的目的をもって，勤務時間中において，前号に掲げるものを着用し又は表示すること。

十七　なんらの名義又は形式をもつてするを問わず，前各号の禁止又は制限を免れる行為をすること。

　そもそも，すでに引用した国公法第102条第1項の規定が，引用文中に傍点を附しておいたように，人事院規則に政治的行為の内実をほとんど完全に委ねていることは，問題である。傍点の直前にある，一応の例示箇所に下線を引いておいたが，下線部の具体化としては，過度の制約であると解さざるを得ないのである。

３．国会に対する内閣の責任―まとめ

　第3章冒頭で触れ，また第1章，天皇の国事行為に関する項で，衆議院の解散について検討したところでも述べたように，「内閣は，行政権の行使について，國會に對し連帯して責任を負ふ」（第66条第3項）。しかし行政の定義について論じた際に述べたように（第3章第2節1），要するに内閣の職務は全て行政権と解しうるのであるから，ここで，行政権の行使について，とされている部分は限定の意味を持たないから，「内閣は，その権限行使のすべてにわたり，国会に対し責任を負う[48]」のである。それゆえに，内閣総理大臣が「内閣を代表して議案を國會に提出し，一般國務及び外交關係について國會に報告」する（第72条）だけでなく，「内閣總理大臣その他の國務大臣は，兩議院の一に議席を有すると有しないとにかかはらず，何時でも議案について発言するため議院に出席することができる」し，「答弁又は説明のため出席を求められたときは，出席しなければならない」（第63条）。衆参両院の委員会も，「議長を経由して内閣総理大臣その他の国務大臣並びに内閣官房副長官，副大臣及び大臣

政務官並びに政府特別補佐人の出席を求めることができる」（国会法第71条）とされているのである。さらに，第5章で検討するように，「内閣は，國會及び國民に対し，定期に，少くとも毎年一回，國の財政状況について報告しなければならない」（憲法第91条）。

　以上の概観を踏まえつつ，以下，国会と内閣両者を結びつける存在であり，議院内閣制の理解それ自体に深くかかわる，政党の役割について，若干の整理を行うことにしたい。

4．政　党

（1）政党と憲法

　日本国憲法は，特に政党に関する規定がない。というよりも，政党に関する規定を置いている憲法の方が珍しいのである。

　政党は明治憲法制定以前から日本にも存在するが，政党自体は自主的に結成される団体である。明治憲法は，そもそも既に触れたように憲法の規定では議院内閣制を規定せず，むしろその起草者らの中には政党を歓迎していない者もいたようである。[49]

　けれども，日本国憲法下において，最高裁は，非拘束名簿式比例代表制を合憲とした判決において，「憲法は，政党について規定するところがないが，**政党の存在を当然に予定しているものであり，政党は，議会制民主主義を支える不可欠の要素であって，**……国会が，参議院議員の選挙制度の仕組みを決定するに当たり，政党の上記のような国政上の重要な役割にかんがみて，政党を媒体として国民の政治意思を国政に反映させる名簿式比例代表制を採用することは，その裁量の範囲に属することが明らかである[50]」と判示している。そもそも，古くは**八幡製鉄所事件**判決[51]においても，またその後の**南九州税理士会事件**[52]においても，政党の存在を当然の前提として論じているのである。[53]

（2）政党に対する法的規制

　政治資金規正法においては，政党は次のように定義されている。[54]

　すなわち，第3条第1項で，まず「政治団体」について，「政治上の主義若しくは施策を推進し，支持し，又はこれに反対することを本来の目的とする団

体」（同項第 1 号），「特定の公職の候補者を推薦し，支持し，又はこれに反対することを本来の目的とする団体」（第 2 号），「前二号に掲げるもののほか，次に掲げる活動をその主たる活動として組織的かつ継続的に行う団体」（第 3 号）として，「イ　政治上の主義若しくは施策を推進し，支持し，又はこれに反対すること」及び「ロ　特定の公職の候補者を推薦し，支持し，又はこれに反対すること」のいずれかに該当するものとする。

　この政治団体の定義を前提に，同条第 2 項で「政党」を「政治団体のうち次の各号のいずれかに該当するもの」とするのである。すなわち，「当該政治団体に所属する衆議院議員又は参議院議員を 5 人以上有するもの」（同項第 1 号），「直近において行われた衆議院議員の総選挙における小選挙区選出議員の選挙若しくは比例代表選出議員の選挙又は直近において行われた参議院議員の通常選挙若しくは当該参議院議員の通常選挙の直近において行われた参議院議員の通常選挙における比例代表選出議員の選挙若しくは選挙区選出議員の選挙における当該政治団体の**得票総数**が当該選挙における**有効投票の総数の100分の 2 以上であるもの**」（第 2 号）と。

　議員 5 人以上と，有効投票総数の 2 ％以上という「絞り」が適切か，**南九州税理士会事件**[55]で，「政党など規正法上の政治団体に対して金員の寄付をするかどうかは，選挙における投票の自由と表裏を成すものとして，会員各人が市民としての個人的な政治的思想，見解，判断等に基づいて自主的に決定すべき事柄である」と判示している論理をそのまま推し進めれば，むしろ，政党助成金の交付それ自体が違憲となるのではないか，などの問題もあるが，政党となり得る条件として過大ではなく，一定の比例代表的制度が採用されていることで合憲と考えられている[56]。

　このように，政治過程の中で政党が事実上大きな意味を持つことから法的に政党を統制すべきとの意見も強い。トリーペル（Heinrich Triepel, 1868-1946）は，その講演「憲法と政党」[57]において，政党に対する国法の態度は，歴史的に，①敵視（Bekämpfung），②無視（Ignorierung），③承認及び合法化（Anerkennung und Legalisierung），④憲法的編入（verfassungsmässige Inkorporation）[58]と変遷しているとした。美濃部達吉による翻訳紹介がきっかけとなり，多くの憲法教科書や体系書はこの 4 段階を紹介した後，日本国憲

法の体制は③の段階であり，他方で「政党は，国民の政治的意思形成に協力する。政党の結成は自由である。政党の内部秩序は，民主制の諸原則に合致していなければならない。政党は，その資金の出所及び用途について，並びにその財産について，公に報告しなければならない」と定めるドイツ連邦共和国基本法第21条第1項は④の段階にあるとされる。しかし，そもそもトリーペルの議論は，現代的な諸憲法を前提にしているわけではなく，しかも，ここでいう「憲法」は原則としては，成文の憲法典のみを指しているため，日本国憲法の解釈論において取り上げる必要があるかは疑問である。

（3）党内民主主義

具体的に問題となる点として，まず，政党助成法上生じうる問題点について検討しておこう。

共産党袴田事件において，一般論としては，政党は「国民がその政治的意思を国政に反映させ実現させるための最も有効な媒体であって，議会制民主主義を支える上においてきわめて重要な存在である」と判示したが，政党内部の事項，党員の除名問題は司法審査の対象外であるとした。他方で，政党要件を（先に引用した政治資金規正法同様）厳格にした上で政党助成交付金を交付する要件を定める政党助成法は，要件さえ満たせば政党助成金が交付される。イギリスなどでは，党首が（党内）選挙で選ばれるのが通常であり，こういった党内民主主義は，政治上重視されている。このように，政党助成金交付の条件として党内民主主義を要求することは可能であろうか。政党助成金の交付を受けるためには「党首を党員の選挙によって選出しなければならない」との条件を法律で定めることは，憲法上の問題を生ずるであろうか。

日本国憲法上は，すでに述べたように政党について直接には規定していない。憲法第21条第1項が保障する「結社」の一種として容認されている。法律で「党首を党員の選挙によって選出しなければならない」との条件を定めることは，憲法第21条第1項の結社の自由に対する制限と解さざるを得ない。しかし，問題は，制限が合憲であるかどうかである。表現の自由に関する第21条第1項に規定され，「集団的表現活動」のための権利として集会の自由と並んで規定されている結社の自由は，しかし通常の意味での表現活動とは異なり，一

定の制限には当然に服する。表現の自由それ自体が民主主義の維持強化のために認められるという側面を持っていることからすると，一見許容されうる条件であるようにも思われる。けれども，党内民主主義を法律で強制することは，日本国憲法が，ドイツ流の「戦う民主主義」の立場を取り得るということを意味しかねない。ドイツ基本法は，「政党のうちで，その目的又はその支持者の行動からして，自由で民主的な基本秩序を侵害し若しくは除去し，又はドイツ連邦共和国の存立を危うくすることを目指すものは，違憲である。その違憲の問題については，連邦憲法裁判所がこれを決定する」という規定を持つ。

これに関連して，ドイツの連邦憲法裁判所は，1952年10月23日の社会主義国党（Die Sozialistische Reichspartei: SRP）違憲判決（BVerfGE 2, 1）及び1960年12月20日のドイツ共産党（Die Kommunistische Partei Deutschlands: KPD）違憲判決（BVerfGE 5, 85）を下しているのである。

SRP 判決においては「自由で民主的な憲法国家の最上位の基本価値が，基本法が国家の全秩序の内部で……根本的なものとみなす自由で民主的な基本秩序を形成している。基本法において行われた憲法政策的決定によれば，結局のところ，この基本秩序の基礎となっているのは，人は，被造物の秩序において，固有の独立した価値をもち，自由と平等が，国家的単一体の永続的な基本価値であるという観念である。それゆえ，基本秩序は，価値拘束的秩序である。それは，排他的支配権力として，人間の尊厳，自由と平等を認めない全体主義国家の反対物である」と述べた。

KPD 判決においては「基本法は，自由と人間の尊厳の保護をすべての法の最上位の目的と見る価値拘束的秩序である。その人間像は，独断的な個人というそれではなく，社会にあって，社会にさまざまな形で義務を負う人格というものである。市民を自らがその人的な担い手である社会の最上位の法益の擁護と保護に協力させることは，基本法違反ではありえない」ことを示している。

その上で，KPD 判決は，基本法は「目的と評価の多元主義から……それが，いったん民主的方法で承認された場合には，絶対的な価値と認められ，それゆえ，あらゆる攻撃に対して断固として護られるべき国家形成のある特定の基本原理郡を取り（出している）」。さらに，「基本法は，……多様な社会的，政治的目的に開かれている……。この秩序は，何よりも，その究極の諸原理，

自由で民主的な基本秩序が，あらゆる勢力によって肯定されている場合にのみ存続しうる」と断言しているのである。[65]

　日本の場合は，憲法上一種の国家機関として政党を認めるドイツの憲法とは異なり，政治上大きな役割を果たしているにせよ，あくまで憲法第21条第1項が保障する「結社」として成立する政党に対して，党内民主主義を法律で強制することができるかは疑問である。[66]

　議院内閣制を採用する以上，イギリス，そしてコモンウェルス諸国の制度こそが参照に値する。これらの諸国においては，党内民主主義の確保は，原則として各政党の自主性に委ねられている。なぜそのように解されるかというと，そもそも「党内民主主義」の内容が一義的には確定できないからである。投票権者は，イギリスの例を見れば，下院議員のみから一般党員に拡大されてきたが，一般党員に拡大されていなければ違憲だとの考えは存在しなかったのである。

（4）党議拘束と議員資格喪失

　政党の項目で，最後に党議拘束と議員資格の喪失について触れておこう。党議拘束それ自体は，直接に憲法の問題と言えるかは微妙である。ただ，個々の議員があくまで「全國民の代表」（第43条）である以上は，議院での投票に際して個々の判断が必要であるとはいえる。けれども，それを徹底すると，比例代表制によって「政党」に投票した有権者の意思に背くことになる。これは憲法が言う代表制を徹底した自由委任の制度とは解し得ず，かといって命令委任を徹底する（憲法第15条第1項をそのように解する人民主権論など）のも困難である以上，日本国憲法は，半代表（社会学的代表）を採用していると解されるので，政党の自主性に任されざるを得ない。

　しかし，国会法第109条の2が次のように2000年（平成12年）に改正されたことは，憲法に照らしていかに解されるべきであろうか。

　衆議院の比例代表選出議員が，議員となつた日以後において，当該議員が衆議院名簿登載者（公職選挙法（昭和25年法律第100号）第86条の2第1項に規定する衆議院名簿登載者をいう。以下この項において同じ。）であつた衆議院名簿届出政党等（同条第1項の規定による届出をした政党その他の政治団体をいう。以下この項において同じ。）以外の政党

その他の政治団体で，当該議員が選出された選挙における衆議院名簿届出政党等であるもの（当該議員が衆議院名簿登載者であつた衆議院名簿届出政党等（当該衆議院名簿届出政党等に係る合併又は分割（2 以上の政党その他の政治団体の設立を目的として一の政党その他の政治団体が解散し，当該 2 以上の政党その他の政治団体が設立されることをいう。次項において同じ。）が行われた場合における当該合併後に存続する政党その他の政治団体若しくは当該合併により設立された政党その他の政治団体又は当該分割により設立された政党その他の政治団体を含む。）を含む 2 以上の政党その他の政治団体の合併により当該合併後に存続するものを除く。）に所属する者となつたとき（議員となつた日において所属する者である場合を含む。）は，退職者となる。

2　参議院の比例代表選出議員が，議員となった日以後において，当該議員が参議院名簿登載者（公職選挙法第86条の 3 第 1 項に規定する参議院名簿登載者をいう。以下この項において同じ。）であつた参議院名簿届出政党等（同条第 1 項の規定による届出をした政党その他の政治団体をいう。以下この項において同じ。）以外の政党その他の政治団体で，当該議員が選出された選挙における参議院名簿届出政党等であるもの（当該議員が参議院名簿登載者であつた参議院名簿届出政党等（当該参議院名簿届出政党等に係る合併又は分割が行われた場合における当該合併後に存続する政党その他の政治団体若しくは当該合併により設立された政党その他の政治団体又は当該分割により設立された政党その他の政治団体を含む。）を含む 2 以上の政党その他の政治団体の合併により当該合併後に存続するものを除く。）に所属する者となつたとき（議員となつた日において所属する者である場合を含む。）は，退職者となる。

　この問題を理解するためには，人権論と関わりがある選挙権・被選挙権，そしてそれを支える選挙制度について検討せざるを得ない。すでに第 3 章第 1 節 6 で選挙制度について若干の言及は行っているが，重複をいとわず，この問題を理解するために必要な事項を紹介検討しよう。

　第15条第 1 項は「公務員を選定し，及びこれを罷免することは，国民固有の権利である」と規定する。憲法が国民主権原理を採用している（前文第 1 項・第 1 条）ことの，権利の側面への現れといえる。

　国会「両議院は，全国民を代表する選挙された議員でこれを組織する」（43条 1 項）。そして「両議院の議員の定数」（43条 2 項），「両議院の議員及びその選挙人の資格」（44条）を法律で定めるべきことが規定されている。憲法は，これらを明確に法律事項としているわけだが，仮に「法律で定める」との規定がなくとも，当然法律で定めなければならない。立憲主義は，通常政治を行う

立法府と行政府とが，国民の代表者であることを定める，憲法に従って政治が行われることを原則とするが，政治の基本的仕組みが全て憲法典に規定されることは希で，通常は，国民の代表機関である，議会で定める法律で詳細を規定することになる。これらを受けて，公職選挙法が制定されている。

　第15条第1項は，次の三つの原則に支えられる。

　第15条第3項の「公務員の選挙については，成年者による普通選舉を保障する」（**普通選挙**の原則），及び第4項第1文の「すべて選舉における投票の秘密は，これを侵してはならない（**秘密投票の原則**）。平等を定める第14条の原則からして当然であるが「両議院の議員及びその選挙人の資格は，法律でこれを定める。但し，人種，信條，性別，社会的身分，門地，教育，財産又は収入によつて差別してはならない」（第44条・**平等選挙**の原則）。

　「選挙人は，その選択に關し公的にも私的にも責任を問はれない」（第15条第4項第2文）との規定との関連を重視して，最低限，選挙で「公務員」を選出しなければならない。「公務員」の責任は次の選挙で落とされることで問われる，と理解するにせよ，「罷免することができる」という点を重視して，リコールすら可能であると理解するにせよ，国民が「主権者」であることと関連する。

　なお当然ながらここでいう「公務員」は，憲法上国会議員などを指す言葉で，試験で選ばれる通常の言葉の意味での「公務員」については「官吏」（第73条第4号参照）という大分古い言い回しが用いられている（第99条も参照）。

　参政権の性質は，参政権を請願権や政治的表現の自由まで含める極めて広い概念であると考えることも一応可能だが，ここでは通常の用語法に従って選挙権と被選挙権について述べよう。

　選挙権　　選挙権の性格ないし性質をどのようにとらえるかについて，現在学説には主として3種ある。①選挙権は，選挙人団の一員として国会を構成するための選挙で投票をする資格ないし公務であるとする説，②選挙権は，なにしろ条文が「権利」といっているのだから権利には違いないが，①のいうような意味での**資格**ないし**公務**であり，義務的投票制とも結びつく側面があることも否定できないという**二元説**ないし**権限説**，③日本国憲法の「国民主権」は「人民主権」を意味するのであり，選挙権は「人民主権」の権利としての側

面を示すものであれば，それは個々の「人民」の**主観的権利**であるという**権利説**。

　ここで**権限説や二元説**と呼ばれる説が「公務」であるとか「義務」であるとかいうのは，言わば「道義的なもの」である。③**権利説**は，「命令的委任」を強調する点と「人民主権論」を日本国憲法下で解釈論として主張する意味には疑問もあり，この説をとるには躊躇もある。選挙権は「国民主権」原理を権利の側面から定めたものだとの解釈は多数説を形成し，判例も，一貫してこの前提に立っているようである。

　人権規定の体系的解釈として，参政権は「基本権を確保するための基本権」としての「政治的基本権」であるとの説をも考慮すると，以下のように解すべきであろう。[67]

　選挙権の主体　　選挙権の主体は，**個々の有権者**である。「有権者団」ないし「選挙人団」という概念は「払拭されるべき，ドイツ国法学上の残滓」である。[68]なぜなら選挙権の主体を個々の有権者であるととらえるならば個々の有権者はそれぞれ固有の利害関心を持った独立の一個人であり，選挙区制をとることが定められ（第47条）選挙がそれぞれの地域を基礎として行われることからすれば「選挙人」（第44条）は統一的意思（国権）を有する国家の法的単位とみなすことはできないからである。

　選挙権の性質　　選挙権とは，技術的意味での権利としては，**自らの投じた票を，そのものとして算えてもらうことができる権利**（ケルゼン（HansKelsen, 1881-1973）説）[69]であり，主体の側から見れば**代表を選出するための主観的権利**である。選挙権は**個々の国民が統治者に対し有効にコントロールを及ぼすために重要な権利**である。このように解釈すればその主体はまず「選挙人団」の構成員たる「国民」ではなく，**少なくとも国籍保持者たる国民の権利**であり，それ以上のことは選挙権の性質論から導き得ないと解される。またかかる選挙権は，国政と地方において，その性質が異なるものではない。

　被選挙権　　憲法に明文は見られないが，第15条第1項が選挙権と表裏一体のものとして保障しているものと解され，有効に被選挙人となることのできる権利能力である（美濃部達吉）[70]と解される。ではその主体は国民に限定されるか。これは憲法の規定からすれば（第44条），有権者たり得る者に限定される

が，国民主権原理と無関係であるとはいえず，判例も国民主権原理を理由に選挙権とともに外国人に対しては保障を否定するのであり，国民主権原理についての検討を経ることを要する。

選挙制度の歴史と問題点　　日本では衆議院議員選挙においては中選挙区制と呼ばれる，一つの選挙区から複数の議院を選出する制度が長らく取られてきた。実際には一選挙区から 3 人〜 5 人の定数を選出する制度であった。選挙区とは，行政区分である都道府県や市町村の境界とは別に，全国を区割りしたときの区分をいう。1889（明治22）年と1919（大正 8 ）年に小選挙区制が採用されたのを除くと，中選挙区制は，1994（平成 6 ）年に廃止され，**小選挙区比例代表並立制**が導入されることになったのである。[71] 小選挙区制は，一つの選挙区に多くの候補者が立候補する結果，当然死票が多く出ることになる。2009（平成21）年の民主党，2012（平成24）年の自民党はこの制度があったからこそ多くの議席を獲得したといえる。

投票価値の平等　　第14条は，差別の指標を列挙しつつ，列挙されていない指標，とくに個別的人権条項に規定された諸権利についての平等原則を表明している。このような視点から，居住区域によって投票価値に差があることが裁判で問われてきた。一般にはこれを問う訴訟は，議員定数不均衡訴訟と呼ばれる。参議院議員選挙について当初の判例は立法政策の問題としてほとんど具体的な検討をしていなかったが，[72] 1972（昭和47）年の衆議院議員選挙における 1 対4.99の格差に対しては違憲判決を下した。[73] この違憲判決は，行政事件訴訟法第31条が規定する「事情判決」の手法を，法律上は否定されているにもかかわらず，結論として援用したため，批判も多い。

これらの違憲判決は中選挙区制下でのものであったが，1994（平成 6 ）年に小選挙区比例代表並立制を導入した公職選挙法改正時に，衆議院議員選挙区確定審議会設置法は「審議会は，衆議院小選挙区選出議員の選挙区の改定に関し，調査審議し，必要があると認めるときは，その改定案を作成して内閣総理大臣に勧告するものとする」（第 2 条）とした上で，「前条の規定による改定案の作成は，各選挙区の人口の均衡を図り，各選挙区の人口（官報で公示された最近の国勢調査又はこれに準ずる全国的な人口調査の結果による人口をいう。以下同じ。）のうち，その最も多いものを最も少ないもので除して得た数が二

以上とならないようにすることを基本とし，行政区画，地勢，交通等の事情を総合的に考慮して合理的に行わなければならない」（第 3 条）と規定したため，原則として格差は 1 対 2 未満でなければならないはずである。

　しかし，その後の展開は決してそのような分かりやすい基準にたっているわけではない。ここでは判例の詳細な展開に立ち入るのは控えるが，そもそも投票価値の格差という問題は，人口過疎地域と過密地域の差であって，過疎地域に居住している人が，自分の選挙権は都会の人よりも価値が高いから不平等だなどと訴えるはずはないということも考えてみる必要はある。[74]

　以上の検討を踏まえつつ，改めて，所属政党の変更による議員資格剝奪が憲法上許容されるかを考えてみよう。

　投票者の「権利侵害」に当たるかといえば，小選挙区制（衆議院議員選挙）や選挙区制（参議院議員選挙）による当選者を，このような制度の対象とすることはあきらかに問題である。候補者個人に対して投票しているからである。

　では比例代表制による選出議員であれば問題はないのであろうか。

　選挙権について言えば，先に定義したように選挙権を解する限りにおいて，選挙権の侵害はないということになる（当選が確定した時点で違憲合憲の問題は生じなくなる）。けれども，選挙制度との関係で言えば，やはりできる限り，選挙民の意思と無関係なところで，議院が議席を失うことはあってはならないということになろう。したがって，当選時の政党とは異なる政党に所属することそれ自体が，比例代表制による当選者がその支持基盤を失ったと解することは一応合理性があると解される。現行制度でも，無所属になったこと，あるいは政党による除名処分を理由としては議席を失わないので，合憲と解する余地はあろう。

第4章　司法権・違憲審査権の性格

第1節　司法権の性格

1．裁判所の仕組み・審級制度

（1）審級制度

現在の日本の裁判は原則として三審制である。

刑事裁判の第一審は原則として地方裁判所であるが，罰金刑の場合，簡易裁判所が第一審となることがある。少年事件の場合には家庭裁判所が第一審となる。また民事裁判は，第一審が簡易裁判所（訴訟額が140万円未満・裁判所法第33条）である場合，また家庭裁判所である場合（家事事件など）がある。

こういった基本構造の上で，全国に高等裁判所が8箇所置かれ，第一審は，基本的には，簡易裁判所・地方裁判所・家庭裁判所などでおこなわれる。裁判の種類としては，原則として刑事裁判（検察官が原告・被疑者は被告人）及び民事裁判（原告：訴えを起こした人と被告：訴えを起こされた人との裁判）が原則で，これらの応用的裁判として行政裁判，労働裁判などがある。

刑事裁判であれば，通常次のような形で審議される。

第一審—控訴→第二審：高等裁判所—上告→最終審：最高裁判所

民事裁判の場合は，第一審が地方裁判所または家庭裁判所の場合，上記と同様であるが，第一審が簡易裁判所の場合は，

簡易裁判所—控訴→地方裁判所—上告→高等裁判所—上告→最終審：最高裁判所

となって，実質4回審理を受ける可能性が出てくる。

裁判所の仕組み

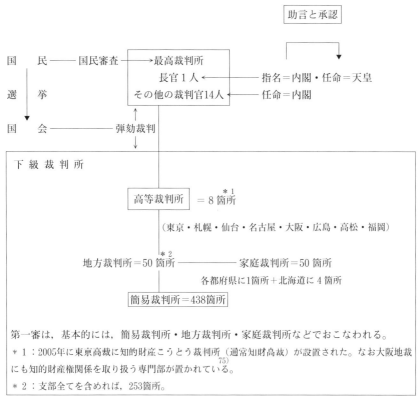

（筆者作成）

　三審制とはいいつつも，「三回」審理をすることに重点があるのではなくて，複数回の審理を受けることを保障することをもって，「慎重な」審理を受けることが「裁判を受ける権利」（第32条）の保障に資するという点に重点がある。

（2）司法審査制

　日本の最高裁判所は司法審査それ自体には積極的である。と同時に，違憲判断を下すことには極めて消極的である[76]。その背景にあるのはなんであろうか。仮説的に結論めいたことを述べると，第一に，最高裁判所判事の任期はそれほ

ど長くないことが挙げられる。そのために，判決に一貫性を見出すのは困難である。第二に，しかし，ある程度学説の影響を受けて，詳細な判決理由を提示するようにはなっているが，それがかえって立法府や行政府に対する過度の敬譲を示すことに奉仕しているように解される。第三に，近年若干の増加傾向にあるものの，今後憲法違反の判断が急激に増えることは考えにくい。これは背景というよりも結果であるが，最高裁判事が「むやみに違憲判決を出すべきでない」と考えているように思われることを示唆しようとしている。いずれにせよ，内閣法制局が，従来，法案を厳重にチェックしたうえで国会に提出していたことが，違憲判断が少なかった最大の理由であると解される。[77]

2．司法権の意味と違憲審査制―概観

　司法権は歴史的概念で，明治憲法下では行政事件の裁判を含まなかった（明治憲法第61条）。現在は「日本国憲法に特別の定のある場合を除いて一切の法律上の争訟を裁判し，その他法律において特に定める権限」（裁判所法第3条第1項）を司法権の内実と理解するのが一般的だが，必ずしも明確な規定とはいえない。

　というのは，①「法律上の争訟」が何を意味するのか，なんらかの事件を前提とするのか（「事件性」・具体的争訟性の問題，成熟性（ripeness）の問題であるとする立場もある），②行政上の「自由裁量」と，立法上の「自由裁量（立法政策）」についてどこまで裁判所が判断を下せるのか（国会議員の立法行為（立法不作為を含む）をどのように考えるか），③いわゆる「統治行為」は裁判所の判断対象か，村議会や学校のような「部分社会」について，裁判所は判断できないとの見解があるが，妥当か，といった様々な問題があるからである。

　なお，②でいう行政上の「自由裁量」については，行政機関が法律の定める条件にしたがって，一定の基準を満たせば許可などを与えなければならない，いわゆる「法規裁量」（羈束裁量ともいう）と，出入国管理に関して法務大臣が有する判断権のように，（理由は勿論示さなければならないが），まさに「自由」に「裁量的判断」ができるものとの二種があるといわれてきたが，この点についても最近は異論がある。

　なによりも憲法第81条に見られる違憲審査権（司法審査権）は，限界無く全ての国家行為に及ぶのかどうか。これが先に見た司法権の限界の問題として議論されてきた。日本の違憲審査制は，アメリカ合衆国のマーベリー対マディソン判決（Marbury v. Madison, 1Cr. 137（1803））で確立したアメリカの制度を成文化したものである。憲法の最高法規性（第98条第1項）と一切の法律上の争訟を裁判する司法権（第76条）の性質から導き出せるとする見解と，第81条が無ければ違憲審査権はありえないとする見解とがある。

　日本国憲法第76条第2項に，「行政機関は，終審として裁判を行うことができない。」とあるのは，一つには明治憲法時代に憲法で行政裁判制度が認められ，行政事件は司法裁判所の管轄外とされていたのを改め，全ての事件が司法裁判所で審理される趣旨を示している。同時に，専門性の高い分野について，行政機関が裁判所類似の役割を果たしても，最終的に最高裁判所等での審理が保障されていれば，問題がないとの立場に立っていることもまた当然に読み取ることができる。

（1）司法審査の原則

　81条は「最高裁判所は，一切の法律，命令，規則又は処分が憲法に適合するかしないかを決定する権限を有する終審裁判所である」と規定する。

　日本国憲法制定直後には，この規定が最高裁判所のみに憲法適合性審査の権限を与えたものであるとする学説が佐々木惣一によって唱えられた[78]。しかし，最高裁判所は，1948（昭和23）年7月8日の判決において[79]，次のように判示している。

　現今通常一般には，最高裁判所の違憲審査権は，憲法第81条によつて定められていると説かれるが，一層根本的な考方からすれば，よしやかかる規定がなくとも，第98条の最高法規の規定又は第76条若しくは第99条の裁判官の憲法遵守義務の規定から，違憲審査権は十分に抽出され得る。

　その上で，さきに言及した佐々木説が想定していた抽象的違憲審査権を最高裁判所が有するか否かについて，**警察予備隊違憲訴訟**において[80]，次のように判示して，抽象的違憲審査権を否定した。

　我が裁判所は具体的な争訟事件が提起されないのに将来を予想して憲法及び

その他の法律命令等の解釈に対し存在する疑義論争に関し抽象的な判断を下すごとき権限を行い得るものではない。けだし最高裁判所は法律命令等に関し違憲審査権を有するが，この権限は司法権の範囲内において行使されるものであり，この点においては最高裁判所と下級裁判所との間に異なるところはないのである（憲法76条 1 項参照）。［申立人は］「憲法81条を以て主張の根拠とするが，同条は最高裁判所が憲法に関する事件について終審的性格を有することを規定したものであり，従って最高裁判所が固有の権限として抽象的な意味の違憲審査権を有すること並びにそれがこの種の事件について排他的すなわち第一審にして終審としての裁判権を有するものと推論することを得ない。

　現在においても，憲法解釈によって，ドイツやオーストリアの憲法裁判所と同じではないが，類似する機能を営むものとして第81条を解釈する立場は全くないわけではない。しかし，これらの最高裁判所大法廷によって示された判示はもはや覆らないものと解する立場が有力である。さらに，そのような解釈こそが日本国憲法の解釈として正当とする立場が存在し，著者もまたその理解を[81]共有する。

　ここで最高裁判所が憲法判断を行ったすべての判決を検討対象とすることが，司法審査の「特徴」を見出そうという目標に適う。しかしながら，主要なものだけでも相当の数であるので，司法権の役割と司法審査の対象と限界に関する主要な判例のみを取り上げることにする。[82]

（2）司法審査の枠組み
①司法権の観念

　司法審査の問題それ自体に取り組む前に，日本で「付随的司法審査制」がとられているとの理解の前提となる，「司法権」概念の理解について触れておくことにする。

　裁判所も前提としているのは，司法権は歴史的概念であるということである。

　明治憲法は行政裁判所を設けていたために，行政庁の行為に対する審判は司法権の対象外であると解されていた。第76条第 2 項は特別裁判所の設置を禁止し，行政機関が終審として裁判を行うことを否定したため，日本国憲法の下で

は，司法権の対象は一切の国家作用であると解されている。このような理解を前提としながら，裁判所法第 3 条第 1 項をどのように解釈するかによって説が分かれている。

　裁判所法第 3 条第 1 項は「裁判所は，日本国憲法に特別の定のある場合を除いて一切の法律上の争訟を裁判し，その他法律において特に定める権限を有する」と規定する。

　同条は，伝統的な理解に従うと，主として民事訴訟を念頭に置いた伝統的な「事件性の要件」，つまり法主体間の具体的な権利義務をめぐる紛争という要素を中心に考え，「事件性の要件」は，裁判所法にいう「法律上の争訟を裁判」する作用と同一視される。[83]

　これに対しては，裁判所法にいう「法律において特に定める権限」と「具体的事実について法を宣言し，維持する国家作用」とがどういう関係に立つのか，必ずしも明らかでない。当該権限を法定すること自体，憲法上どう根拠づけられるかについてもあいまいである。このような批判がある。憲法76条 1 項は，権力分立原理を背景とした権限配分規定の一環として，立法権・行政権と同様に，実質的な意味で理解すべきであり，「司法とは，一般に，具体的事実について法を宣言し，維持する国家作用」であるという佐々木惣一の学説を前提にしているようである。[84]

　ここで触れた批判は，憲法上，「司法権」の本質が解釈論として確定可能だというのである（**佐藤**）。すなわち，裁判所の役割を，典型的な「裁判」機関（**法原理部門**）であることに求め，司法権の本質部分は，具体的事件・争訟性が要件となるが，それらの周辺領域にある争いも，法原理機関としての基本的性格に反しない限度で，法政策的に決定され得ると解釈する。すなわち，前者（具体的事件・争訟性を持つもの）が裁判所法 3 条 1 項のいう「法律上の争訟」であり，後者が「法律において特に定める権限」（裁判所法 3 条 1 項）にあたり，いずれも法原理機関としての通常裁判所が行うべき司法権の範囲に入ると解する。すなわち，伝統的な解釈も，ここで触れた批判的な解釈も，司法権観念に法律上の争訟・事件性の要件を読み込むのである。

　これらに対し，司法権の観念から「法律上の争訟」の要件を除外しようとする試みがある（**高橋**）。すなわち，憲法上の司法権は「適法な提訴を待って，

法律の解釈・適用に関する争いを，適切な手続の下に，終局的に裁定する作用」であるとするのである。

　いずれの立場に立つにせよ，日本においては，そもそも司法権の対象ではない，裁判所が扱うべき対象ではないという理由で訴訟を棄却ないし却下する例が非常に目立つことは注目されて良いであろう（**司法消極主義**）。

②司法審査の対象

　第81条は「一切の法律，命令，規則又は処分」につき司法審査を行う（＝憲法に適合するかしないかを審査する）ことができると規定する。この規定の文理解釈によって，条約（国連憲章や国際人権規約などの多くの国家が参加するものも，日米安保条約のように二国間条約も，いずれも含む）については別途の考慮が必要であるものの，基本的に一切の国家行為が対象となる。裁判所の判決についても，処分に含まれるとされている[85]。

　旧日米安保条約の日本国憲法9条との適合性が争われた，いわゆる**砂川事件**判決[86]は，旧日米安保条約を「高度の政治性を有するもの」で，それが「違憲なりや否やの法的判断は，純司法的機能をその使命とする司法裁判所の審査には原則としてなじまない性質のも

　のであり，従って，**一見極めて明白に違憲無効であると認められない限りは，裁判所の司法審査権の範囲外のもので**」あると判示している。けれども，条約がすべて司法審査権の対象外となると判示しているわけではない。

　条約については明示的にそれが司法審査権の対象外であるとする判決は存在せず，判例上は一応，一般的に司法審査の対象となると解される。

　学説は第81条の条文のいずれの用語に位置づけるかについての見解の相違であるといえる。また，より詳しく言えば，憲法第8章の「地方自治」で規定されている地方公共団体が制定できる条例，憲法が法律以外の法形式として規定を置く，衆参両院の議員規則および裁判所規則についても，第81条規定のいかなる文言によって対象となるかにつき，解釈上の争いがあるが，いずれにせよ司法審査の対象となることについて争いはないので，ここではとくに立ち入らない。

③司法審査の形式的要件

　最高裁判所は，訴訟法上の形式的な要件の観点からして疑義があっても一応

の判断を下すことがあるが，実質的には否定的な結論を下すか，憲法違反ではないとの判示を行うことがあり，**警察予備隊違憲訴訟**[87]はその代表例とも解される。しかし，それは司法権の観念をどのように解釈するかの問題に収斂するので，すでに述べたところに譲る。なお憲法は，第55条（議員の資格争訟の裁判），第64条（弾劾裁判所による裁判官の弾劾裁判）が，司法権の対象から形式的に除外される旨を示している。

　ここで実質的な司法審査の限界について，まず，「憲法判断回避の準則」について述べておこう。

　これはアメリカ合衆国の判決 Ashwander v. Tennessee Valley Authority, 297U. S. 288（1936）におけるブランダイス裁判官[88]が，その意見（Concurring Opinion）で示した諸準則（Brandeis Brief）を，日本の裁判所が受け入れたものであるとされる。

　「裁判所は，憲法問題が記録によって適切に提出されているとしても，その事件を処理することができる他の理由がある場合には憲法問題について判断しない」（第4準則）と，「裁判所は，法律の合憲性について重大な疑いが提起されたとしても，その問題を回避できるような法律解釈が可能であるか否かをまず確認すべきである」（第7準則）という二つの準則が重要であるといわれてきた。

　これを典型的に示しているとされているのは，下級審の判決ではあるが，第9条と自衛隊法第121条の関係が争われた**恵庭事件判決**[89]である。恵庭事件においては，略述すれば，結論を導くのに必要でなければ，問題となっている法令が憲法に適合するかしないかについて審査する必要はない，とされたのである。これを以て司法消極主義の表れであるとするのが有力な理解である。けれども，最高裁判所がこのような意味での憲法判断回避の準則を真に受け入れているといえるのかには疑問がある。合憲の結論を導いている多くの判決において，過度に政治部門の判断に対する敬譲を示していると考えられているからである。この点は後述する。

３．違憲判断の特徴

最高裁判所は，法令の文面またはその法令の適用が違憲であるとの判決をほ

とんど下してきていない。法令の文面または行政処分に対しての違憲判決は少なく，次の 8 件に過ぎない。事件名の後に附したのは，当該事件で問題となった憲法の条文である。

①　尊属殺重罰規定違憲判決（14条）[90]
②　薬局距離制限事件（22条）[91]
③　衆議院議員の議員定数不均衡裁判に関する違憲判決（14条）[92]
④　同じく衆議院議員の議員定数不均衡に関する違憲判決（14条）[93]
⑤　森林法違憲判決（22条）[94]
⑥　郵便法違憲判決（17条）[95]
⑦　在外日本国民選挙権訴訟（15条）[96]
⑧　非嫡出子の国籍取得制限（14条）[97]

　これに対して，法令そのものは合憲と解するが，事件で問題となっている者に適用される限りで違憲であるとする，いわゆる適用違憲の裁判は数え方によるが，一定数存在する。

　ただし，通常は「処分」を違憲と判断したに過ぎないもので，「処分違憲」でなくあえて「適用違憲」という必要がある判示はそれほど多くない。

　「処分違憲」としては，愛媛県知事の靖国神社・県護国神社に対して行われた，玉串料等の，22回にわたる合計16万6000円の支出「処分」を違憲とした**愛媛玉串料支出違憲判決**[98]が典型であり，最近下された**空知太神社判決**[99]も市有地の連合町内会への無償提供「処分」を違憲としたものであった。

　単純な窃盗事件に関する被疑者が逃亡の恐れもないのに過度に長期にわたって（109日）拘禁された後に得られた自白を元に有罪判決を下した下級審判決を38条 2 項違反と判示したものなど[100]は，刑事訴訟法学説において取り上げられることがあり，これを適用違憲とする見解があるが，疑問であり，処分違憲とみるべきであろう。

　「適用違憲」判決の典型例は，**第三者所有物没収事件**[101]である，と解される。実は最高裁判所の判決は，適用違憲には基本的に懐疑的である。この点は，この事件を検討するところで述べる。

　以下，まずは法令違憲判決の特徴を概観しよう。

　判決①尊属殺重罰規定違憲判決は，尊属殺人を通常の殺人より重く罰する規定を置いていた旧刑法200条が日本国憲法第14条第1項に反すると判示した。けれども，「重く罰する」ことそのものを憲法違反としたのではなく，情状酌量しても執行猶予がつかないことから，罰則が「重過ぎる」として憲法違反としたのである。立法目的として「尊属の殺害は通常の殺人に比して一般に高度の社会的道義的非難を受けて然るべきである」ことを不合理ではないとしているのは，同じ判決において示されている反対意見においてすら反論されているもので，現時点から見れば，結論はともかくとして，理由付けには相当の疑問が呈されている。

　判決②薬局距離制限事件は，薬局開設の距離制限をしていた旧薬事法第6条2項ならびに県の条例は，日本国憲法第22条に違反する，と主張する原告によって提起された訴えに対する判決である。

　本判決は，職業に対する規制について，「規制措置が憲法22条1項にいう公共の福祉のために要求されるものとして是認されるかどうかは，これを一律に論ずることができず，具体的な規制措置について，規制の目的，必要性，内容，これによって制限される職業の自由の性質，内容及び制限の程度を検討し，これらを比較考量したうえで慎重に決定されなければならない」。このような「検討と考量をするのは，第一次的には立法府の権限と責務であ」る。職業に対する規制措置が許可制を採用することは，問題となっている法令の目的とその目的達成の手段としての合理的関連性があるかによって決せられる。「医薬品は，国民の生命及び健康の保持上の必需品であるとともに，これと至大の関係を有するものであるから，〔中略〕業務の内容の規制のみならず，供給業者を一定の資格要件を具備する者に限定し，それ以外の者による開業を禁止する許可制を採用したことは，それ自体として公共の福祉に適合する目的のための必要かつ合理的措置として是認することができる」。本件で問題とされている薬事法の規定は，立法者による提案理由をみると，薬局の「適正配置規制は，主として国民の生命及び健康に対する危険の防止という消極的，警察的目的のための規制措置であ」る。けれども，「競争の激化―経営の不安定―法規違反という因果関係に立つ不良医薬品の供給の危険が，薬局の段階において，相当程度の規模で発生する可能性があるとすることは，単なる観念上の想

定にすぎず，確実な根拠に基づく合理的な判断とは認めがたいといわなければ
ならない」。したがって，薬事法の規定は「不良医薬品の供給の防止等の目的
のために必要かつ合理的な規制を定めたものということができないから，憲法
22条1項に違反し，無効である」。理由付けそれ自体は従来の判決に比べて若
干緻密にはなっている。立法事実の不存在を理由として違憲の結論を導いてい
ることは憲法適合性審査の手法として判決①より説得的ではある。

　判決③は，衆議院議員の議員定数不均衡裁判に関する違憲判決であるが，公
職選挙法が明文で準用を禁止している行政事件に関する一般的な訴訟法である
行政事件訴訟法が採用している事情判決という手法を法の一般原理であるとな
し，選挙自体は無効としなかったことから，政治的なインパクトは弱いもので
あった。これは④にも同様の問題があった。[102]

　判決⑤**森林法違憲判決**は，判決②を引用して，立法府の判断が合理的裁量の
範囲を超えるものとなる場合に限って，財産権の規制立法を憲法29条2項違反
ということが出来ると判示する。本件は共有物の分割に対する制限を課してい
た森林法186条について，「共有物がその性質上分割することのできないもので
ない限り，分割請求権を共有者に否定することは，憲法上，財産権の制限に該
当し，かかる制限を設ける立法は，憲法第29条2項にいう公共の福祉に適合す
ることを要するものと解すべきところ，共有森林はその性質上分割することの
できないものに該当しないから，共有森林につき持分価額2分の1以下の共有
者に分割請求権を否定している森林法第186条は，公共の福祉に適合するもの
といえないときは，違憲の規定として，その効力を有しないというべきであ
る」と判示した。

　本判決は，判決②とならんで，経済的自由の領域に関する第22条および第29
条という，日本国憲法上，「公共の福祉に反しない限り」という一般条項的な
権利制限文言が付されている権利に関わる。後に検討するように，合憲性に多
くの疑問が提出されている法令に関して，かなりの無理をして合憲判断を下し
ているのとは対照的である。[103]すなわち，違憲判決がこれらの判決において下さ
れたことそれ自体は異論がないが，同じ論理からすれば，もっと多くの違憲判
断が出ているのではないかの疑問がでてくるのである。

　このような点を踏まえて，判決⑥以下についても若干の概観をしておくこと

にする。

判決⑥～⑧は，新傾向の判決である。

判決⑥**郵便法違憲判決**は，国の賠償義務（第17条）とのかかわりで一定の画期性を持ったものと理解することが可能である。

また，判決⑦**在外日本国民選挙権訴訟**は，いわゆる立法不作為の違憲確認訴訟を，限定的にではあるが認めたもので，選挙権の性質論の観点からも，また行政事件訴訟法の規定の解釈とのかかわりでも，大きな意義を持つ判決であると解される。

⑧**非嫡出子の国籍取得制限に関する国籍法違憲判決**は若干特殊な判断手法であって，法令の一部（国籍法3条1項）を違憲としたうえで，国籍を求める主張を（国籍法の明文に反して）認めている。

以上の法令違憲（厳密には③④は異なるが）判決は，近年下された2件を除くと，ad hoc な意味では妥当性があるとしても，全体として首尾一貫したものを見出すことは困難である。

処分違憲に関する判決についても若干触れておく。

愛媛玉串料違憲判決[104]は，愛媛県知事が靖国神社・県護国神社に対する玉串料等を22回にわたって，合計16万6000円を支出した「行政処分」を違憲とした判決である。本判決は，**津地鎮祭判決**[105]の判断枠組みである「目的効果基準」を表面上は用いているように見えながら，実際には，あてはめに疑問があり，判決の論理構成に多くの疑問が出されている判決である。ここでいう「目的効果基準」は，アメリカ連邦最高裁で形成されたいわゆるレモンテスト[106]を換骨奪取したものとして批判があったものであり，本判決によって，すくなくとも判例上は，かえって混乱が拡大したように思われる。

適用違憲判決である**第三者所有物没収事件**は，最高裁判所のものとしては違憲との結論を下している希有な例であるため，傾向を言うのは困難であるが，逆にいえば，同様の主張に対する合憲との結論が非常に多いことを示している[107]。

そこで，2節において，合憲との判示を下している判決にも検討対象を拡大し，なんらかの特徴を見出しうるかにつき若干の検討を行う。

第2節　最高裁判所の判決は一貫しているか？

1. 最高裁長官毎の判例概観

アメリカでは，最高裁の裁判官は終身であり，本人が引退を表明しない限り，80歳だろうが90歳だろうが裁判官を続けられる。そのため，最高裁長官が誰であるかによって裁判の傾向が見えてくるといえ，たとえばウォーレン・コートのように呼ばれることがある。これに対して，日本の場合は必ずしも一人の最高裁長官だけではその判決の特徴を説明できない。しかし，それでも一応の傾向を指摘することはできる。以下，歴代の長官ごとに判決の傾向を見ておこう[108]。

初代長官は，三淵忠彦である（1947年8月4日—1950年3月2日在任）。学識経験者であるが，なにしろ日本国憲法が施行されたばかりの時期であり，占領中であるから仕方がない，あるいは現在の時点からすると先例とは考えがたい，といい得る判決があるとはいえるが，「判例」は多くない。ただ，「國体ハゴジされたぞ　朕はタラフク食ってるぞ　ナンジ人民飢えて死ねギョメイギョジ」という教育勅語をもじったプラカードを作成した[109]，皇居前で行われた「米よこせデモ」の参加者が，現在では削除されている刑法第74条の不敬罪で起訴され[110]，いわゆる**プラカード事件**で大赦を理由とした免訴判決[111]や，死刑を残虐な刑罰には当たらないと判示した事件[112]が目立つくらいであろうか。

2代目長官は**田中耕太郎**（1950年3月3日—1960年10月24日在任）である。田中は学者（商法学者，法哲学者）ではあるが，参議院議員を経て文部大臣も経験しているので，「学者」であるから任命されたというわけではないようである。むしろカトリックであり且つ保守主義者であったことが重視されたと思われる。任命したのは第3代総理大臣吉田茂であった。在任期間がきわめて長く，最高裁が初めて**田中コート**とでもいうべき継続性を持った時期といえる。裁判官の国民審査に関する判決[113]，表現の自由に関する初期の有力判例としての石井記者事件[114]，**警察予備隊違憲訴訟**（本章第1節2（1）参照）における門前払いの判決，農地改革に関する第29条第3項の「正当な補償」を「相当な補償」で良いとした判決（**農地改革事件**）[115]，集会の自由に関する**皇居前広場事件**[116]，デモ行進に関する**新潟県公安条例事件**[117]及び**東京都公安条例事件**[118]，後に何度

か問題となる**公衆浴場適正配置規制**に関する事件[119]，選挙運動期間中の文書活動の制限[120]，刑事訴訟法上の緊急逮捕を合憲と判断した判決[121]，**特別裁判所の意味**が問われた事件[122]，**謝罪広告**に関する事件[123]，法廷秩序維持と取材の自由が問題となった**北海タイムス事件**[124]，租税法律主義の意義が問われた**パチンコ球遊器事件**[125]，条例による自治体による罰則の不平等が問われた**東京都売春防止条例違反事件**[126]，**チャタレイ事件**[127]，口頭弁論を開かずに死刑を確定させた**三鷹事件**[128]，統治行為論を実質的に主張した**砂川事件**[129]，統治行為論を正面から採用した**苫米地事件**[130]，金銭債務臨時調停法（1951年廃止）第 7 条が定めていた，調停に代わる裁判と憲法第32条・第82条との関係が問われた純然たる訴訟事件[131]など，判例として重要な意義を持つ判決が下されている。しかし，保守色の強い判決が多く出された一方で，少数意見も活発に表明された。

　3 代目長官は**横田喜三郎**（1960年10月25日―1966年 8 月 5 日在任）である。国際法学者であり，元々天皇の戦争責任とそれゆえの退位論を主張し，日本国憲法を絶対平和主義の憲法と解釈していたが，日米安保条約について後に評価するようになったことも，長官に推された一要因かもしれない。任命は池田内閣による。在任期間は 6 年に満たないが，**東大ポポロ事件判決**や[132]，適用違憲にかかわる**第三者所有物没収事件判決**[133]，東京都の特別区に関する判決[134]，信教の自由に関わる**加持祈禱事件**[135]，**奈良県ため池条例事件**[136]，自動車運送事業の免許制に関する判決（**白タク営業事件**）[137]，**教科書費国庫負担事件判決**もこの時期である[138]。なお，憲法判例ではないが，利息制限法に関する判例変更のような重要な判示もある[139]。

　4 代目長官は，**横田正俊**（1966年 8 月 6 日―1969年 1 月10日在任）である。初めての裁判官出身の長官であるが，在任期間は 3 年に満たず，極めて短い。戦前に大審院判事を経て甲府地裁所長に45歳の若さで就任している。公正取引委員会や高裁判事も経験し，横田喜三郎 3 代目長官時代に最高裁判事であった。横田正俊裁判長時代は，**横田正俊コート**といってもよいほどリベラルな判決が下されている。代表的なのが**全逓東京中郵事件**である[140]。「公労法17条 1 項［争議行為の禁止］に違反した者に対して，……民事責任を伴う争議行為の禁止をすることは，憲法28条，18条に違反」しない[141]。公労法17条 1 項違反の刑事制裁はその沿革からすれば「しだいに緩和される方向をとり，現行の公労法は特別

の罰則を設けていない。このことは，公労法そのものとしては，争議行為禁止
の違反について，刑事制裁はこれを科さない趣旨であると解するのが相当であ
る。公労法3条で，刑事免責に関する労組法［労働組合法］1条2項の適用を
排除することなく，これを争議行為にも適用することとしているのは，この趣
旨を裏付けるものということができる。そのことは，憲法28条の保障する労働
基本権尊重の根本精神にのっとり，争議行為の禁止違反に対する効果または制
裁は必要最小限度にとどめるべきであるとの見地から，違法な争議行為に関し
ては，民事責任を負わせるだけで足り，刑事制裁をもって臨むべきではないと
の基本的態度を示したもの」である。「……争議行為が労組法1条1項の目的
を達成するためのものであり，かつ，たんなる罷業または怠業等の不作為が存
在するにとどまり，暴力の行使その他の不当性を伴わない場合には，刑事制裁
の対象とはならない」と判示していることが注目される。横田正俊長官時代に
は，**朝日訴訟**[142]が結審し，結論に影響しない「念のため」示された判示で憲法第
25条をプログラム規定とした[143]ことも注目に値しよう。

　5代目長官は，**石田和外**（1969年1月11日—1973年5月19日在任）である。裁判
官出身で，労働基本権に関しては，4代目長官の時期のリベラルな判決から
一転，保守的な判断が下されている。いわゆる**都教組事件**[144]における判断で合憲
限定解釈をとり，被告人を無罪としたこと，他方で都教組事件と同日に判決を
出した**全司法仙台事件**[145]では被告人を有罪としていることが注目される。前者は
地方公務員法（地公法）の争議行為禁止に関する事件であり，後者は国家公
務員法（国公法）の争議行為の禁止に関する事件であった。都教組事件におい
ては，地公法第37条及び第61条第4号の規定の合憲性を判断するにあたって，
「争議行為を禁止することによつて保護しようとする法益と，労働基本権を尊
重し保障することによつて実現しようとする法益との比較較量により，両者の
要請を適切に調整する見地から判断することが必要である」という前提をおい
た上で，「争議行為そのものに種々の態様があり，その違法性が認められる場
合にも，その強弱に程度の差があるように，あおり行為等にもさまざまの態様
があり，その違法性が認められる場合にも，その違法性の程度には強弱さまざ
まのものがありうる。それにもかかわらず，これらのニュアンスを一切否定
して一律にあおり行為等を刑事罰をもつてのぞむ違法性があるものと断定する

ことは許されないというべきである。ことに，争議行為そのものを処罰の対象とすることなく，あおり行為等にかぎつて処罰すべきものとしている地公法61条4号の趣旨からいつても，争議行為に通常随伴して行なわれる行為のごときは，処罰の対象とされるべきものではない」。「本件の一せい休暇闘争は，同盟罷業または怠業にあたり，その職務の停廃が次代の国民の教育上に障害をもたらすものとして，その違法性を否定することができないとしても，被告人らは，いずれも都教組の執行委員長その他幹部たる組合員の地位において右指令の配布または趣旨伝達等の行為をしたというのであつて，これらの行為は，本件争議行為の一環として行なわれたものであるから，前示の組合員のする争議行為に通常随伴する行為にあたるものと解すべきであり，被告人らに対し，懲戒処分をし，また民事上の責任を追及するのはともかくとして，さきに説示した労働基本権尊重の憲法の精神に照らし，さらに，争議行為自体を処罰の対象としていない地公法61条4号の趣旨に徴し，これら被告人のした行為は，刑事罰をもつてのぞむ違法性を欠く」と判断している。このような判断手法は，**二重の絞り論**と呼ばれる。①違法性の強い争議行為のみが禁止され，さらに②争議行為に通常随伴するようなあおり行為は，刑事罰の対象にならない，というような判断を行ったからである。このような判断に止まれば，それほど批判されなかったであろう。しかし，同じ石田長官の下で判示された**全農林警職法事件**[146)]判決で，判例を変更した。「公務員は，公共の利益のために勤務するものであり，公務の円滑な運営のためには，その担当する職務内容の別なく，それぞれの職場においてその職責を果すことが必要不可欠であつて，公務員が争議行為に及ぶことは，その地位の特殊性および職務の公共性と相容れないばかりでなく，多かれ少なかれ公務の停廃をもたらし，その停廃は勤労者を含めた国民全体の共同利益に重大な影響を及ぼすか，またはその虞れがある」という総論に基礎を置き，さらに「公務員については，憲法自体がその73条4号において「法律の定める基準に従い，官吏に関する事務を掌理すること」は内閣の事務であると定め，その給与は法律により定められる給与準則に基づいてなされることを要し，これに基づかずにはいかなる金銭または有価物も支給することはできないとされており（国公法63条1項参照），このように公務員の給与をはじめ，その他の勤務条件は，私企業の場合のごとく労使間の自由な交渉に基

づく合意によつて定められるものではなく，原則として，国民の代表者により構成される国会の制定した法律，予算によつて定められることとなつているのである。その場合，使用者としての政府にいかなる範囲の決定権を委任するかは，まさに国会みずからが立法をもつて定めるべき労働政策の問題である。したがつて，これら公務員の勤務条件の決定に関し，政府が国会から適法な委任を受けていない事項について，公務員が政府に対し争議行為を行なうことは，的はずれであつて正常なものとはいいがたく，もしこのような制度上の制約にもかかわらず公務員による争議行為が行なわれるならば，使用者としての政府によつては解決できない立法問題に逢着せざるをえないこととなり，ひいては民主的に行なわれるべき公務員の勤務条件決定の手続過程を歪曲することともなつて，憲法の基本原則である議会制民主主義（憲法41条，83条等参照）に背馳し，国会の議決権を侵す虞れすらなしとしない」とまで述べる。そして，「その争議行為等が，勤労者をも含めた国民全体の共同利益の保障という見地から制約を受ける公務員に対しても，その生存権保障の趣旨から，法は，これらの制約に見合う代償措置として身分，任免，服務，給与その他に関する勤務条件についての周到詳密な規定を設け，さらに中央人事行政機関として準司法機関的性格をもつ人事院を設けている」から国公法による，違法な争議行為をあおる行為に対する罰則規定は合憲であって憲法第28条に反しない。「公務員の争議行為の禁止は，憲法に違反することはないのであるから，何人であつても，この禁止を侵す違法な争議行為をあおる等の行為をする者は，違法な争議行為に対する原動力を与える者として，単なる争議参加者にくらべて社会的責任が重いのであり，また争議行為の開始ないしはその遂行の原因を作るものであるから，かかるあおり等の行為者の責任を問い，かつ，違法な争議行為の防遏を図るため，その者に対しとくに処罰の必要性を認めて罰則を設けることは，十分に合理性がある」。ある意味非常に乱暴な論理で判例変更をしており，当然大変な批判を受けた。

　しかし，この**石田コート**は，すでに見たように最初の違憲判決（**尊属殺重罰規定違憲判決**[147]）も出しており，また**和歌山時事新聞**に関する判示[148]（真実と確信した（誤った）事実報道による名誉毀損），**「悪徳の栄え」**事件判決[149]（翻訳書がわいせつ文書にあたるか），**博多駅テレビフィルム提出命令事件**[150]，肖像権侵害

について一般論としては認める判決[151]，**八幡製鉄政治献金事件**[152]判決，被告に原因がない訴訟遅延における免訴判決（**高田事件**）[153]など，立憲主義の確立に寄与した重要な判決も下しており，一概に保守的で問題のある時期とも言い切れない。

　6 代目長官村上朝一（1973年 5 月21日―1976年 5 月24日在任）は，裁判官・検察官経験者であった。戦前，「ジャカルタで陸軍司政官，敗戦で引きあげ司法省民事局勤務，戦後の民法改正や地方法務局設置などに参画，41歳の若さで法務長民事局長。法務省移行後も局長を約10年間つとめた。そのあと最高裁調査官を経て最高検公判部長。ここでは砂川事件の跳躍上告，松川事件の弁論に立ち会った。その後，横浜地裁所長，東京高裁判事，仙台，東京高裁長官から最高裁判事」[154]という経歴である。在任期間はそれほど長くないが（約 3 年），旧都市計画法第16条第 1 項に基づく土地収用につき土地収用法による補償がいつの時点の価格に根拠をおくべきかが争われた，第29条第 3 項に関する土地収用法事件[155]，私人間効力に関する**三菱樹脂事件**[156]及び**昭和女子大事件**[157]，国家公務員の政治行為に関する**猿払事件**[158]，集団行進・集団示威行動規制条例規定があいまい不明確で憲法第31条に反するかどうかが争われた**徳島市公安条例事件**，教育を受ける権利に関する重要判決である**旭川学テ事件**[159]，地公法違反及び道路交通法（道交法）違反が問われた**岩教組学テ事件**[160]の他，**薬事法違憲判決**並びに**衆議院議院定数不均衡訴訟違憲判決**[161]という二つの違憲判決[163]を出していることは注目される。ちなみに村上長官時代に現在の最高裁が落成している（1974年 5 月13日）。

　7 代目長官は**藤林益三**（1976年 5 月25日―1977年 8 月25日在任）である。初の弁護士出身長官であった（今までのところ唯一の例）。就任時点で高齢であり（藤林は1907年 8 月26日生まれである），任期が極めて短かった（ 1 年 3 ヶ月）。しかし富山大学単位等不認定事件，全逓名古屋中郵事件[164]，狭山事件[165]の他，信教の自由，政教分離に関する，いわゆる目的効果基準を示した重要判決である津地鎮祭事件判決[166]を出していることは注目される。藤林は無教会派キリスト教徒であり，津地鎮祭判決では長官でありながら少数意見に与した。高齢のため 2 年に満たず退官した藤林の後任として 8 代目長官となったのは，**岡原昌男**（1977年 8 月26日―1979年 3 月31日在任）であった。岡原は検察官出身である

が，すでに最高裁判事としては7年間の経験があった。岡原長官時代，違憲判決はないが，取材の自由及び罪刑法定主義に関わる重要判決である**外務省秘密伝聞漏洩事件**（通称**西山記者事件**）[167]と，在留外国人の政治活動の自由が問題となった**マクリーン事件**[168]という，二つの重要判決がある。後者は全員一致の判決であることが注目される。一般にマクリーン事件は権利性質説を表明した判決とされるが，子細に読めば，必ずしもそうではない。要するに，外国人は，出入国管理に関する法律制度の枠内でのみ権利が保障されるといっており，明治憲法下における（悪い意味での）法律の留保が外国人については当てはまるというもので，これが判例になっているのであるから，外国人の権利に関しては困難な問題が生じているのである。

　9代目長官は，**服部高顯**（1979年4月2日―1982年9月30日在任）である。9代目長官以後，裁判官出身の長官が続いている。服部長官時代には，選挙期間中の文書配布を制限する公職選挙法の規定が第21条第1項に反しないかが問われた事件[169]，わいせつ文書規制に関する**「四畳半襖の下張」事件**[170]，猿払事件同様，郵便職員の政治的行為の禁止の合憲性が争われた**全逓プラカード事件**[171]，企業の定年男女差が問われた**日産自動車女性若年定年制事件**[172]，司法審査の対象となりうる訴訟の内実が問われた**「板まんだら」事件**[173]，前科がプライバシーに当たるかが問われた**前科照会事件**[174]，表現の自由と名誉毀損に関する**「月刊ペン」事件**[175]，戸別訪問の禁止を合憲と判断した判決[176]，環境権が問われた**大阪空港公害訴訟**[177]，生存権の法的性質が問題となった**堀木訴訟**[178]，郵便貯金目減り訴訟[179]といった判例がある。

　前科照会事件は，判決は上告棄却であるが，「他人に知られたくない個人の情報は，それがたとえ真実に合致するものであつても，その者のプライバシーとして法律上の保護を受け，これをみだりに公開することは許されず，違法に他人のプライバシーを侵害することは不法行為を構成する」。「本件で問題とされた前科等は，個人のプライバシーのうちでも最も他人に知られたくないものの一つであり，それに関する情報への接近をきわめて困難なものとし，その秘密の保護がはかられているのもそのためである」。「人の前科等の情報を保管する機関には，その秘密の保持につきとくに厳格な注意義務が課せられていると解すべきである。本件の場合，〔中略〕同区長が前科等の情報を保管する者と

しての義務に忠実であつたとはいえず，同区長に対し過失の責めを問うことが
酷に過ぎるとはいえない」との伊藤裁判官による補足意見がある。これに対し
次のような環裁判官による反対意見がある。「上告人京都市の中京区長は，照
会者たる京都弁護士会を裁判所等に準ずる官公署とみたうえ，本件照会が身元
証明等を求める場合に当らないばかりでなく，前記のような事情のもとで本件
回答書が中央労働委員会及び裁判所に提出されることによつてその内容がみだ
りに公開されるおそれのないものであるとの判断に立つて前記官公署間におけ
る共助的事務の処理と同様に取り扱い回答をしたものと思われるのであるが，
このような取り扱いをしたことは，他に特段の事情の存することが認められな
い限り，弁護士法23条の2の規定に関する一個の解釈として十分成り立ちうる
見解に立脚したものとして被上告人の名誉等の保護に対する配慮に特に欠ける
ところがあつたものというべきではないから，同区長に対し少なくとも過失の
責めを問うことは酷に過ぎ相当でない。〔中略〕上告人の中京区長の過失をた
やすく肯定した原判決はその余の点についての判断をまつまでもなく破棄を免
れず，論旨は理由がある。よつて，本件は更に審理を尽くさせるためこれを原
審に差し戻すのが相当である」。伊藤裁判官の補足意見は，現在のプライバシ
ー権の考え方の基礎になっている。

　戸別訪問禁止を合憲と判断した判決は，結論は法廷意見同様合憲ではある
が，伊藤裁判官による長文の反対意見があり，学説はこの反対意見を評価して
いる。同反対意見は「（1）戸別訪問は買収，利益誘導等の不正行為の温床と
なり易く，選挙の公正を損うおそれの大きいこと，（2）選挙人の生活の平穏
を害して迷惑を及ぼすこと，（3）候補者にとつて煩に堪えない選挙運動であ
り，また多額の出費を余儀なくされること，（4）投票が情実に流され易くな
ること，（5）戸別訪問の禁止は意見の表明そのものを抑止するのではなく，
意見表明のための一つの手段を禁止するものにすぎないのであり，以上にあげ
たような戸別訪問に伴う弊害を全体として考慮するとき，その禁止も憲法上許
容されるものと解される」という従来の合憲論に対して一つ一つ反駁した。特
に第5点に対する反論は注目される。すなわち「表現の自由を制約する場合，
表現そのものを抑止することよりも，表現の自由の行使の時，場所，方法を規
制することは，その制約の程度が大きくなく，したがつて憲法上前者が合憲と

されるためにはきびしい基準に適合する必要があるのに反して，後者はそれに比してやや緩やかな基準に合致するをもつて足りると考えられる。しかし，表現の自由の制約は，多くの場合に，後者の手段によつてされるのであり，これが単に合理的なものであれば許容されると解されるのであれば，表現の自由の制約が広く許されることになり，正当な解釈とはいえない。表現の自由の行使の一つの方法が禁止されたときも，その表現を他の方法によつて伝達することは可能であるが，禁止された方法がその表現の伝達にとつて有効適切なものであり，他の方法ではその効果を挙げえない場合には，その禁止は，実質的にみて表現の自由を大幅に制限することとなる。たしかに選挙運動において候補者の政策を選挙人に伝える方法として多くのものが認められてはいるが，戸別訪問が直接に政治的意見を伝えることができるとともに，また選挙人側の意思も候補者に伝えられるという双方向的な伝達方法であることなどの長所をもつことを考えると，戸別訪問の禁止がただ一つの方法の禁止にすぎないからといつて，これをたやすく合憲であるとすることは適切ではない」。しかしながら，「以上に挙げられた諸理由は戸別訪問の禁止が合憲であることの論拠として補足的，附随的なものであり，むしろ他の点に重要な理由がある…。〔中略〕法の定めたルールを各候補者が守ることによつて公正な選挙が行われるのであり，そこでは合理的なルールの設けられることが予定されている。このルールの内容をどのようなものとするかについては立法政策に委ねられている範囲が広く，それに対しては必要最少限度の制約のみが許容されるという合憲のための厳格な基準は適用されない…。憲法47条は，〔中略〕選挙運動のルールについて国会の立法の裁量の余地の広いという趣旨を含んでいる。国会は，選挙区の定め方，投票の方法，わが国における選挙の実態など諸般の事情を考慮して選挙運動のルールを定めうるのであり，これが合理的とは考えられないような特段の事情のない限り，国会の定めるルールは各候補者の守るべきものとして尊重されなければならない。この立場にたつと，戸別訪問には前記のような諸弊害を伴うことをもつて表現の自由の制限を合憲とするために必要とされる厳格な基準に合致するとはいえないとしても，それらは，戸別訪問が合理的な理由に基づいて禁止されていることを示すものといえる。したがつて，その禁止が立法の裁量権の範囲を逸脱し憲法に違反すると判断すべきものとは考えら

れない。もとより戸別訪問の禁止が立法政策として妥当であるかどうかは考慮の余地があるが（第7次の選挙制度審議会では，人数，時間，場所，退去義務などの規制をするとともに，戸別訪問の禁止を原則として撤廃すべしとする意見がつよかつた），これは，その禁止が憲法に反するかどうかとは別問題である」。実際には限りなく違憲論に近いものと解しうるものであった。

10代目長官は寺田治郎（1982年10月1日―1985年11月3日在任）。この時期，違憲判決こそないものの，**よど号ハイジャック新聞記事抹消事件**[180]，**札幌税関検査事件**[181]，**吉祥寺駅構内ビラ配布事件**[182]，**福岡県青少年保護育成条例事件**[183]のように，表現の自由，罪刑法定主義の観点から重要な判例があり，その他東京都議会議員選挙無効請求訴訟に対する判断（公職選挙法違反を認定）[184]，そして所得税の法定控除の合憲性が問われたサラリーマン税金訴訟[185]などの判例がある。

11代目長官は，矢口洪一（1985年11月5日―1990年2月19日在任）である。**森林法共有林分割禁止規定違憲判決**[186]を出している他にも，結論としては合憲であるが重要な判例がある。選挙権，そして立法不作為にかかわる，**在宅投票制度廃止事件**[187]が司法権を考察するに当たっては重要である。「国会議員は，立法に関しては，原則として，国民全体に対する関係で政治的責任を負うにとどまり，個別の国民の権利に対応した関係での法的義務を負うものではないというべきであつて，国会議員の立法行為は，立法の内容が憲法の一義的な文言に違反しているにもかかわらず国会があえて当該立法を行うというごとき，容易に想定し難いような例外的な場合でない限り，国家賠償法1条1項の規定の適用上，違法の評価を受けないものといわなければならない」と判示している。この判決により，立法不作為の違憲訴訟はほぼあり得ないことになったかのように思われた。しかし，15代長官町田顯の時代，**在外日本国民選挙権訴訟**[188]において立法不作為に対する違憲判断が下されることになった。表現の自由に関して，**北方ジャーナル事件**[189]，大分県屋外広告物条例違反事件[190]，岐阜県青少年保護育成条例事件[191]［これらは条例による罰則にもかかわる］，**サンケイ新聞事件**[192]，信教の自由・政教分離原則にかかわる自衛官合祀拒否訴訟[193]，司法審査の対象や裁判を受ける権利にかかわる，**共産党袴田事件**及び天皇と民事裁判権の関係が問われた事件[194]，営業の自由にかかわる2度に亘る公衆浴場適正配置規制に関する事件[195]，平和主義及び私人間効力の関係が問われた**百里基地訴訟**[196]，教育を受ける権

利に関わる**麹町中学校内申書事件**[198]及び**伝習館高校事件**[199]などである。

　大分県屋外広告物条例違反事件においては，伊藤裁判官による次の補足意見が，表現の自由規制に関して注目される。「例えば，一枚の小さなビラを電柱に貼付する所為もまたそこで問題とされる大阪市の条例の規制を受けるものであつたが，このような所為に対し，美観風致の維持を理由に，罰金刑とはいえ刑事罰を科することが，どうして憲法的自由の抑制手段として許される程度をこえないものといえるかについて，判旨からうかがうことができない」。「本条例は，表現の自由，とくに思想，政治的意見や情報の伝達の観点からみるとき，憲法上の疑義を免れることはできない…。しかしながら，私は，このような疑点にもかかわらず，本条例が法令として違憲無効であると判断すべきではないと考えている。したがつて，大阪市の条例の違憲性を否定した大法廷判例は，変更の必要をみない…。本条例の目的とするところは，美観風致の維持と公衆への危害の防止であつて，表現の内容はその関知するところではなく，広告物が政治的表現であると，営利的表現であると，その他いかなる表現であるとを問わず，その目的からみて規制を必要とする場合に，一定の抑制を加えるものである。もし本条例が思想や政治的な意見情報の伝達にかかる表現の内容を主たる規制対象とするものであれば，憲法上厳格な基準によつて審査され，すでにあげた疑問を解消することができないが，本条例は，表現の内容と全くかかわりなしに，美観風致の維持等の目的から屋外広告物の掲出の場所や方法について一般的に規制しているものである。この場合に右と同じ厳格な基準を適用することは必ずしも相当ではない。そしてわが国の実情，とくに都市において著しく乱雑な広告物の掲出のおそれのあることからみて，表現の内容を顧慮することなく，美観風致の維持という観点から一定限度の規制を行うことは，これを容認せざるをえないと思われる。もとより，表現の内容と無関係に一律に表現の場所，方法，態様などを規制することが，たとえ思想や意見の表現の抑制を目的としなくても，実際上主としてそれらの表現の抑制の効果をもつこともありうる。そこで，これらの法令は思想や政治的意見の表示に適用されるときには違憲となるという部分違憲の考え方や，もともとそれはこのような表示を含む広告物には適用されないと解釈した上でそれを合憲と判断する限定解釈の考え方も主張されえよう。しかし，美観風致の維持を目的とする本条

例について，右のような広告物の内容によつて区別をして合憲性を判断することは必ずしも適切ではないし，具体的にその区別が困難であることも少なくない。以上のように考えると，本条例は，その規制の範囲がやや広きに失するうらみはあるが，違憲を理由にそれを無効の法令と断定することは相当ではないと思われる」。「しかしながら，すでにのべたいくつかの疑問点のあることは，当然に，本条例の適用にあたつては憲法の趣旨に即して慎重な態度をとるべきことを要求するものであり，場合によつては適用違憲の事態を生ずることをみのがしてはならない」。

　また百里基地訴訟では，「上告人らが平和主義ないし平和的生存権として主張する平和とは，理念ないし目的としての抽象的概念であつて，それ自体が独立して，具体的訴訟において私法上の行為の効力の判断基準になるものとはいえず，また，憲法9条は，その憲法規範として有する性格上，私法上の行為の効力を直接規律することを目的とした規定ではなく，人権規定と同様，私法上の行為に対しては直接適用されるものではないと解するのが相当であり，国が一方当事者として関与した行為であつても，たとえば，行政活動上必要となる物品を調達する契約，公共施設に必要な土地の取得又は国有財産の売払いのためにする契約などのように，国が行政の主体としてでなく私人と対等の立場に立つて，私人との間で個々的に締結する私法上の契約は，当該契約がその成立の経緯及び内容において実質的にみて公権力の発動たる行為となんら変わりがないといえるような特段の事情のない限り，憲法9条の直接適用を受けず，私人間の利害関係の公平な調整を目的とする私法の適用を受けるにすぎないものと解するのが相当である」と判示された。自衛隊に関する土地売買には第9条は無関係だとのこの判示は，結論ありきの理由付けではないかとの疑いがある。

　法廷意見の傾向は断言しにくいが，長官が交代しても任期が続いていた伊藤裁判官の意見（補足意見・反対意見）は表現の自由に関する裁判所の判断を極めて精緻なものにすることに貢献したといえる。

　12代目長官は**草場良八**（1990年2月20日―1995年11月7日在任）である。違憲判決はないが，表現の自由にかかわる重要判例がある。すなわち，政見放送の自由について判示したもの，TBS事件[200]，ノンフィクション「逆転」事件[201]，泉佐

野市民会館事件[203]がそれである。情報公開請求権，知る権利とプライバシーが問題となった大阪府水道部懇談会費事件[204]も表現の自由を考える上で重要な判示であった。教科書検定にかかわる第1次家永教科書事件判決[205]は，検閲の意義と教育を受ける権利にかかわる。また参政権（選挙権・被選挙権）にかかわって，さきの政見放送の自由に関わる事件も含み，外国人の地方選挙権に関する事件[206]，日本新党繰上補充事件[207]に関する判決は解釈論への影響が大きい。刑事手続や刑事補償に関しても一定の影響力をもった判決がある[208]。草場長官時代には，現在に至る影響力を持った非嫡出子相続分差別に関する判決[209]がある。

　13代目長官は三好達（1995年11月8日―1997年10月30日在任）である。最高裁長官になった初めての昭和生まれである。就任時に既に68歳であったので，在任期間が2年しかない。議員定数不均衡に関する訴訟[210]，及び愛媛玉串料訴訟[211]で違憲判断を出している。違憲判断を除くと，代表的なのは沖縄代理署名訴訟[212]，剣道実技履修拒否事件[213]，国会議員の免責特権に関する判断[214]の他，女性の再婚禁止期間に関する判示[215]，指紋押捺拒否事件[216]，オウム真理教解散命令事件[217]，上尾市福祉会館事件[218]，南九州税理士会事件[219]，選挙に関して，拡大連座制の憲法適合性を判断した事件[220]などがある。

　14代目長官は山口繁（1997年10月31日―2002年11月3日在任）である。前任者三好長官時代に7ヶ月だけ最高裁判事を務めた後長官に任命された。かなりの抜擢人事であった。三好長官時代，参議院議員定数不均衡訴訟で格差6.59倍の格差を違憲と判断したが，山口長官時代に提起された参議院議員定数不均衡訴訟では格差4.97倍を合憲と判断している[221]。なお衆議院議員選挙定数不均衡訴訟も山口長官時代に提起されているがこれについては格差2.3倍を14対9で合憲判断した。ただし5人の裁判官が選挙区の区割りを違憲と判断し，他方重複立候補制について全員一致で合憲判断を下している[222]。同日に判決が下されている衆議院の小選挙区比例代表並立制違憲訴訟は二件の判決があり[223]，「重複して立候補することを認める制度においては，一の選挙において当選人とれなかった者が他の選挙において当選人とされることがあることは，当然の帰結である。したがって，重複立候補制を採用したこと自体が憲法前文，43条1項，14条1項，15条3項，44条に違反するとはいえない」。「複数の重複立候補者の比例代表選挙における当選人となるべき順位が名簿において同一のものとされた場合

には，その者の間では当選人となるべき順位が小選挙区選挙の結果を待たないと確定しないことになるが，結局のところ当選人となるべき順位は投票の結果によって決定される…から，このことをもって比例代表選挙が直接選挙に当たらないということはできず，憲法43条1項，15条1項，3項に違反するとはいえない」という全員一致の判示[224]と，「小選挙区制は，選挙を通じて国民の総意を議席に反映させる一つの合理的方法ということができ，これによって選出された議員が全国民の代表であるという性格と矛盾抵触するものではないと考えられるから，小選挙区制を採用したことが国会の裁量の限界を超えるということはできず，所論の憲法の要請や各規定に違反するとは認められない[225]」という9対5の判決がある。山口長官時代には，**郵便法国家賠償責任制限規定違憲判決**[226]が下されていることが，やはりなによりも注目される。法人の権利能力にかかわって**群馬司法書士会震災支援寄付事件**[227]，裁判官の政治的中立性に関する**寺西判事補事件決定**[228]，刑事裁判手続にかかわる**接見交通制限事件**[229]，**旭川電話傍受事件**[230]，自己決定権にかかわる**エホバの証人輸血拒否事件**[231]，私人が無断でモデル小説のモデルとされた場合のプライバシー侵害と出版差し止めを認めた「**石に泳ぐ魚」事件**[232]，第29条に関連して，土地収用法の補償規定の合憲性が問われた事件[233]や証券取引法事件[234]の他，公務員の労働基本権が問われた**全農林人勧スト事件**[235]などの判決がある。全農林人勧スト事件ではILO条約と国公法の適合性も問われたが，国公法の争議権を制限する懲戒規定がILO条約に反しないのは原審の言うとおりであるとのみ判決している。

15代目長官は**町田顯**（2002年11月6日—2006年10月15日在任）である。1件の違憲判決がある（**在外日本国民選挙権訴訟**[236]）。町田長官時代には，これ以外にも参政権に関わる判決がある[237]。公務就任権（これを独立の「権利」といってよいかは問題であるが）に関して，**外国人東京都管理職選考事件**[238]もあった。表現の自由にかかわって，**長良川事件報道訴訟**[239]，プライバシーの権利に関する**早稲田大学事件**[240]も起きている。これらの他，韓国人戦争犠牲者補償請求事件[241]，旭川市国民健康保険条例事件[242]，内閣総理大臣靖國参拝事件[243]もこの時期であった。

16代目長官は**島田仁郎**（2006年10月16日—2008年11月21日在任）。在任期間は2年ほどであるが**非嫡出子国籍取得請求事件**[244]での違憲判決が重要である。下級審での違憲判断が注目された**ピアノ伴奏拒否事件**[245]では合憲判断を下している。**広島**[246]

市暴走族追放条例事件[247]，学生無年金障害者訴訟[248]，検閲の意義にかかわる**メイプルソープ事件**[249]，プライバシーの権利，より正確には自己情報コントロール権が問題となった**住基ネット訴訟**[250]，反戦ビラの自衛隊宿舎に立ち入って投函する行為が住居侵入罪にあたるとされることは21条1項の表現の自由を侵害しないかが問われ，正面からこれに答えなかったために批判された**立川テント村事件**[251]などの判決がある。

　17代目は**竹﨑博允**（2008年11月25日―2014年3月31日）である。すでに1件の違憲判断がある（**空知太神社違憲判決**[252]）。参議院議院議員定数不均についての訴訟が再び提起されたため，その判決がある。最大格差1対4.86であったが[253]，改正までの時間的な切迫性などから合憲判断を下している。

　9代目以後の長官はすべて裁判官出身である。すでに見たように，在任期間が非常に短く（2代目長官の田中耕太郎は例外），特に第9代以降の最高裁判所を長官によって特色わけするのはあまり意味がない。けれども，ここまでに見てきたように，保守色が強い時期と，リベラルな時期，そして近年の一定程度積極的な違憲判断が下される状況のように，ある程度の傾向を見て取ることはできる。

　（補記）本稿執筆後，平成25（2013）年9月4日に最高裁判所大法廷で**非嫡出子法定相続分規定の違憲判決**（民集67巻6号1320頁）が下されている。これは第17代竹﨑長官時代のものであり，第18代長官寺田逸郎（2014年4月1日―2018年1月8日）時代には，平成27（2015）年12月16日に最高裁判所大法廷で民法733条1項に定められていた「女は，前婚の解消又は取消しの日から6箇月を経過した後でなければ，再婚をすることができない」との規定のうち100日を超える部分の**再婚禁止期間を違憲とする判決**が下されている（民集69巻8号2427頁）。2018年1月9日からは大谷直人長官に後退している（在任中）。現在の最高裁は学者出身裁判官が複数在籍していることも注目される（山口厚裁判官［刑法学］・宇賀克也［行政法］裁判官）。令和3（2021）年2月24日に孔子廟訴訟において，沖縄県那覇市が都市公園内の土地を無償提供したことが憲法20条3項に反するとの判決が下されている（**固定資産税等課税免除措置取消し（住民訴訟）請求事件**・令和1（行ツ）222号〈https://www.courts.go.jp/app/hanrei_jp/detail2?id=90039〉）。なお19代目長官は大谷直人であり，2018年1月9日から着任している。

２．判決理由の変遷

　1における概観を踏まえ，最高裁の判例傾向について検討してみよう。

　日本が占領下にあった昭和27年（1952年）4月までは，現在から見れば，かなり乱暴ともいえる理由付けで簡単に上告人の主張を退けている。占領下であるためか，判決理由も「ポツダム宣言受諾の趣旨にもとづく当然の法的要請である」とすら答えることもあり，価値は乏しい。

　その後，2人の学者長官の時代，2代目田中耕太郎および3代目横田喜三郎の時代は，若干長官の個性が現れたと見ることも可能である。先にも触れたように，田中耕太郎は学者出身であるが文部大臣も勤め，とくに9条関係の裁判においては自己の主張を前面に押し出した判決を書いている（田中はキリスト教徒でかつ保守派である）。

　ただし，基本的人権侵害の主張に対しては，法律の条文を引用して，その趣旨は「公共の福祉」を達成するためにあるからやむをえない，とする判断が目立つ。これは理由とは言いがたく，まだ理由付け自体が非常に荒削りなものである。

　横田喜三郎は国際法の研究者としても著名で，また平和主義者としても首尾一貫していたとみられていた。在任中にアメリカ連邦最高裁の判例を精査し，大著『違憲審査』をまとめており，最高裁判所の判決文を精緻なものとする一要因を作った。

　この時期から，結論において合憲判断を下すとしても，判決理由が詳細なものとなっていく。従来は長文の理由が示されていても，立法事実の審査が非常に表面的であったが，すくなくとも違憲審査が，一定の理論枠組みに基づくものでなければならないという意識は共有されるようになったと解される。

　昭和40年代（1965年以降），若干名のリベラルな政治思想を持った裁判官が任命されていた時期に，初の法令違憲の判断が示されているが，5代目長官の石田和人が任命されてからは，1987年の森林法違憲判決以降，およそ10年間違憲の判決が下されていない。もちろん，実際の違憲主張がすべて合理的であるわけではないので，違憲判断が下されていないからといって最高裁判所の行動が不適切であるわけではないが，実際には，かなり無理をして合憲であるとの結論を導いている判決も存在する。

　判決の理由付けが，結論が合憲であると違憲であるとを問わず，初期には裁判官自身が大日本帝国憲法下で法曹教育を受けていた世代であることも反映されてか簡潔に過ぎる理由付けが目立った時期がある。その後，アメリカ連邦最高裁の判決が意識され，また日本の法曹教育の要とも言える司法修習所において憲法訴訟に関する講義が行われたこともあってであろう，理由付けそれ自体は時期を追って詳細なものとなっているが，理論で重視された面とは若干のずれが見られるように思われる。すなわち，実際に下された違憲判断は，基本的人権の領域においては，精神的自由に関するものはわずかで，ほとんどが経済的自由権，財産権に関するものである。また，一見政治的インパクトがあるようにおもわれる公職選挙法に関する議員定数の不均衡を違憲と宣言する判決も，実際の選挙を無効とはしないため，同様の主張に対するリップサービスになっているように思われる。

　あえて一言で特徴付けるとすれば，従来の最高裁判決は，行政府・立法府に対して可能な限り政治的影響を与えないようにとの政治判断が先行していたとも解されるのである。そして，軍備を禁じていると学者の多くが理解している日本国憲法第9条に関する判決について，同様の主張がなされてきた。しかし，最も大きな理由は，日本の自衛隊にかかわるほとんどの法令は，内閣法制局が政府の有権解釈としての一貫性を損なわないように慎重な解釈を伴った法案を国会に提出してきたことがその理由として挙げられるであろう。最高裁判事を具体的に見てみれば，元大審院長・貴族院議院の霜山精一（1947年8月4日—1954年10月14日在任），貴族院議院・衆議院法制局長を歴任した入江俊郎（1952年8月30日〜1971年1月9日在任），仙台地方裁判所長だけでなく参議院法制局長を経験した奥野健一（1956年11月22日—1968年11月17日），大阪高等裁判所判事部総括・参議院法制局長であった齋藤朔郎，内閣法制局長官出身として，高辻正己（1973年4月4日〜1980年1月18日在任），角田礼次郎（1983年11月8日—1990年12月3日在任），味村治（1990年12月10日—1994年2月6日在任），大出峻郎（1997年9月24日—2001年12月19日在任），津野修（2004年2月26日—2008年10月19日在任）がいる。もちろん法制局出身者が一人二人いたところで，必ずしも多数意見が法制局よりになるわけではない。けれども，すくなくとも法制局の意見を軽視はできないことが明らかである。

　フランスのコンセイユ・デタが担ってきた，政府の諮問機関としての役割を，憲法上明文でその権限を認められた機関ではないけれども，内閣法制局は果たしてきたと解される。この点についての過小評価が，従来，多くの学者が，最高裁判所における違憲判決の少なさを一方的に攻めることとなった要因なのであろう。もちろん，だからといって，積極的に合憲判断を下すことが正当化される理由にはならない。積極的な合憲判断は，まさに政治的な動機によって行われていると解されるからである。最高裁判所の積極的な合憲判断は，とくに先にすこし触れた憲法第 9 条と，労働基本権に関する領域で目立っている。著名なのは，国家公務員法上の争議行為に関する刑罰規定を，憲法に適合するように解釈する，いわゆる合憲限定解釈を行っていたのを，「刑罰規定の明確性を失わせる」との理由で覆した，「全農林警職法事件」と呼ばれる事件が注目される。判例変更の理由が説得的ではないことが，少数意見で指摘されているからである。²⁵⁶⁾

3．今後憲法違反の判断は増えるか？

　裁判員制度が導入された影響か，裁判員制度導入以前に比べると無罪判決が倍増しているとの報道がなされている。しかし，本稿で取り上げた判決⑥⑦のような例は，現時点ではあくまで例外にとどまり，今後も詳細な理由付けは付されるが，合憲であるとの判決は多く下されていくことになるであろう。最高裁判所は事実審ではなく，法律審であるから。日本の最高裁判所の司法審査の特徴は，憲法問題を取り上げること自体には積極的で，違憲判断を下すことには消極的であることにある。

　一つの要因として，内閣法制局が政府提出法案についてはあらかじめ，憲法を含む法令との整合性についてチェックをしていることがあげられる。もっとも，内閣法制局が政府提出法案についてチェックをしているからといって，直ちに当該法令が違憲の疑いがなくなるというわけではない。けれども，現在までに法律に対して下されている違憲判決は全て，議員提出の法律であるか，大日本帝国憲法下で制定されていた法律に対して下されている。このことは，日本国憲法制定後の法律について内閣法制局があらかじめチェックしていることが，一定の影響を与えていると分析することを妨げない。けれども，このよう

な指摘は，最高裁判所の判決において，法律が憲法に適合していると判断することの積極的根拠となるとはいえない。ひとつ言えることは，今後も，古い時期に制定され，改正されないまま維持されている法律が違憲と宣告されることはあるであろうが，そうでない法律について違憲判断が下される蓋然性は極めて低いであろうということである。また，行政処分に関する判断については未知数である。

第 5 章　財政民主主義

第 1 節　財政とは

　財政とは，一般に国や地方公共団体が，その任務遂行のために営む経済活動のことである。憲法が財政の章を設けているのは，国が経済的活動をするためには税金を権力的作用の行使として徴収することへの意義がそもそも近代立憲主義当初から問題とされてきたことを想起すれば十分であろう。憲法が納税の義務を定める（第30条）とともに，「あらたに租税を課し，又は現行の租税を変更するには，法律又は法律の定める条件によることを必要とする」（第84条）と規定しているのはこのような意味が込められている（**租税法律主義**）。

第 2 節　財政立憲主義

　日本国憲法は，明治憲法が第 6 章「会計」で規定した内容を第 7 章「財政」で規定する。行政権優位であった「会計」と異なり「財政」の章では国会の権限が強化されている。

1 . 予　算

　予算案は内閣が策定し国会が承認するが（第73条第 5 号・第60条），第86条で改めて「内閣は，毎会計年度の予算を作成し，国会に提出して，その審議を受け議決を経なければならない」ことを規定する。なお予算は「予算総則，歳入歳出予算，継続費，繰越明許費及び国庫債務負担行為」によって構成される（財政法第16条）。そして「財政」の章は冒頭で「国の財政を処理する権限は，国会の議決に基いて，これを行使しなければならない」（第83条）と宣言する。これらの規定は，政府（内閣）は，政策実行のために予算案を策定するが，国民の代表機関であり（第43条），国権の最高機関である（第41条）国会が承認することで初めて予算を使用できることを示している。なお内閣が作

成する予算は国会審議と議決を経る（第86条）というが，ここでいう予算に関する国会の議決が何を意味するかが問題になることがある。すなわち，予算は法律なのかそれとも法律とは異なるものなのかということである。条約も内閣が締結して国会が承認するもので（第73条第3号），条約批准後は原則として法律と同等ないし法律以上の効力をもつものとされるが，条約承認の議決は法律の制定と同義ではない。予算の場合，憲法の用語法は内閣が作成するものは「予算案」であるはずが「予算を作成」する（第73条第5号）としているものの，国会の議決が予算が法的に有効なものとなる条件である。ここで問題となるのが内閣提出の予算に対して国会は修正が可能か，減額増額の修正はいずれも可能か，そして予算に関する議決は諸外国がそうであるように「予算法」であるのか，である。憲法の規定は法律とは異なるものとして予算を規定しているようである。憲法制定直後は予算は行政であり，条約の事後修正がありえないのと同様に，原則として減額修正はありえないとしていたが，実務・学説ともに，現在，予算は法律との不一致も生じうる予算法形式説に立っているとされる。学説の名称が問題なのではなく，要は内閣が政策として実施する法律に根拠をおいた行政を行うために予算の裏付けがない，ということが生じないように実務が行われる必要があるというところに要点があり，財政立憲主義が実質的なものとなるためにも，国会の予算への関与が形式的なものであってはならないということである。憲法が予備費を認めつつも国会の関与について具体的に規定しているのもこの観点から理解できる（第87条）。[259)]

2．決算と財務状況報告

「国の収入支出の決算は，すべて毎年会計検査院がこれを検査し，内閣は，次の年度に，その検査報告とともに，これを国会に提出しなければならない」（第90条第1項）。決算は，一会計年度における国家の現実の収入支出の実績を示す確定的計数を内容とする国会行為の一形式である。「会計検査院の組織及び権限は，法律でこれを定める」（第91条第2項）ものとされる。会計検査院は決算内容の合法性と的確性を法的見地から検査する。国会が政治的見地から議論をするのとは異なり，専門的見解を提示するものであり，検査官会議と事務総局によって組織される（会計検査院法第2条），「内閣に対して独立の地位

を有する」（同法第 1 条）行政機関である。また，「内閣は，国会及び国民に対し，定期に，少なくとも毎年一回，国の**財政状況**について報告しなければならない」（第91条・なお財政法第46条参照）。

3．国の財政決定権への憲法上の制約

憲法第14条が法の下の平等について定めている以上，租税平等主義が要請される。これに加えて憲法は「公金その他の公の財産は，宗教上の組織若しくは団体の使用，便益若しくは維持のため，又は公の支配に属しない慈善，教育若しくは博愛の事業に対し，これを支出し，又はその利用に供してはならない」（第89条）と規定する。この規定は前段と後段がそれぞれ問題となる。

第一に，前段の「宗教上の組織若しくは団体の使用，便益若しくは維持のため」に公金その他公の財産を用いることができないのは**政教分離原則**（第20条）からの要請である。

まず，文化財保護の観点から神社仏閣等の修繕費を援助する（文化財保護法第35条）のは問題がない。また国有地を神社等に譲渡することがあるが，これは明治憲法時代に（かなり強引に）国有化された土地を返還するのが本来の趣旨であって本条とは関係がないとする判例がある。[260]判例は，「宗教上の組織若しくは団体」とは，国家がそういった組織や団体に特権を付与したり，また，それらの使用，便益若しくは維持のため，公金その他の公の財産を支出し又はその利用に供したりすることが，「特定の宗教に対する援助，助長，促進又は圧迫，干渉等になり，憲法上の政教分離原則に反すると解されるもの」すなわち「特定の宗教の信仰，礼拝又は普及等の宗教的活動を行うことを本来の目的とする組織ないし団体を指す」ものとされている。[261]**箕面市戦没者遺族会補助金訴訟最高裁判決**も同様に解している。[262]これらの判決は，遺族会は宗教団体ではないとする。なお政教分離違反の判示をした**空知太神社訴訟最高裁判決**は，神社の氏子集団は「宗教的行事を行うことを主たる目的としている宗教団体であって，寄附を集めて本件神社の祭事を行っており，憲法第89条にいう『宗教上の組織若しくは団体』にあたる」とした。[263]

第二に，後段の「公の支配に属しない**慈善，教育若しくは博愛の事業**」に公金その他公の財産を用いることができないとの規定はなかなか理解しにくい規

定である。沿革的にはアメリカの州憲法に同様の規定があるが，キリスト教が事実上広範な勢力を持ち，かつ宗教的な観点から国家の介入を防ぐ点に重点があった規定であり（**自主性確保説**），日本で同様に解することはできない。教育が何を意味するかについては公式見解があるが[264]，概して言えば「慈善，教育若しくは博愛の事業」はむしろ公共性が高く，「悪い目的ではないのだから」という「美名」に乗じた公費濫用を防ぐことが目的であると解するのが妥当である（**公費乱用防止説**）[265]。

　なお，私学助成が合憲かどうかについては第89条にいう「公の支配」がどういう意味かに依存するが，第25条が福祉国家理念を表明していることからも，緩やかに解しうる[266]。また，地方公共団体が，学校教育法にいう幼稚園には該当しないが，これに類似した事業を行う幼児教室に対して補助金を支出する場合も考えられる。これは，「公の支配」を緩やかに解する上記の立場からすると，一定程度の監督が及んでいれば，許容される余地があろう。

第 6 章　地方自治

第 1 節　歴　史

　明治憲法時代にも，地方自治体はもちろん存在していた。歴史をさかのぼれ
ば，明治維新後，1871年に 3 府302県として藩が再編成され，人口等を考慮し
て1890年には 3 府43県となっている。1901年になってようやく北海道会法・北
海道地方費法が施行されたが，北海道が現在のように府県と同等の地位を有す
るようになったのは，1922年に府県制の規定の大部分が北海道に準用されてか
らである。1929年に府県制改正され，東京都以外についてはほぼ現在と代わり
がない行政区画ができあがった。1943年に戦争遂行との関係で東京都制（東京
府＋東京市）が施行され，終戦を迎える。戦後，1946年に道府県制（府県制・
北海道会法・北海道地方費法を統合）が施行され，これらが地方自治法の元に
なるのである。市町村についていえば，明治憲法下の市制・町村制下の区域
は，江戸時代の町村の区域とほとんどかわらなかったし，憲法施行後地方自治
法は地方自治体の「区域は，従来の区域による」（地方自治法第 5 条第 1 項）
としたので，現在の地方公共団体の区域は原則としては江戸時代から連綿と続
いているものであることがわかる。

第 2 節　地方自治の本旨

　憲法は地方自治の章（第 8 章）で地方自治の原則を宣言する。第92条は「地
方公共団体の組織及び運営に関する事項は，地方自治の本旨に基いて，法律で
これを定める」と規定するが，ここにいう「地方自治の本旨」について直接に
定義づける文言は憲法にない。けれども，第92条に続いて，地方公共団体に議
事機関としての議会をおき，議会の議員，地方公共団体の長などを地方公共団
体の住民が公選する旨を規定する第93条と，地方公共団体が「その財産を管理
し，事務を処理し，及び行政を執行する権能を有し，法律の範囲内で条例を制

定することができる」と規定する第94条が置かれている。この第93条と第94条が第92条に言う地方自治の本旨の内実であると解される。すなわち，地方自治の基本原則（第92条）に続いて，その内実としての地方公共団体の機関に関する規定（第93条）と地方公共団体の権能に関する規定（第94条）が置かれているのであって，地方自治の要素としての住民自治と団体自治がそれぞれ第93条と第94条で規定されていると解される。

　団体自治の確保が住民自治の前提とされる。

　住民自治は，人民自治あるいは政治上の意義における自治ともいわれ，地方の事務処理を，中央政府の指揮監督によるのではなく，当該地域の住民の意思と責任のもとに実施するという原則である。これは民主主義の理念に基づく。第93条第2項は間接民主制ないし代表民主制による住民自治の規定である。

　これに対して団体自治は，法的意味の自治ともいわれる。国家の中に国家から独立した団体が存在し，この団体がその事務を自己の意思と責任において処理することを意味する。憲法は章の表題としては地方自治を用い，第93条〜第95条では地方公共団体の語を用いる。憲法規定からその相互関係は必ずしも明らかにはならない。地方公共団体によっておこなわれる地方政治を地方自治と称しているのであろう，という程度が限界である。

第3節　日本国憲法が地方自治を規定した意味

　このこととの関連で問題になるのが，憲法が「地方自治」を保障したことの意味である。地方自治は，先にも触れたように，日本国憲法が制定されて始めて，日本の憲法典に取り入れられた。そのため，地方自治体の持つ権限について，それが中央政府により与えられたものであるか，本来的に自然発生的に生じたものであるか，あるいは憲法典によって初めて保障されたものであるか，という理論的な問題（実際には憲法第8章の解釈問題）が生じた。[267][268][269][270]

　このような理論的な争いは一見すると生産的ではないけれども，憲法規定の解釈の仕方によっては，たとえば道州制の導入が可能であるか否か，都道府県と市町村の二段階に普通地方公共団体が区分されていることは憲法の要請であるか，といった問題に対する結論が異なることになる。日本の歴史を顧みれば，伝来説や固有権説には疑問があり，そのために，制度的保障説が通説とさ

れる。もっとも，憲法に規定がおかれたことによる地方自治という制度の保障，という制度的保障説は，本来の「制度的保障」という概念からすると不適切な用語法であるとの批判がある。ここでは，憲法で地方自治に関して定められた具体的内容が，地方自治体の住民に保障されることが核心であることが看取されれば足りる。

第4節　第95条の意味

第95条は「一の地方公共団体のみに適用される特別法は，法律の定めるところにより，その地方公共団体の住民の投票においてその過半数の同意を得なければ，国会は，これを制定することができない」と規定する。しかしながら，この地方自治特別法は，現在までに15本のみが制定されているだけであって（1951年が最後），ほとんど使われていない。2001年11月30日に那覇地方裁判所で下された判決において原告が，沖縄のみに実際問題として適用される駐留米軍用地特別措置法改正法は，第95条の言う地方自治特別法に当たると主張していたのが注目される。なお，都制に伴う特別区の定めについては，第95条にいう地方自治特別法に該当しないとの判決がある。

第5節　地方自治法の法源

最後に地方自治を考える上で，地方自治法は欠かせないが，実際に「地方自治」に関する法を考察しようとすれば，憲法，地方自治法だけでなく，地方公共団体の組織に関して，「地方教育行政の組織及び運営に関する法律」「警察法」「消防組織法」「水防法」が，地方議会の解散について「地方公共団体の議会の解散に関する特例法」が，公務員に関して「地方公務員法」や「地方公務員災害補償法」「地方公務員等共済組合法」が，財政・税制に関しては「地方財政法」「地方交付税法」「地方財政再建促進特別措置法」「固有資産等所在市町村交付金及び納付金に関する法律」「地方税法」が，といった多くの法律がその法源となり，それだけでなく地方公共団体の議会が制定する条例や地方公共団体の長および委員会が制定する規則，これらに加えて，不文源として，慣習法，判例法，条理も対象となる。なお慣習法に関連して，「旧来の慣行」による公有財産の使用権について地方自治法第238条の6第1項は「旧来の慣

行により市町村の住民中特に公有財産を使用する権利を有する者があるとき
は，その旧慣による。その旧慣を変更し，又は廃止しようとするときは，市町
村の議会の議決を経なければならない」と規定していることは注目される。

第 7 章　憲法の変動[278]

第 1 節　憲法制定権力という考え方

1．国民主権と民主主義

　国民主権が，国民が国の政治を最終的に決めることを指す原理であるとすると，民主主義との関係はどうなっているのか，疑問に思わないだろうか。実際に，国民主権というのは，論者の望むものを盛り込もうと思えばいくらでも盛り込める，大鉈のようなものであるから，憲法を解釈するための「道具」としては用いるべきではないという主張がある。[279]

　国民主権は憲法を制定するときには，憲法を作る力＝主権として問題となるが，いったん制定された後は，国民主権を具体化する民主主義の諸制度を問題とすれば足りるはずで，現にアメリカ合衆国憲法の解釈において国民主権はまず持ち出されないではないか，という説（**松井**）も一理あるといえよう。

　しかし上の考え方も，国民主権にいう「主権」を，国民が憲法を作る力＝憲法制定権力と解釈している。この点に問題はないのだろうか。論点を絞って以下検討してみよう。

2．国民主権＝憲法制定権力？

　日本ではフランス人権宣言以来のフランスにおける国民主権に関する論争を参考に，1970年代には，フランス憲法における主権原理に示唆された主権論争が再燃した。[280] この論争は，ルソー，アベ・シェイエス（Abbé Sieyès, 1748-1836）[281]，[282] 1789年フランス人権宣言，1791年フランス憲法，1793年フランス憲法の「国民主権」概念を考察の基礎においた，杉原泰雄（一橋大学名誉教授）と樋口陽一（東京大学名誉教授）との論争であった。フランス1958年憲法前文で言及されている，1789年 8 月26日フランス人権宣言は，「国民とは，相互に平等な個人のみからなる」という考え方を示し，フランス1791年 9 月 3 日憲

法は「国民とは，全国籍保持者の統一団体である」という「国民（ナシオン
nation）主権」を規定したのに対し，フランス1793年6月24日憲法（モンタ
ニャール＝ジャコバン憲法）は，国民主権に言う国民とは有権者の総体である
という「人民（プープル pouple）主権」を規定した。このような理解から，
日本国憲法の定める国民主権理解についての論争が行われた。このような抽象
的概念論争は，実際には憲法解釈に重要な帰結を与える可能性も秘めた大変重
要なものであるが，ここではそういう論争があって，国民主権というのは議論
が多い概念であるということがなんとなくわかればそれでよい。

　国民主権には権力的契機と正当化契機があると考えられている。これが問題
になるのは，国民主権をどのように解するか，という政治状況に対する憲法の
規範力を考える場面であり，特に憲法改正問題と関連する。憲法改正問題と憲
法制定権力の関係については後に検討する（⇒本章第3節）ので，ここではそ
れ以外の点についてのみ考えよう。

　国民主権の権力的契機は，カール・シュミット（Carl Schmitt, 1888-
1985）がシェイエスの議論に基づいて主張した「憲法制定権力」こそが，国民
主権にいう「主権」の意味であるとの主張である（⇒本章第3節）。このよう
な解釈をとる場合，憲法改正権は憲法制定権力の具体化であると主張される。
これに対して国民主権の正当化契機は，民主主義の実質化（充実）を要請する
ものであると解される。この両者の関係については，二つの有力な考え方が存
在する。上記のフランス憲法を参照した国民主権の解釈論争の中で主張された
ものである。

① 憲法制定権力としての主権は，憲法が一旦制定されたら凍結され，憲法の存在を正当
　化するものとしてのみ機能する。代表制民主主義が原則であるとする（樋口陽一）。
② 主権は，具体的には有権者の統治権として現れる。直接民主主義が原則であるとし
　て，国会議員のリコールを認める（杉原泰雄）。

国民主権に関する有力説（芦部）は，これらの折衷説として理解できる。[283)]

3．根本規範と憲法制定権力—憲法制定権力概念は必要か？

　憲法制定権力論概念は，つきつめて考えればケルゼンの根本規範論と同様無用な仮説概念であり，不用であるとの批判がある（菅野喜八郎・長谷部）。現在安定して通用している憲法を，有効な憲法であるとして前提すれば足りるというのである。これは，憲法の法的正当化は無意味である，という主張として理解できる。シュミットは本来政治的な範疇に属する，憲法にまつわる事柄を憲法論に持ち込んだ，と言われるが，憲法の改正については別として，憲法の制定について憲法学の対象とすべきかどうかは改めて考える必要がある（⇒本章第 3 節）。

第 2 節　明治憲法と日本国憲法

　明治憲法と現行憲法の制定時の議論を比較してみると，実は両方とも，一般国民が「主導」したとはとうていいえない。ラフな言い方をすれば，明治憲法も日本国憲法も「上から作られた」ものだと言ってもよいかもしれない。とはいえ，もちろん基本原理からなにから大きく異なる二つの憲法にはやはりその制定過程に違いがある。明治憲法では民間からの意見はほとんど取り入れられなかった。制定史の参考資料としては枢密院の審議録が一番役に立つ。実際1888年に制定された枢密院官制第 6 条は次のように規定している。

枢密院ハ左ノ事項ニ付諮詢ヲ待テ會議ヲ開キ意見ヲ上奏ス
　　　一　　皇室典範及皇室令ニ於テ枢密院ノ権限ニ属セシメタル事項並ニ特ニ諮詢セラレタル皇室令
　　　二　　帝國憲法ノ条項ニ関スル草案及疑義
　　　三　　帝國憲法ニ附属スル法律及勅令
　　　四　　枢密院ノ官制及事務規程ノ改正
　　　五　　帝國憲法第 8 条及第70条ノ勅令
　　　六　　國際条約ノ締結
　　　七　　帝國憲法第14条ノ戒厳ノ宣告
　　　八　　教育ニ關スル重要ノ勅令
　　　九　　行政各部ノ官制其ノ他ノ官規ニ關スル勅令
　　　十　　栄典及恩赦ノ基礎ニ關スル勅令
　　　十一　前各号ニ掲ゲタルモノノ外特ニ諮詢セラレタル事項

　これに対して，日本国憲法も，たしかにその基本枠組みがGHQのマッカーサーによって作成されたことは事実である。けれども，最後の帝国議会では男女平等の普通選挙がおこなわれ（1945年12月），憲法制定時には，社会権（とくに第25条），天皇の位置づけ，違憲立法審査権について，衆議院で出された修正意見が限定されたものとはいえ反映されたことが明らかになっている。

　日本国憲法は，明治憲法の改正憲法ということになっているが，内容的には章立てはともかくかなり異なるようにみえる。形式的には明治憲法第73条の改正規定に従って審議が行われた。同条は「將來此ノ憲法ノ條項ヲ改正スルノ必要アルトキハ勅命ヲ以テ議案ヲ帝國議會ノ議ニ付スヘシ」（第1項）「此ノ場合ニ於テ兩議員ハ各々其ノ總員3分ノ2以上出席スルニ非サレハ議事ヲ開クコトヲ得ス出席議員3分ノ2以上ノ多數ヲ得ルニ非サレハ改正ノ議決ヲ爲スコトヲ得ス」（第2項）と規定していた。

　欽定憲法の建前をとっていた明治憲法について，天皇が勅命を以て出した改正案に対し，議会が修正権をもっているかについては，明治憲法の解釈としては疑義も呈されたが，実際には衆議院が主体となって修正も行われた上で，明治憲法の手続きに従って「朕は，日本國民の總意に基いて，新日本建設の礎が，定まるに至つたことを，深くよろこび，樞密顧問の諮詢及び帝國憲法第73条による帝國議會の議決を経た帝國憲法の改正を裁可し，ここにこれを公布せしめる」（日本国憲法上諭）ものとして，「日本国憲法」が公布されたのである。けれども前述のように，あまりにも内容が異なるために，日本国憲法は新たに「制定」された憲法だという主張も有力である。では制定と改正は，どう異なるのか。こういった点を，少し抽象的になるけれども考えておこう。

第3節　憲法の制定と改正

1．憲法制定とはいかなる「法現象」なのか

　憲法学説としては，憲法の制定と改正を区別しない憲法改正無限解説が存在する。日本国憲法はあきらかにこの無限解説にたって制定されており，あくまで明治憲法の改正憲法という位置づけが有権解釈であるといえる（憲法に附された上諭は天皇が帝国憲法の改正憲法として日本国憲法を公布すると述べてい

る）。他方で，憲法学説上は，憲法改正には限界があるという説が有力である。

　制定と改正に理論的限界があるかどうかについては諸説あるが，改正に限界があるという主張が，現実にその主張者がいうところの限界を超えた改正に対して有効であるかというと，悲観的な結論しか出てこない。ただ，憲法論的なアプローチだけではかなり弱々しい結論しか出てこないけれども，政治的というか，市民運動として何が出来るかというアプローチも同時に考慮しなければ，生産的議論にならない。改憲論議の中で，最近唱えられていることが，はたして新規なことか，昔から唱えられていることかを明確にしていく必要がある。

　ドイツで（正確には主としてオーストリア，晩年はアメリカで活動した）ケルゼンは純粋法学の見地から次のように述べている。すべての規範はさかのぼると，歴史的に最初の憲法に至る。その最初の憲法の規範的根拠は，〈憲法は守らなければならない〉という意識があるからである。言い換えると，法律とはそういう仮設的な想像の産物（根本規範）にすぎない，ということで，自然法論を退けるための議論である。自然法論は人権の根拠として主張されるものである。これに対する批判として，ケルゼンの議論は肯定的にとらえつつも，逆に，ケルゼンの議論からは，何が憲法改正の限界となるのかという一義的な結論が出てこないという問題がある。

　論理的にはケルゼンのいう根本規範論と同様の問題があるとの指摘もあるが，日本の憲法学説に多大の影響を与えた学説として，憲法制定は国民が集まって，決断するから意味を持つ，というカール・シュミットの（いわゆる）決断主義がある。シェイエス由来の憲法制定権力論概念を用いる学説である。

　ケルゼンの根本規範論は結局歴史的に最初の憲法がその後の憲法の効力根拠ということになるのではないかという批判がある。しかしシュミットの憲法制定権力論にも，「そうすると，最初の憲法は改正できない」という反論に説得力を持って対処できないなど，問題がある。[284]

　要するに，既存の憲法を，全く作り替えてしまうような憲法「改正」であっても，結局有効なものとして通用することになるのであって，改正の限界をいうのは困難ではないか

　というのである。

２．憲法改正はそもそも法学的に考慮することができるのか

（１）憲法改正に関する法理論

　１．でみたケルゼンおよびシュミットの議論は，まがりなりにも憲法改正を法現象とみている。けれども，これに対して，そもそも法的考察の埒外なのではないかという観点から論を進めていると見られる学説が存在する。スイスのブルクハルト（Walther Bruckhardt, 1871-1939）は，憲法テキストの改正は，実行された革命の正当化にすぎない，と主張する。これが現在蘇っていると思えるのが，アメリカのアッカーマン（Bruce Ackerman, 1943-）の主張である。それは，憲法の枠内で政治を行うのが通常政治で，革命を伴うかもしれないが，革命を起こさないようにするのが憲法政治である，その憲法政治にかなうところで，憲法改正が出てくる，という考えである。これを受けて，シュトラウス（David A. Strauss）は，憲法テキストの改正はやはり大して意味がない。実行を慣行として定着して始めて憲法テキストの改正は意味があるけれども，憲法テキストの改定が実現する頃にはもうその慣行は出来上がっているのだ。変えて意味があるのは，せいぜい市民や政権担当者の自己満足である，とした。

（２）第96条の法意

　第96条第１項は「この憲法の改正は，各議院の総議員の３分の２以上の賛成で，国会が，これを発議し，国民に提案してその承認を経なければならない。この承認には，特別の国民投票又は国会の定める選挙の際行はれる投票において，その過半数の賛成を必要とする」と規定する。第96条は憲法改正について国民投票で過半数の賛成を得ることを要請している。本章第４節で概観するように，自民党の憲法改正案が，憲法改正の衆議院及び参議院による発議要件を３分の２から過半数へと改正しようとしている。すでに，国会は，必要があると認めるときは，議決により法律案を国民投票に付することができる，という仮想法律を例に検討したように，このような改正が可能であるとすると，法律の制定や改正手続に国民投票を導入することは合理的であるということになりかねない。繰り返しになるが，国民投票の過半数というのは決して容易な要件

ではないからそのような危惧は為にする議論であるとの反論も考えられるけれ
ども，フランス第5共和制憲法が，第4共和制憲法の改正手続を無視して直接
の国民投票によって成立したことを想起するのは有用であろう。

3．憲法改正問題への学問的取り組みと市民の取り組み

　以上から明らかなことは，日本国憲法の解釈として，法的限界があるという
ことはできるが，実際に成立した改正を無効であると主張することは，実は難
しいということである。

　従来の憲法改正限界論のうち有力であるのは，憲法の条文を，体系性を持っ
て読み取ろうとするならば，改正規定は他の憲法条文より高度の基本性を持つ
規範であるとする考え方に立ちつつ，憲法制定権力と憲法改正権限の峻別を図
る説である。日本国憲法の解釈学説としてはこの考え方が穏当であろう。いず
れの説に立つにせよ，市民が市民生活の実感から運動として反対することある
いは賛成することはありうる。この点，ケルゼンが法的には限界をいうことは
実際上困難であると考えていたことは参考になるであろう。

第4節　憲法改正案（改憲案）の特徴

　憲法改正論議の歴史の中で，各時代は，次のように特徴づけられる。
　1955～64年は，天皇制論と，9条2項の削除，改正要件の緩和，国民投票規
定の削除が主張された。この時期の改憲案は，今でもほぼ同様に主張される。
これに対して，1965～80年は，自民党案が出されただけである。経済的に安定
していた時期には，改憲提案があまりないようである。1981～90年は，多くの
個人が改憲提案をし始めた時期であり，解釈改憲が進展した。そして，1990年
～現在は，天皇が君主であるとか，人権を制限するのが当然であるというよう
な復古的論調が後退し，新しい人権が重要だという議論が唱えられた。しかし
個人情報保護とか，環境権に反対していた人たちが，この新しい人権論を唱え
始めた。他方，近年自民党の改憲案は天皇を元首と明記する規定が復活し，ま
た96条のみを改訂して憲法改正の発議のハードルを下げるべしとの提案が強力
に主張されている。すなわち，改正のための衆参両院による発議要件を3分の
2から過半数へと改訂しようとの主張が政治的争点としてクローズアップされ

ているのである。さらに，近年の改憲案で特徴的である環境権が重要であると主張する人は，同時に，家族の条項を入れようとする。家族とは何かというと，そこに伝統的（ただし明治以来だけの「伝統」）な家族が入ってくる。結局，憲法を改正すること自体がいかなる意味を持つのかを考えず，施政者がやりたいことをやれない元凶をすべて憲法に求めたり，自己の道徳観に合わない社会状況を憲法が原因であると主張したりするような，非合理的な思考が改正案を支配していることには変わりが無い。いずれ憲法改正が現実の政治日程に上ってきたときに，このような冷静な思考こそが求められることになるはずである。

第2部　註

1）　佐々木潤一「憲法総論の再検討」『大阪産業大学論集　人文・社会科学篇』第12号（2011年6月）130頁（原注は省略した。通説判例についての定義は同稿の註2）参照）［本書第1部］。なお，同稿と同様，以下の諸文献における議論を踏まえ，最高裁判所の主要判例は可能な限り言及するよう努めた。引用の際は，たとえば，**佐々木**4頁という形で引用したが，概括的に，著者名を示すのみにとどめた場合もある。**佐々木惣一**『改訂日本国憲法論』（有斐閣，1952年），**美濃部達吉**著・宮澤俊義補訂『日本國憲法原論』（有斐閣，1952年），**清宮四郎**『憲法 I 〔第3版〕』（有斐閣，1979年），**宮澤俊義**『憲法 II 〔新版〕』（有斐閣，1972年），宮澤著・芦部信喜補訂『全訂日本国憲法』（日本評論社，1978年）［**宮澤註釈**］，芦部著・高橋和之補訂『憲法〔第4版〕』（岩波書店，2009年），佐藤幸治『憲法〔第3版〕』（青林書院，1995年）［**佐藤（幸）**］，**中川剛**『基本的人権の考え方』（有斐閣，1991年）の他，近年の有力説である，**長谷部**恭男『憲法　第4版』（新世社，2008年），**松井茂記**『憲法〔第3版〕』（有斐閣，2007年），渋谷秀樹『憲法』（有斐閣，2007年）などのそれぞれ特色ある体系書についても可能な限り言及した。なお，講義案という性格上，**重要語句及び重要な人物名をゴチック**で示している。

2）　本書第1部第2章（18頁）参照。

3）　「総意」を単なる多数決と見るのは問題であるが，国民の意識が天皇を象徴と認識しないようになれば日本国憲法第1条が意味を失うのは間違いない。

4）　イギリスの1931年ウェストミンスター法前文が「王位（Crown）は，英連邦の構成国の自由な結合の象徴であり，これらの構成国は国王に対する共通の忠誠によって統合されている」と述べ，1978年スペイン憲法第56条が「国王は，国の元首であり，国の統一及び永続性の象徴である」と定めている例はある。スペイン憲法の例は明治憲法と日本国憲法の中間的規定と言いうる。

5）　このように解すべきとまではいえないが，ここでは，世襲によってその地位に就く

点で憲法第14条にいう「門地」による区別を憲法自らが認めているのであって，そのような国家機関は通例君主と称されるという比較憲法的な認識を述べているに過ぎない。ただしこのように解することは，現在外務省によって行われている，天皇を元首として遇する慣行が憲法上当然に要請されることを意味しない。

6 ）　最二小判平成元（1989）年11月20日民集43巻10号1160頁。判例の略称については広く行われている方式に従っているが，比較憲法的考察が含まれる関係で西暦を併記している。

7 ）　日本国憲法下で即位する天皇は即位当初から象徴であるから，必ずしも昭和天皇と「同じ」問題があるわけではない。

8 ）　確かに，条文の不備というだけでは 7 条説の正当化として不十分であるという批判は重要である。けれども，憲法第 7 条が「国会議員の総選挙」という本来あり得ない事態を天皇の国事行為として規定していることは明らかな条文の不備であると言わざるを得ない。そもそもマッカーサー草案が一院制をとっていたことの名残である規定であって，国会に関する憲法の条文は，文言の文理解釈だけでは不十分である。本文で「条文の不備」というのは，このような思考を前提している。なお，イギリスで発達し，ニュージーランドやオーストラリアで，成文憲法典ないし憲法的法律で国家構造を定めていながら明文では規定が置かれていない諸国の議院内閣制は不文の慣習が重視されている。成文の規定が置かれている国であっても，不文の慣習，憲法習律が大きな役割を果たすことがあり得る。このような観点が第 7 条及び第69条の解釈に当たって重視されるべきであると解される。

9 ）　ただし，2011年になってイギリスでは庶民院議員の任期を原則 5 年に固定する The Fixed-term Parliaments Act 2011が成立した。その結果，日本の内閣は世界でも希な「自由な」議会の解散権を有する行政機関となった。このことは，憲法第 7 条と第69条の関係を再考する契機となるであろうが，ここではこれ以上立ち入らない。なお同法については，小松浩「イギリス連立政権と解散権制限立法の成立」『立命館法学』341号（2012年 1 号）1-19頁を参照。

10）　ここではこれ以上立ち入らない（**清宮**191-198頁参照）。

11）　以下は，モンテスキュー著（野田良之・稲本洋之助・上原行雄・田中治男・三辺博之・横田地弘訳）『法の精神　上』（岩波書店，1989年）291-292頁より引用した。

12）　議院内閣制の簡潔な基本文献は，深瀬忠一「議院内閣制」『法学教室（第一期）』第三号96-97頁である。以下は同論文に依拠してまとめている（特に註を付していない引用は全て本論文より）。なお関連する研究文献として次のものがある。以下でも直接の引用はしていないが，執筆に際して参照した（著者名50音順で挙げておく）。芦部信喜『憲法と議会政』（東京大学出版会，1971年）；鵜飼信成『憲法における象徴と代表』（岩波書店，1977年）；清宮四郎『権力分立制の研究』（有斐閣，1950年）；小嶋和司『憲法と政治機構』（木鐸社，1988年）；高橋和之『国民内閣制の理念と運用』（有斐閣，1994

年）；宮澤俊義『憲法と政治制度』（岩波書店，1968年）。

13)　浅井清『国会概説』（有斐閣，1948年）。

14)　宮澤俊義『日本國憲法』〈法律学体系コンメンタール〉（日本評論社，1971年）326頁。
　　一般に芦部信喜補訂の全訂版に言及されるが，ここでは初版から引用した。宮澤自身の
　　見解であることを示すためである。

15)　ハンス・ケルゼン著，清宮四郎訳『一般国家学』（岩波書店，1972年）。

16)　当然のことではあるが，委任の趣旨，目的，内容，限界を定めていない法律は違憲
　　であるとした判例がある（最大判昭和27（1952）年12月24日刑集 6 巻11号1346頁）。

17)　芦部281頁。

18)　野中俊彦・中村睦男・高橋和之・高見勝利『憲法 II〔第 4 版〕』（有斐閣，2006年）
　　202頁（高橋執筆）。

19)　第 4 条第 2 項，第 7 条第 5 号，第 7 条第 8 号，第10条，第17条，第24条，第26条第
　　1 項，第26条第 2 項，第27条第 2 項，第29条第 2 項，第30条，第31条，第40条，第43条
　　第 2 項，第44条，第47条，第49条，第50条，第59条第 3 項，第60条第 2 項，第64条第 2
　　項，第66条第 1 項，第67条第 2 項，第73条第 4 号，第73条第 6 号，第76条第 1 項，第76
　　条第 3 項，第79条第 1 項，第79条第 4 項，第79条第 5 項，第80条第 1 項，第84条，第90
　　条第 2 項，第92条，第93条第 1 項，第93条第 2 項，第94条，第95条，第102条，第103条。
　　佐々木265-278頁参照。もちろんこれは項目立ての仕方によって変わりうる。例えば清
　　宮424-426頁参照。

20)　新正幸（あたらし・まさゆき）『憲法と立法過程　立法過程法学序説』（木鐸社，
　　1988年）239頁。本文でドイツ語の Rechtssatz を併記したのは，日本においてドイツ憲
　　法学・国法学における Rechtssatz 概念に基づいて「法規」概念が議論されてきたこと
　　を示している。

21)　ただし判例としては，刑事訴訟についても民事訴訟についても，法律が最高裁判所
　　規則よりも強い効力をもって規律できることを認めている（最大判昭和30（1955）年 4
　　月22日刑集 9 巻 5 号911頁，最大判昭和33（1958）年 7 月10日民集12巻11号1747頁）
　　ため，実務上は，最高裁の規則制定権は，法律の細則制定権にすぎないものとなっている
　　（早川武夫「最高裁判所規則と法律との関係」小嶋和司編『憲法の争点〔新版〕（法律学
　　の争点シリーズ）』（有斐閣，1985年）参照）。

22)　佐藤潤一編著『基礎からの公法入門　地方自治法』（敬文堂，2008年）51頁（佐藤執
　　筆部分）参照。

23)　佐々木270-271頁，288頁，292-293頁。佐々木惣一『憲法学論文選　一』（有斐閣，
　　1956年）179頁。ただし佐々木説は憲法第72条「議案」に解釈上法律案を含めるのは無
　　理であるというのが直接の主張である。第72条は内閣総理大臣の権限規定であるが，同
　　規定の「議案」に法律案が含まれるという解釈（佐藤功『憲法　下〔新版〕〈ポケット
　　注釈全書〉』（有斐閣，1984年）870頁）よりは第73条第 1 号「国務を総理すること」に

根拠を求めるべきものと解される。

24）　尾吹善人『日本憲法—学説と判例—』（木鐸社，1990年）128-130頁。

25）　本書第1部「憲法総論の再検討」第1章第2節参照。

26）　本書第1部「憲法総論の再検討」第1章第4節参照。

27）　期限付逮捕許諾請求が許されるかにつき，東京地方裁判所昭和29（1954）年3月6日判決（判例時報22号3頁）は消極に解する。

28）　「国会議員に……〔議院における発言について〕広範な裁量が認められるのは，その職権の行使を十全ならしめるという要請に基づくものであるから，職務とは無関係に個別の国民の権利を侵害することを目的とするような行為が許されないことはもちろんであり，また，あえて虚偽の事実を摘示して個別の国民の名誉を毀損するような行為は，国会議員の裁量に属する正当な職務行為とはいえない」（最三小判平成9（1997）年9月9日民集51巻8号3850頁・病院長自殺国賠訴訟）という判決がある。妥当な解釈であろう。なお，職務行為に付随する行為に暴力行為が含まれないことは当然である（東京地方裁判所昭和37（1962）年1月22日判決・判例時報297号7頁・第1次国会乱闘事件，東京地方裁判所昭和41（1966）年1月21日判決・判例時報444号19頁；東京高等裁判所昭和44（1969）年12月17日判決・高刑集22巻6号924頁・第2次国会乱闘事件参照）。

29）　本稿「問題の所在」で言及した杉原泰雄『憲法Ⅰ　憲法総論』（有斐閣，1987年）及び同『憲法Ⅱ統治の機構』（有斐閣，1989年）がその嚆矢である。

30）　イギリスや明治憲法時代の日本のように貴族院が存在するか，アメリカやドイツ，オーストラリアのように上院などが連邦制に特有の州代表，あるいはドイツのようにラント代表という特色を持つ場合には，議会の専制防止，下院と政府の衝突防止も目的に挙げられることがある。もっともこれらの国家においても両院の差はなくなりつつあり，本文で述べた目的で十分であるとも思われる。

31）　最大判平成11（1999）年11月10日民集53巻8号1577頁，1704頁。

32）　最大判平成11（1999）年11月10日民集53巻8号1704頁。この結論に正面から反対する意見を5人の裁判官が表明していることは重要である。

33）　代表的なものとしては田中二郎説がある。同説は，行政とは「法の下に法の規制を受けながら，現実具体的に国家目的の積極的実現をめざして行われる全体として統一性をもった継続的な形成的国家活動」である〔田中二郎『新版行政法　上巻全訂第二版』（弘文堂，1974年）5-6頁〕と定義している。

34）　簡潔に内閣＝執政府説を説くのは，阪本昌成『憲法1──国制クラシック（全訂第3版）』（有信堂高文社，2011年）である。

35）　本書第1部「憲法総論の再検討」第3章第3節参照。第66条第2項を根拠に自衛隊の合憲性を主張する見解は，解釈として成り立ちがたい。正面から9条の解釈として論ずべきである。

36）　ここでいう「議案」に法律案が含まれるかという問題については第3章第1節3で

内閣法第5条と最高裁判所規則について検討したところを参照。

37) **宮澤註釈**560頁は73条1号「國務ヲ總理スル」の解釈として「内閣が行政事務を統轄するとする趣旨を重ねて規定したものと解するよりほかはないが，そう解するとして，『国務を総理する』という表現は，立法技術上から見て，拙劣と評される可能性があるようである」と述べる。この解釈はむしろ73条1号の国務には，2号以下に列挙されたものが含まれないものとする前提があるようにも思われるが，そもそも，73条が，通常，政治作用ないし執政作用とされるものを「事務」と総称していることに問題があると解される。

38) 国事行為については第2部第1章第2節参照。

39) 最近の体系書では，たとえば辻村みよ子『憲法　第4版』（日本評論社，2012年）は次のように整理している。「…条約の締結は，当事国の署名によって成立するものと，批准により成立するものがあるため，いずれも，これらの成立時期（署名または批准）を基準にして，事前もしくは事後に，国会の承認を得ることが条件づけられている。したがって，国会の事後の承認が得られなかった場合には，条約は遡及的に無効となると解するのが妥当である。学説には，条約の国内法上の効力と国際法上の効力とを区別し，前者に瑕疵があった場合にも国際法の安定のために後者は有効であるとする有効説もあるが，妥当ではない。条約に国会の承認を要することは憲法上の要件であって相手国も承知しており，国際法の安定のために憲法の要請に反することは認められないからである」。「また，国会の承認に際して条約の内容に修正を加えることができるか否かについても，解釈が分かれている。憲法61条が両院協議会の手続きを定めていることからすれば，両院の見解が異なる場合に協議して妥協の道を探る可能性が示唆されるが，この点のみから条約修正の可否を論じることは妥当ではない。技術的な修正や訳文等の修正ではなく実質的な内容が問題になる場合には，条約の承認が拒否されたものとして，審議の慎重を期すことが望ましく，その意味でも，国会承認に際しての実質的修正は原則として否定される」（同書432-433頁）。筆者は基本的にこの見解に同意する。

40) 本稿は，例外的にこのような項目を置く尾吹善人『基礎憲法』（東京法経学院出版，1978年）及び同『憲法教科書』（木鐸社，1993年）に示唆を受けた。

41) 内閣による衆議院の解散も，国会に対する内閣の連帯責任に関する問題であるからこの項目で扱うべき内容であるが，第1章「天皇の国事行為」に関する項及び第3章冒頭で，既に扱ったので，ここでは省略する。なお，参議院の緊急集会の制度（54条2項）は，内閣の防衛に関する職務をどう理解するかと密接に関わる。

42) ここで挙げた図において（　）内の算用数字は憲法の条文，○で囲んだ数字は条文に置かれた号の数字，ローマ数字（Ⅰ，Ⅱ…）は項を示している。

43) 2022年1月現在。国家行政組織法別表などに基づいて作成。詳細な組織図は，内閣官房のサイト内にある，〈https://www.cas.go.jp/jp/gaiyou/jimu/jinjikyoku/satei_01_05.html〉から見ることができる。

44) 旭川地判昭和43（1968）年 3 月25日下刑集10巻 3 号293頁。郵便職員のような「機械
　的労務に携わる現業の国家公務員」が，勤務時間外に，職務を利用することなく行った
　行為（自己の支持する政党の候補者のポスターを貼る行為）に対して刑事罰を適用する
　ことは必要最小限度の制約（LRA［least restrictive alternative］の基準）ではないと
　判示した。審査基準それ自体については，第 4 章で検討する他，人権に関する別稿で検
　討したい。

45) 札幌高裁昭和44（1969）年 6 月24日判時560号30頁。 1 審判決を支持。

46) 最大判昭和49（1974）年11月 6 日刑集28巻 9 号393頁。最高裁は，概ね次のように判
　示している。「行政の中立的運営が確保され，これに対する国民の信頼が維持されるこ
　とは，憲法の要請にかなうものであり，公務員の政治的中立性が維持されることは，国
　民全体の重要な利益にほかならないというべきである。したがって，公務員の政治的
　中立性を損うおそれのある公務員の政治的行為を禁止することは，それが合理的で必要
　やむをえない限度にとどまるものである限り，憲法の許容するところである」。「国公法
　102条 1 項及び規則による公務員に対する政治的行為の禁止が右の合理的で必要やむを
　えない限度にとどまるものか否かを判断するにあたつては，禁止の目的，この目的と禁
　止される政治的行為との関連性，政治的行為を禁止することにより得られる利益と禁止
　することにより失われる利益との均衡の 3 点から検討することが必要である」。「…本件
　で問題とされている［人事院］規則 5 項 3 号， 6 項13号の政治的行為をみると，その行
　為は，特定の政党を支持する政治的目的を有する文書を掲示し又は配布する行為であつ
　て，政治的偏向の強い行動類型に属するものにほかならず，政治的行為の中でも，公務
　員の政治的中立性の維持を損うおそれが強いと認められるものであり，政治的行為の禁
　止目的との間に合理的な関連性をもつ」。「その行為の禁止は，もとよりそれに内包され
　る意見表明そのものの制約をねらいとしたものではなく，行動のもたらす弊害の防止を
　ねらいとしたものであつて，国民全体の共同利益を擁護するためのものであるから，そ
　の禁止により得られる利益とこれにより失われる利益との間に均衡を失するところがあ
　るものとは，認められない。したがって，国公法102条 1 項及び規則 5 項 3 号， 6 項13
　号は，合理的で必要やむをえない限度を超えるものとは認められず，憲法21条に違反す
　るものということはできない」。ここで見られるように，主たる争点が憲法第21条第 1
　項で保障される「表現の自由」とのかかわりであるが，同時に，委任立法の問題を引き
　起こしていることが明らかである。表現の自由とのかかわりについては別稿で検討する
　こととし，本稿では，委任立法の問題点についてのみ，検討することにする。

47) 国公法第110条第 1 項第19号は，［国家公務員法］「第102条第 1 項に規定する政治的
　行為の制限に違反した者」に対して「 3 年以下の懲役又は100万円以下の罰金に処する」
　と規定する。

48) 尾吹註40前掲『憲法教科書』225頁。

49) 愛国公党に始まる，明治憲法制定以前からの政党（自由党・立憲改進党・立憲帝政

党）に対して，憲法制定当初，政府が超然主義の方針を打ち出したのは，このような状況を反映しているといえよう。

50)　最大判平成16（2004）年 1 月 1 日民集58巻 1 号 1 頁。

51)　最大判昭和45（1970）年 6 月24日民集24巻 6 号625頁。「憲法の定める議会制民主主義は政党を無視しては到底その円滑な運用を期待することはできないのであるから，憲法は，政党の存在を当然に予定している」との言及がある。

52)　最三小判平成 8 （1996）年 3 月19日民集50巻 3 号615頁。

53)　政治献金と法人との関係が問題となったこれらの判決については，佐藤註 1 前掲「憲法総論の再検討」（本書第 1 部）第 3 章第 4 節 3 参照。

54)　昭和23（1948）年 7 月29日法律第194号。1975年に，当初の「政党」の定義を「政治団体」についての定義に変え（昭和50年法律第64号），政治団体のうちで，①直近の衆議院議員の総選挙で自治大臣の確認書交付を受けたもの，②直近の参議院議員通常選挙で，やはり自治大臣の確認書交付を受けたもの，③政治団体に属していない衆議院議員または参議院議員が 5 人以上所属しているもの，いずれかに当たるもののみを「政党」とした。さらに，1994年に現在の定義に改正されたのである（平成 6 年法律第 4 号）。この改正は政党助成法（平成 6 年法律第 5 号）の成立と連動した措置である。なお国会法で政党や政治団体とも区別されるものとして「会派」について規定している（国会法第46条第 1 項）。

55)　最三小判平成 8 （1996）年 3 月19日民集50巻 3 号615頁。同事件で法人の権利との関係について判示したところについては，佐藤註 1 前掲「憲法総論の再検討」第 4 章第 4 節 3 ，特に169頁参照。

56)　ただし，衆議院議員選挙における小選挙区制，参議院議員選挙における選挙区制は事実上大政党に有利に働いているのであって，その点からは当然疑問もある。

57)　*Heinrich Triepel*, „Die Staatsverfassung und die politischen Parteien", Rede bei der Feier der Erinnerung an den Stifter der Berliner Universität, König Friedrich Wilhelm III. in der alten Aulaam 3. August 1927, Berlin 1927, Druck der Preußischen Druckerei- und Verlags- Aktiengesellschaft, Berlin SW 48. 原文については，〈https://edoc.hu-berlin.de/handle/18452/1192〉より，PDF で講演記録のパンフレットが全文ダウンロードできる。同講演は，美濃部達吉『憲法と政黨—國法學資料五篇—』（日本評論社，1934年）1-30頁に「憲法と政黨」として訳出されている。なお，冒頭の献辞は略されている。

58)　この訳語には若干の疑義がある。トリーペル自身は verfassung という時に成文憲法を念頭に置いていたようではあるが，講演ではとくにイギリスに関する言及で「憲法上も制定法上も政党を認めるに至っていない」というような言い回しがあり，トリーペル自身のいう憲法上 verfassung との表現が，どの程度の意味を持っていたのか疑わしい。直訳すれば verfassungsmässige は，「憲法上適切に」であり，Inkorporation は編入で

あるから，憲法的編入とか憲法上編入されているといった美濃部訳には一見問題がない
ようであるが，そもそも憲法 verfassung 概念が実質的なものを含んでいるようにもお
もわれる（イギリスについての言及を参照）ことから，あくまで「憲法への編入」であ
って「憲法典への編入」ではないと捉えうる。美濃部説は，そもそも実質的意義の憲法
を重視し，憲法変遷をも積極的に認める立場であったから，訳語として憲法というとき
に，実質的なものを当然に含んでいたと見ることもできよう。

59）通称ボン基本法（Bonner Grundgesetz）。Grundgesetz für die Bundesrepublik
　　Deutscland が正式名称であるから「基本法」と訳されるが，実質的には憲法
　　（Verfassung）そのものである。制定会議がドイツのボンで開かれたために，この略称
　　がある。なお「憲法概念」それ自体については，本書第 1 部「憲法総論の再検討」第 1
　　章第 1 節を参照。

60）訳文は，高田敏・初宿正典編訳『ドイツ憲法集　第 6 版』（信山社，2010年）223頁
　　より。

61）トリーペルの議論が多くの憲法教科書や体系書で取り上げられているために検討し
　　たが，「憲法への編入」という語は用いつつ，トリーペルの名には特段言及しないもの
　　もある（芦部など）。政党と憲法の関係について詳しくは，加藤一彦『政党の憲法理論』
　　（有信堂弘文社，2003年），上脇博之『政党国家論と憲法学――「政党の憲法上の地位」
　　論と政党助成』（信山社，1999年），同『政党国家論と国民代表論の憲法問題』（日本評
　　論社，2005年）を参照。

62）最判昭和63（1988）年12月20日判例時報1307号113頁。

63）ドイツ連邦共和国基本法第21条第 2 項。訳文は註60前掲高田・初宿編訳『ドイツ憲
　　法集　第 6 版』223頁より。

64）BVerfGE はドイツの連邦憲法裁判所による判例集を示す。Entscheidungen des
　　Bundesverfassungsgerichts の略で，BVerfGE 2, 1 はドイツ連邦憲法裁判所判例集 2
　　巻 1 頁を示している。ここでは立ち入らないが，ドイツは，憲法違反かどうかを，日本
　　やアメリカのように司法裁判所が判断するのではなく，連邦憲法裁判所が決定する。も
　　っとも，憲法判断が必要かどうかの判断を司法裁判所が判断することが多いので，その
　　限りでは司法裁判所も憲法適合性審査を行っているといえる。

65）赤坂正浩・片山智彦・川又伸彦・小山剛・高田篤編訳『シュテルン　ドイツ憲法 I
　　総論・統治編 Klaus Stern Das Staatsrecht der Bundesrepublik Deutschland Bund I/
　　Bund II』（信山社，2009年）110-113頁より引用した。

66）党内民主主義の問題を正面から扱っており，かつ読みやすい最近の論考として，こ
　　こでは本秀紀「ドイツにおける党内民主主義と法・序説」『名古屋大學法政論集』230号
　　（2009年 6 月20日号）401-448頁を参照。

67）鵜飼信成『憲法（法律学講座）』（弘文堂，1954年）及び同『憲法』（岩波書店，1956
　　年）参照。

68）阪本昌成『憲法理論 I 』（成文堂，1993年）136頁。

69）ハンス・ケルゼン著（尾吹善人訳）『法と国家の一般理論』（木鐸社，1991年）161-163頁〔第 I 部 VI．G．公民的および政治的権利；*Hans Kelsen*, with a new introduction by A. Javier Treviño, General Theory of Law and State (Transaction Publishers, 2006) 87-90.〕参照。

70）参照，最大判昭和43（1968）年12月 4 日刑集22巻13号1425頁。

71）第 3 章第 1 節 6 の末尾でその問題点については若干言及している。

72）最大判昭和39（1964）年 2 月 5 日民集18巻 2 号270頁。

73）最大判昭和51（1976）年 4 月14日民集30巻 3 号223頁。

74）「この種訴訟の数人の原告達は別にその選挙区の選挙人全体を代表するわけでもないのに，そこの選挙人全体の合同行為である選挙を無効とすることの『非常識』にどうして裁判官までが気づかずにいるのか，不思議でならない。また，『薄い代表』を一時的にでもさらにゼロにするという非条理な結果にもなり，とうてい賛成できない」という指摘（尾吹372-373頁）は無視できない。議員定数不均衡訴訟については多くの問題があり，司法審査制度と立法府の負うべき義務の均衡がどこに見出されるべきかという問題として高度な争点を含む。多くの争点を整理して見通しをよくしてくれる，淺野博宣「第19講　投票価値の平等について」安西文雄他著『憲法学の現代的論点第 2 版』（有斐閣，2009年）439頁以下，若干古い時期の論文であるが安念潤司「いわゆる定数訴訟について（1）―（4）」『成蹊法学』24号181頁以下・25号61頁以下・26号39頁以下・27号131頁以下は非常に詳細な検討を行っており，参考になる。なお，平等権についてアメリカの判例を基軸に一般的分析をおこなった上で議員定数不均衡訴訟を位置づける木村草太『平等なき平等条項論 equal protection 条項と憲法14条 1 項』（東京大学出版会，2008年）198-201頁は注目される。なお，2013年 3 月25日から27日にかけて，2012年12月16日実施の衆議院議員選挙にかんして広島高裁及び同岡山支部で選挙無効の違憲判決が出されており，今後の動向が注目される。

75）裁判所サイト内に知財高裁の頁があり，判決や取扱い事件などの資料を閲覧できるようになっている（〈http://www.ip.courts.go.jp/〉）。

76）代表的なものとして，樋口陽一『憲法　I 』（青林書院，1998年）の見解を参照。

77）Jun-ichi Satoh, "Judicial Review in Japan: an Overview of the Case Law and an Examination of Trends in the Japanese Supreme Court's Constitutional Oversight", Loyola of Los Angeles Law Review, Vol. 41 [Winter 2008], 603-627. 筆者の見解は，基本的にこの論文で示したものと変わりはない。ただし，第 4 章は，同論文公表後の判例及び文献を踏まえて加筆し再構成したため，構成も言及した判例の数もかなり増大しており，同論文の翻訳では全くない。

78）佐々木惣一「国家行為の純粋合憲性に対する最高裁判所の決定権」同著『憲法学論文選一』有斐閣，1990年〈復刻版〉。

79）最大判昭和23（1948）年 7 月 8 日刑集 2 巻 8 号801頁（裁判所法施行法等違憲訴訟）。

80）最大判昭和27（1952）年10月 8 日民集 6 巻 9 号783頁。

81）戸松秀典『憲法訴訟（第 2 版）』（有斐閣，2008年）43-55頁。

82）ある程度網羅的な検討については，次の諸著作を参照。戸松註80前掲書，松井茂記「最高裁判所の憲法判例の半世紀」佐藤幸治・初宿正典・大石眞編『憲法50年の展望Ⅱ』（有斐閣，1998年）203-280頁，小林武『憲法判例論』（三省堂，2000年），新正幸『憲法訴訟論（第 2 版）』（信山社，2010年），戸松秀典・野坂泰司『憲法訴訟の現状分析』（有斐閣，2012年）。

83）兼子一・竹下守夫『裁判法［第 4 版］』（有斐閣，1999年）65-69頁・清宮335-336頁。

84）この説は，1990年代の有力説である佐藤幸治説（通称「法原理機関」説）の原型として注目に値する。佐藤幸治説については，同著『憲法〔第 3 版〕』（青林書院，1995年）291頁以下及び佐藤575頁以下参照。佐々木説について，佐々木342頁以下，同「国家行為の純粋合憲性に対する最高裁判所の決定権」『法学論叢』61巻 4 号参照。

85）最大判昭和23（1948）年 7 月 8 日刑集 2 巻 8 号801頁。

86）最大判昭和34（1959）年12月16日刑集13巻13号3225頁。

87）最大判昭和27（1952）年10月 8 日民集 6 巻 9 号783頁。

88）Justice Louis Dembitz Brandeis, 1856-1941。ハーバード大学教授も務めている。

89）札幌地判昭和42（1967）年 3 月29日下刑集 9 巻 3 号359頁。

90）最大判昭和48（1973）年 4 月 4 日刑集27巻 3 号265頁。

91）最大判昭和50（1975）年 4 月30日民集29巻 4 号572頁。

92）最大判昭和51（1976）年 1 月14日民集30巻 3 号223頁。

93）最大判昭和60（1985）年 7 月17日民集39巻 5 号1100頁。

94）最大判昭和62（1987）年 4 月22日民集41巻 3 号408頁。

95）特別送達郵便物損害賠償責任免除違憲判決とも。最大判平14（2002）年 9 月11日民集56巻 7 号1439頁。

96）最大判平成17（2005）年 9 月14日民集59巻 7 号2087頁。

97）国籍法 3 条 1 項違憲訴訟とも。最大判平成20（2008）年 6 月 4 日判例時報2002号 3 頁・判例タイムズ1267号92頁。

98）最大判平成 9 （1997）年 4 月 2 日民集51巻 4 号1673頁。

99）最大判平成22（2010）年 1 月20日民集64巻 1 号 1 頁。

100）最大判昭和23（1948）年 7 月19刑集 2 巻 8 号944頁。

101）最大判昭和37（1962）年11月28刑集16巻11号1593頁。

102）裁判官の自己認識としては必ずしも「政治的インパクトは弱い」とは考えていないようである。たとえば，山田隆司『最高裁の違憲判決 「伝家の宝刀」をなぜ抜かないのか』（光文社新書，2012年）に収録されている泉徳治元最高裁判官のインタビューでは，③判決を，「最も印象に残る法令違憲判決とはなにか」との問いに対して挙げて

おり，「議員定数の配分は，立法問題から司法問題に転換した」と答えている（同書288-289頁）。

103) 合憲限定解釈と呼ばれる手法で，先にふれた憲法判断回避の準則との類似点が指摘できる。

104) 最大判平成9（1997）年4月2日民集51巻4号1673頁。

105) 最大判昭和52（1977）年7月13日民集31巻4号533頁（結論は合憲）。津地鎮祭判決は，「憲法20条3項……にいう宗教的活動とは，…政教分離原則の意義に照らしてこれをみれば，およそ国及びその機関の活動で宗教とのかかわり合いをもつすべての行為を指すものではなく，そのかかわり合いが右にいう相当とされる限度を超えるものに限られるというべきであつて，当該行為の目的が宗教的意義をもち，その効果が宗教に対する援助，助長，促進又は圧迫，干渉等になるような行為をいうものと解すべきである。その典型的なものは，同項に例示される宗教教育のような宗教の布教，教化，宣伝等の活動であるが，そのほか宗教上の祝典，儀式，行事等であつても，その目的，効果が前記のようなものである限り，当然，これに含まれる。そして，この点から，ある行為が右にいう宗教的活動に該当するかどうかを検討するにあたつては，当該行為の主宰者が宗教家であるかどうか，その順序作法（式次第）が宗教の定める方式に則つたものであるかどうかなど，当該行為の外形的側面のみにとらわれることなく，当該行為の行われる場所，当該行為に対する一般人の宗教的評価，当該行為者が当該行為を行うについての意図，目的及び宗教的意識の有無，程度，当該行為の一般人に与える効果，影響等，諸般の事情を考慮し，社会通念に従つて，客観的に判断しなければならない」と判示している。

106) 政教分離に関するアメリカの連邦最高裁判例の分析がなければ，この「テスト」は理解しがたい。1971年の Lemon v. Kurtzman（403 U. S. 602）において示された，合衆国憲法修正第1条国教禁止条項関連の諸判例を元に定式化されたテストで，目的（purpose），効果（effect），過度のかかわり合い（excessive entanglement）の3要素を考慮すべきとする審査基準である。前註で引用したように，津地鎮祭事件判決は，政教分離原則違反の行為について，①その目的が世俗的なものでなく，宗教的なものか，②その効果が宗教を援助，助長，促進，圧迫，干渉等をもたらすものか，③それが宗教と過度のかかわり合いをもっているか，の三要素を審査し，そのうちの少なくとも一つが肯定されれば，政教分離原則違反であるとするものであるが，目的効果基準は，アメリカにおいてもゆれ動いており，必ずしも当然に政教分離原則に適用されるべき妥当な基準とは言い切れない側面がある。なお，戸松註80前掲書325-328頁参照。

107) いわゆる**高田事件**判決［最大判昭和47（1972）年12月20日刑集26巻10号631頁］も，15年の裁判中断を第37条に反し違憲と判断しており，これを適用違憲とする例もあるが，処分違憲と解するべき事例であろう。

108) https://www.courts.go.jp/saikosai/about/saibankan/hanzi_itiran/index.

html から歴代判事の名前を確認することが出来る。また https://www.courts.go.jp/
saikosai/about/saibankan/index.html で現在の最高裁判所の裁判官を確認できる。な
お以下大法廷判決については，違憲判決について本講義案で既に検討したし，またそれ
以外についても大法廷判決については別途検討する予定であるため，註においては簡単
な言及にとどめている。補足意見や反対意見がある場合にはその裁判官名と，特に重要
なものについてはその内容を示した。他方で小法廷判決については，特徴的な反対意見
などについては言及し，また小法廷毎の「傾向」が必ずしも見出し得ないことを間接的
に示す意図もあって，若干煩瑣ではあるが，裁判所を構成する裁判官について一々注記
している。

109) プラカード裏面には「働いても　働いても　何故私達は飢えねばならぬか　天皇ヒ
ロヒト答えて呉れ日本共産党　田中精機細胞」とあるが，最後の「細胞」というのは，
共産党員であることを示す独特の言い回しで，わかりにくいこともあるので，本文では
省略した。

110)「天皇，太皇太后，皇太后，皇后，皇太子又ハ皇太孫ニ對シ不敬ノ行爲アリタル者ハ
3 月以上 5 年以下ノ懲役ニ處ス」（1 項）「神宮又ハ皇陵ニ對シ不敬ノ行爲アリタル者亦
同シ」（2 項）。

111) 最大判昭和23（1948）年 5 月26日刑集 2 巻 6 号529頁。

112) 最大判昭和23（1948）年 3 月12日刑集 2 巻 3 号191頁（島保，藤田八郎，岩松三郎，
河村又介裁判官らの補充意見［将来的な死刑廃止の可能性を認めた］，井上登裁判官の
意見がある）。

113) 最大判昭和27（1952）年 2 月20日民集 6 巻 2 号122頁。

114) 最大判昭和27（1952）年 8 月 6 日民集 6 巻 8 号974頁。

115) 最大判昭和28（1953）年12月23日民集 7 巻13号1523頁・判例時報18号 3 頁（栗山茂
裁判官の補足意見［財産権の内容は公共の福祉を尺度として定まる］，井上登裁判官・
岩松三郎裁判官の意見（事件当時は憲法外，被占領中のことだが正当価額に至る対価の
請求をなし得るという，実質的には反対意見），真野毅裁判官の意見［自作農創設特別
措置法第 3 条の補償は憲法第29条第 3 項にいう正当な補償ではないという，実質的には
反対意見］がある）。

116) 最大判昭和28（1953）年12月23日民集 7 巻13号1561頁（栗山茂の意見［公共要物の
使用許可は警察許可の性質を帯びているものがあり，皇居外苑使用不許可処分は違法で
あるとした］がある）。

117) 最大判昭和29（1954）年11月24日刑集 8 巻11号1866頁（藤田八郎裁判官の少数意見
［条例を意見と断ずる，実質的には反対意見］がある）。

118) 最大判昭和35（1960）年 7 月20日刑集14巻 9 号1243頁（藤田八郎裁判官及び垂水克
己裁判官の反対意見［いずれも条例を違憲とする］がある）。

119) 最大判昭和30（1955）年 1 月26日刑集 9 巻 1 号89頁。

120）最大判昭和30（1955）年 3 月30日刑集 9 巻 3 号635頁。

121）最大判昭和30（1955）年12月14日刑集 9 巻13号2760頁。

122）最大判昭和31（1956）年 5 月30日刑集10巻 5 号756頁。

123）最大判昭和31（1956）年 7 月 4 日民集10巻 7 号785頁（入江俊郎裁判官，田中光太郎
　　裁判官，栗山茂裁判官がそれぞれ補足意見，藤田八郎裁判官が反対意見（「人の本心に
　　反して，ことの是非善悪の判断を外部に表現せしめ，心にもない陳謝の念の発露を判決
　　をもつて命ずるがごときは，まさに憲法19条の保障する良心の外的自由を侵犯する」）
　　を付している）。

124）最大決昭和33（1958）年 2 月17日刑集12巻 2 号253頁。

125）最二小判昭和33（1958）年 3 月28日民集12巻 4 号624頁（第 2 小法廷裁判長は小谷勝
　　重。陪席裁判官は藤田八郎，河村大助，奥野健一）。

126）最大判昭和33（1958）年10月15日刑集12巻14号3305頁（下飯坂潤夫裁判官・奥野健
　　一裁判官らの補足意見［条例制定権を認める規定のみを根拠として，抽象的に合憲の結
　　論を導くべきではない］がある）。

127）最大判昭和32（1957）年 3 月13日刑集11巻 3 号997頁（小林俊三裁判官の補足意見，
　　真野毅裁判官の意見がある）。

128）最大判昭和30（1955）年 3 月30日刑集 9 巻 8 号1189頁。真野毅，栗山茂，谷村唯一
　　郎，小谷勝重，藤田八郎，小林俊三，島保の各裁判官が死刑に反対した。死刑判決賛成
　　と反対とが 1 票差であったため問題となった。栗山，真野，島，藤田，谷村の各裁判官
　　が刑法第127条往来危険罪に結果的加重犯を適用することに反対（少数意見），なお栗山，
　　小谷，小林，谷村の各裁判官がそれぞれ控訴審での事実取り調べなしでの量刑変更につ
　　いて反対意見を付した。

129）最大判昭和34（1959）年12月16日刑集13巻13号3225頁。佐藤註 1 前掲「憲法総論の
　　再検討」第 3 章第 3 節 3 参照。田中耕太郎，島保，藤田八郎・入江俊郎，垂水克己，河
　　村大助，石坂修一の各裁判官がそれぞれ（藤田裁判官・入江裁判官は合同）補足意見，
　　小谷勝重裁判官の意見［実質的に反対意見］と，奥野健一裁判官・高橋潔裁判官の（合
　　同）意見［実質的に反対意見］がある。

130）最大判昭和35（1960）年 6 月 8 日民集14巻 7 号1206頁（小谷勝重裁判官・奥野健一
　　裁判官による統治行為論適用に反対する「意見」，河村大助裁判官による，実質的反対
　　「意見」，石坂修一裁判官による意見が付されている）。

131）最大決昭和35（1960）年 7 月 6 日民集14巻 9 号1657頁。

132）最大判昭和38（1963）年 5 月22日刑集17巻 4 号370頁・判例時報335号 5 頁。

133）最大判昭和37（1962）年11月28日刑集16巻11号1593頁。

134）最大判昭和38（1963）年 3 月27日刑集17巻 2 号121頁。

135）最大判昭和38（1963）年 5 月15日刑集17巻 4 号302頁。

136）最大判昭和38（1963）年 6 月26日刑集17巻 5 号521頁。

137) 最大判昭和38（1963）年12月4日刑集17巻12号2434頁。

138) 最大判昭和39（1964）年2月26日民集18巻2号343頁。

139) 最大判昭和39（1964）年11月18日民集18巻9号1868頁。

140) 最大判昭和41（1966）年10月26日刑集20巻8号901頁。

141) 公共企業体等労働関係法（昭和23年法律257号［昭和23年12月20日］）のこと。旧「国営企業労働関係法」であり，現「特定独立行政法人等の労働関係に関する法律」である。

142) 最大判昭和42（1967）年5月24日民集21巻5号1043頁。

143) 憲法第25条第1項は「すべての国民が健康で文化的な最低限度の生活を営み得るように国政を運営すべきことを国の責務として宣言したにとどまり，直接個々の国民に対して具体的権利を付与したものではない」。「何が健康で文化的な最低限度の生活であるかの認定判断は，いちおう，厚生大臣の合目的的な最良に任されて」いる。「……現実の生活条件を無視して著しく低い基準を設定する等憲法および生活保護法の趣旨・目的に反し，法律によつて与えられた裁量権の限界をこえた場合または裁量権を濫用した場合には，違法な行為として司法審査の対象となることをまぬかれない」。最後の部分の判示をもって，朝日訴訟で最高裁が依拠したのは抽象的権利説であると解する説があるが，ここではこれ以上立ち入らない。

144) 最大判昭和44（1969）年4月2日刑集23巻5号305頁・判例時報550号21頁。

145) 最大判昭和44（1969）年4月2日刑集23巻5号685頁・判例時報550号29頁。

146) 最大判昭和48（1973）年4月25日刑集27巻4号547頁。

147) 最大判昭和48（1973）年4月4日刑集27巻3号265頁。本章第1節3参照。

148) 最大判昭和44（1969）年6月25日刑集23巻7号975頁。

149) 最大判昭和44（1969）年3月13日刑集23巻10号1239頁。

150) 最大判昭和44（1969）年11月26日刑集23巻11号1490頁。

151) 最大判昭和44（1969）年12月24日刑集23巻12号1625頁（**京都府学連事件**）。

152) 最大判昭和45（1970）年6月24日民集24巻6号625頁。

153) 最大判昭和47（1972）年12月20日刑集26巻10号631頁。

154) 野村二郎『日本の裁判史を読む事典』（自由国民社，2004年）62頁。

155) 最一小判昭和48（1973）年10月18日民集27巻9号1210頁（第1小法廷裁判長岸上康夫。陪席裁判官藤林益三［第7代最高裁長官］，下田武三，岸盛一。大隅健一郎［商法学者］裁判官は判決時に海外出張のため署名していない）。

156) 最大判昭和48（1973）年12月12日民集27巻11号1536頁。

157) 最三小判昭和49（1974）年7月19日民集28巻5号790頁（第3小法廷裁判長は坂本吉勝。陪席裁判官は関根小郷，天野武一，江里口清雄，髙辻正己）。

158) 最大判昭和49（1974）年11月6日刑集28巻9号393頁。第3章第3節2参照。

159) 最大判昭和50（1975）年9月10日刑集29巻8号489頁。

160) 最大判昭和51（1976）年5月21日刑集30巻5号615頁。

161) 最大判昭和51（1976）年 5 月21日刑集30巻 5 号1178頁。

162) 最大判昭和50（1975）年 4 月30日民集29巻 4 号572頁。本章第 1 節 3 参照。

163) 最大判昭和51（1976）年 4 月14日民集30巻 3 号223頁。ただし事情判決の手法を用いて選挙自体は有効としている。本章第 1 節 3 及び第 3 章第 3 節 4 （ 4 ）参照。

164) 最三小判昭和52（1977）年 3 月15日民集31巻 2 号234頁（第 3 小法廷裁判長は天野武一。陪席裁判官は江里口清雄，高辻正己，服部高顯［第 9 代最高裁長官］，環昌一）。

165) 最大判昭和52（1977）年 5 月 4 日刑集31巻 3 号182頁。

166) 最二小判昭和52（1977）年 8 月 9 日刑集31巻 5 号821頁（第 2 小法廷の裁判長は吉田豊。陪席裁判官は岡原昌男［第 8 代最高裁長官］，大塚喜一郎，本林讓，栗本一夫）。

167) 最一小決昭和53（1978）年 5 月31日刑集32巻 3 号457頁（第 1 小法定裁判長は岸盛一，陪席裁判官は岸上康夫，團藤重光，藤崎萬里，本山亨）。

168) 最大判昭和53（1978）年10月 4 日民集32巻 7 号1223頁。

169) 最一小判昭和54（1979）年12月20日刑集33巻 7 号1074頁（第 1 小法廷裁判長は團藤重光，陪席裁判官は藤崎萬里，本山亨，戸田弘，中村治朗）。

170) 最二小判昭和55（1980）年11月28日刑集34巻 6 号433頁（第 2 小法廷裁判長は栗本一夫，陪席裁判官は木下忠良，塚本重頼，鹽野宜慶，宮崎梧一）。

171) 最三小判昭和55（1980）年12月23日民集34巻 7 号959頁（第 3 小法廷裁判長は環昌一，陪席裁判官は伊藤正己，寺田治郎）。判決はメーデーのデモ行進に参加した郵便職員の行為を処罰すべきとの下級審の判断を覆し棄却したが，裁判長であった環裁判官が，国家公務員法の適用自体が誤りであるとの反対意見を表明している。

172) 最三小判昭和56（1981）年 3 月24日民集35巻 2 号300頁（第 3 小法廷裁判長は寺田治郎，陪席裁判官は環昌一，横井大三，伊藤正己）。

173) 最三小判昭和56（1981）年 4 月 7 日民集35巻 3 号443頁（第 3 小法廷裁判長は横井大三，陪席裁判官は環昌一，寺田治郎）。寺田裁判官による意見がある。

174) 最三小判昭和56（1981）年 4 月14日民集35巻 3 号620頁（第 3 小法廷裁判長は寺田治郎，陪席裁判官は環昌一［反対意見（「過失の責めを問うことは過酷に過ぎ相当でない」）］，横井大三，伊藤正己［補足意見（前科のプライバシー性を強調）］）。

175) 最一小判昭和56（1981）年 4 月16日刑集35巻 3 号84頁（第 1 小法廷裁判長は團藤重光，陪席裁判官は藤崎萬里，本山亨，中村治朗）。破棄差戻判決であるが，職権による判断の中で刑法230条ノ 2 の解釈という形で，実質的に名誉毀損に関する憲法論を展開している。

176) 最三小判昭和56（1981）年 7 月21日刑集35巻 5 号568頁（前科照会事件と法廷の構成は同一であって，第 3 小法廷裁判長は寺田治郎，陪席裁判官は環昌一，横井大三，伊藤正己［従来の戸別訪問禁止が合憲であるとの判例における理由付けが不充分であるとの長文の補足意見を付した］）。差止請求に関して，横井大三・伊藤正己・宮崎梧一の各裁判官が補足意見を，團藤重光，環昌一，中村治朗，木下忠良の各裁判官がそれぞれ反対

意見を付し，過去の損害の賠償請求に関する個別意見として，服部高顯・伊藤・宮﨑・寺田・谷口正孝の各裁判官ら，また栗本一夫・寺田・谷口の各裁判官によるそれぞれの補足意見があり，環裁判官による補足意見及び意見があるのに加え，栗本・藤﨑・本山亨・横井大三の各裁判官による反対意見及び補足意見，團藤・中村・木下・伊藤の各裁判官による反対意見，環裁判官による反対意見，さらに團藤・木下の各裁判官による追加反対意見がある。さらに将来の損害賠償請求に関する團藤裁判官による個別意見がある）。

177）最大判昭和56（1981）年12月16日民集35巻10号1369頁（補足意見・反対意見が多数付されている。

178）最大判昭和57（1982）年 7 月 7 日民集36巻 7 号1235頁。

179）最一小判昭和57（1982）年 7 月15日判例時報1053号93頁・判例タイムズ478号168頁・集民136号571頁（第 1 小法廷裁判長は谷口正孝，陪席裁判官は團藤重光，藤﨑萬里，本山亨，中村治朗）。

180）最大判昭和58（1983）年 6 月22日民集37巻 5 号793頁。

181）最大判昭和59（1984）年12月12日民集38巻12号1308頁。

182）最三小判昭和59（1984）年12月18日刑集38巻12号3026頁（第 3 小法廷裁判長は木戸口久治，陪席裁判官は伊藤正己，安岡滿彦，長島敦）。伊藤裁判官が補足意見としてパブリック・フォーラム論を述べていることが注目される。

183）最大判昭和60（1985）年10月23日刑集39巻 6 号413頁。

184）最一小判昭和59（1984）年 5 月17日民集38巻 7 号721頁（第 1 小法廷裁判長は角田禮次郎，陪席裁判官は藤﨑萬里，谷口正孝，和田誠一，矢口洪一）。藤﨑裁判官による，訴え却下を主張する反対意見がある。

185）最大判昭和60（1985）年 3 月27日民集39巻 2 号247頁（伊藤正己裁判官の補足意見［一部実質的に反対意見］，谷口正孝，木戸口久治，島谷六郎の各裁判官によるそれぞれの補足意見がある）。

186）最大判昭和62（1987）年 4 月22日民集41巻 3 号408頁。

187）最一小判昭和60（1985）年11月21日民集39巻 7 号1512頁（第 1 小法廷裁判長は和田誠一，陪席裁判官は谷口正孝，角田禮次郎，矢口洪一，髙島益郎）。

188）最大判平成17（2005）年 9 月14日民集59巻 7 号2087頁。

189）最大判昭和61（1986）年 6 月11日民集40巻 4 号872頁。

190）最三小判昭和62（1987）年 3 月 3 日刑集41巻 2 号15頁（第 3 小法廷裁判長は安岡満彦，陪席裁判官は伊藤正己，長島敦，坂上壽夫）。

191）最三小判平成元（1989）年 9 月19日刑集43巻 8 号785頁（第 3 小法廷裁判長は伊藤正己，陪席裁判官は安岡満彦，坂上壽夫，貞家克己）。伊藤裁判官による表現の自由との関連での疑義を精緻に検討した補足意見がある。

192）最大判昭和62（1987）年 4 月24日民集41巻 3 号490頁。

193）最大判昭和63（1988）年 6 月 1 日民集42巻 5 号277頁。

194）最三小判昭和63（1988）年12月20日判例時報1307号113頁・集民155号405頁。法廷の
　　構成は岐阜県青少年保護育成条例事件と同様であるが裁判長が坂上裁判官となってい
　　る。

195）最二小判平成元（1989）年11月20日民集43巻10号1160頁（第 2 小法廷裁判長は香川
　　保一，陪席裁判官は牧圭次，島谷六郎，藤島昭，奥野久之）。天皇に民事裁判権が及ば
　　ない理由を「象徴であるから」としか述べていないため，学説からの批判が強い判決で
　　ある。

196）最二小判平成元（1989）年 1 月20日刑集43巻 1 号 1 頁（天皇の民事裁判権に関する
　　判決と法廷と裁判官の構成は同様であるが，裁判長は藤島裁判官である）及び最三小判
　　平成元年 3 月 7 日集民156号299頁（法廷の構成は岐阜県青少年保護育成条例事件と同様
　　であるが裁判長が安岡裁判官である）。

197）最三小判平成元（1989）年 6 月20日民集43巻 6 号385頁（第 3 小法廷裁判長は伊藤正
　　己，陪席裁判官は安岡満彦，坂上壽夫）。伊藤裁判長による補足意見がある。

198）最二小判昭和63（1988）年 7 月15日判例時報1287号65頁（天皇の民事裁判権に関す
　　る判決と法
　　廷と裁判官の構成は同様）。

199）最一小判平成 2 （1990）年 1 月18日判例時報1337号 3 頁及び民集44巻 1 号 1 頁（第
　　 1 小法廷裁判長は大堀誠一，陪席裁判官は，角田禮次郎，大内恒夫，佐藤哲郎，四ツ谷
　　巌）。

200）最三小判平成 2 （1990）年 4 月17日民集44巻 3 号547頁（第 3 小法廷裁判長は安岡満
　　彦，陪席裁判官は坂上壽夫，貞家克己，園部逸夫）。園部裁判官による意見がある。

201）最二小決平成 2 （1990）年 7 月 9 日刑集44巻 5 号421頁（裁判長は藤島昭，陪席裁判
　　官は香川一，奥野久之，中島敏次郎）。奥野裁判官による，放映済みビデオテープの差
　　押を違法とする反対意見がある。

202）最三小判平成 6 （1994）年 2 月 8 日民集48巻 2 号149頁（第 3 小法廷裁判長は大野正
　　男，陪席裁判官は園部逸夫，佐藤庄市郎，可部恒雄，千種秀夫）。

203）最三小判平成 7 （1995）年 3 月 7 日民集49巻 3 号687頁（裁判長は大野正男，陪席裁
　　判官は園部逸夫，可部恒雄，千種秀夫，尾崎行信）。園部裁判官による補足意見がある。
　　法廷意見による，公物管理条例を厳格に解釈する立場に疑義を呈している。

204）最三小判平成 6 （1994）年 2 月 8 日民集48巻 2 号255頁。（第 3 小法廷裁判長は千種
　　秀夫，陪席裁判官は園部逸夫，佐藤庄市郎，可部恒雄，大野正男）。なお関連して大阪
　　府知事の交際費に係る公文書の大阪府公文書公開等条例該当性が問われた最一小判平成
　　 6 年 1 月28日民集48巻 1 号53頁（第 1 小法廷裁判長は大堀誠一，陪席裁判官は味村治，
　　小野幹雄，三好達，大白勝）がある。

205）最三小判平成 5 （1993）年 3 月16日民集47巻 5 号3483頁（第 3 小法廷裁判長は可部

恒雄，陪席裁判官は坂上壽夫，園部逸夫，佐藤庄市郎）。

206) 最三小判平成 7 （1995）年 2 月28日民集49巻 2 号639頁（泉佐野市民会館事件と裁判官の構成は同じだが，裁判長は可部裁判官が務めている）。

207) 最一小判平成 7 （1995）年 5 月25日民集49巻 5 号1279頁（裁判長は三好達，陪席裁判官は大堀誠一，小野幹雄，遠藤光男）。本事件については，本講義案第 3 章第 3 節参照。

208) 最三小決平成 3 （1991）年 3 月29日刑集45巻 3 号158頁（裁判長は可部恒雄，陪席裁判官は坂上壽夫，貞家克己，園部逸夫，佐藤庄市郎。少年法23条 2 項による不処分決定は，非行事実が認められないことを理由とするものであっても，刑事補償法 1 条 1 項にいう「無罪の裁判」には当たらないと判示した。坂上裁判官の補足意見，園部裁判官の意見がある），最大判平成 4 （1992）年 7 月 1 日民集46巻 5 号437頁（成田新法事件），最大判平成 7 （1995）年 2 月22日刑集49巻 2 号 1 頁（ロッキード事件丸紅ルート・内閣総理大臣の職務権限）など。

209) 最大決平成 7 （1995）年 7 月 5 日民集49巻 7 号1789頁。最高裁のこの決定では10対 5 で合憲判決が出されているが，非嫡出子相続分について問われている小法廷事件が，2013年 2 月28日の各紙報道では，大法廷に回付されたようであるから，状況は，今後変化する可能性がある。

210) 参議院議員定数不均衡訴訟で格差6.59倍を違憲状態とした。最大判平成 8 （1996）年 9 月11民集50巻 8 号2283頁。

211) 最大判平成 9 （1997）年 4 月 2 日民集51巻 4 号1673頁。

212) 最人判平成 8 （1996）年 8 月28日民集50巻 7 号1952頁。

213) 最二小判平成 8 （1996）年 3 月 8 日民集50巻 3 号469頁（第 2 小法廷裁判長は河合伸一，陪席裁判官は大西勝也，根岸重治，福田博）。エホバの証人事件ともいわれるが，輸血拒否の事例（後掲エホバの証人輸血拒否事件）との混同を避けるために剣道実技履修拒否事件とか神戸高専事件などと言われる。信教の自由（第20条），教育を受ける権利（第26条），平等権（第14条）などの侵害が主張され，原告の請求を認容した大阪高裁の判決を認容した（高専側の上告を棄却）。

214) 最三小判平成 9 （1997）年 9 月 9 日民集51巻 8 号3850頁（裁判長は尾崎行信，陪席裁判官は園部逸夫，大野正男，千種秀夫，山口繁）。いわゆる病院長自殺国賠訴訟。註28（第 3 章第 1 節 5 ）参照。

215) 最三小判平成 7 （1995）年12月 5 日判例時報1563号81頁・判例タイムズ906号180頁（第 3 小法廷裁判長は千種秀夫，陪席裁判官は園部逸夫，可部恒雄，大野正男，尾崎行信）。

216) 最三小判平成 7 （1995）年12月15日刑集49巻10号842頁（再婚禁止期間に関する前註掲示の判例と裁判官の構成は同様であるが，裁判長は可部裁判官である）。

217) 最一小決平成 8 （1996）年 1 月30日民集50巻 1 号199頁（第 1 小法廷裁判長は小野幹

雄，陪席裁判官は髙橋久子，遠藤光男，藤井正雄）。

218）最二小判平成8（1996）年3月15日民集50巻3号549頁（第2小法廷裁判長は根岸重治，陪席裁判官は大西勝也，河合伸一，福田博）。裁判所サイト掲載の要旨等によれば，「何者かに殺害されたD【JR東日本】関係労働組合の連合体の総務部長の合同葬に使用するためにされた市福祉会館の使用許可申請に対し，上尾市福祉会館設置及び管理条例（昭和46年上尾市条例第27号）6条1項1号が使用を許可しない事由として定める『会館の管理上支障があると認められるとき』に当たるとしてされた不許可処分は，右殺害事件についていわゆる内ゲバ事件ではないかとみて捜査が進められている旨の新聞報道があったとしても，右合同葬の際にまでその主催者と対立する者らの妨害による混乱が生ずるおそれがあるとは考え難い状況にあった上，警察の警備等によってもなお混乱を防止することができない特別な事情があったとはいえず，右会館の施設の物的構造等に照らせば，右会館を合同葬に使用することがその設置目的やその確立した運営方針に反するとはいえないなど判示の事情の下においては，『会館の管理上支障がある』との事態が生ずることが客観的な事実に照らして具体的に明らかに予測されたものということはできず，違法というべきである」と判示したうえで，差戻を命じている。

219）最大判平成8（1996）年3月19日民集50巻3号615頁。詳しくは本書第1部「憲法総論の再検討」第3章第4節3を参照。

220）最一小判平成9（1997）年3月13日民集51巻3号1453頁（第1小法廷裁判長は遠藤光男，陪席裁判官は小野幹雄，髙橋久子，井嶋一友，藤井正雄）。

221）最大判平成10（1998）年9月2日民集52巻6号1373頁。

222）河合伸一・遠藤光男・元原利文・梶谷玄らによる反対意見と，福田博単独の反対意見がある。

223）最大判平成11（1999）年11月10日民集53巻8号1441頁。

224）最大判平成11（1999）年11月10日民集53巻8号1577頁。

225）最大判平成11（1999）年11月10日民集53巻8号1704頁。

226）最大判平成14（2002）年9月11日民集56巻7号1439頁。

227）最一小判平成14年4月25日206号233頁・判例時報1785号31頁（第1小法廷裁判長は深澤武久，陪席裁判官は井嶋一友，藤井正雄，町田顯，横尾和子）。深澤裁判官，横尾裁判官がそれぞれ反対意見を書いている。本判決について詳しくは佐藤註1前掲「憲法総論の再検討」第3章第4節3を参照。

228）最大決平成10（1998）年12月1日民集52巻9号1761頁。

229）最大判平成11（1999）年3月24日民集53巻3号514頁。

230）最三小決平成11（1999）年12月16日刑集53巻9号1327頁（第3小法廷裁判長は金谷利廣，陪席裁判官は千種秀夫，元原利文，奥田昌道）。法廷意見は合憲判決であるが，違憲とは断じていないものの，電話傍受そのものの刑訴法違反を認定した元原裁判官による原判決破棄の反対意見がある。

231) 最三小判平成12（2000）年 2 月29日民集54巻 2 号582頁（旭川電話傍受事件と裁判官
　　の構成は同様であるが，裁判長は千種裁判官が務めている）。

232) 最三小判平成14（2002）年 9 月24日集民207号243頁（裁判長は上田豊三，陪席裁判
　　官は金谷利廣，奥田昌道，濱田邦夫）。

233) 最三小判平成14（2002）年 6 月11日民集56巻 5 号958頁（石に泳ぐ魚事件判決と裁判
　　官の構成は同様であるが，裁判長は濱田裁判官が務めている）。

234) 最大判平成14（2002）年 2 月13日民集56巻 2 号331頁。

235) 最二小判平成12（2000）年 3 月17日判例タイムズ1031号162頁（第 2 小法廷裁判長は
　　福田博，陪席裁判官は河合伸一，北川弘治，亀山継夫，梶谷玄）。河合伸一と福田博に
　　よる補足意見がある。

236) 最大判平成17（2005）年 9 月14日民集59巻 7 号2087頁。

237) 参議院議員定数不均衡訴訟（最大判平成16（2004）年 1 月14日集58巻 1 号56頁），参
　　議院非拘束名簿式比例代表制違憲訴訟（最大判平成16（2004）年 1 月14日集58巻 1 号 1
　　頁。

238) 最大判平成17（2005）年 1 月26日民集59巻 1 号128頁。

239) 最二小判平成15（2003）年 3 月14日民集57巻 3 号229頁（第 2 小法廷裁判長は北川弘
　　治，陪席裁判官は福田博，亀山継夫，梶谷玄，滝井繁男）。

240) 最二小判平成15（2003）年 9 月12日民集57巻 8 号973頁（第 2 小法廷裁判長は滝井繁
　　男，陪席裁判官は福田博，北川弘治，亀山継夫，梶谷玄）。亀山裁判官及び梶谷裁判官
　　による反対意見がある。

241) 最二小判平成16（2004）年11月29日判例時報1879号58頁（第 2 小法廷裁判長は津野
　　修，陪席裁判官は北川弘治，滝井繁男）。

242) 最大判平成18（2006）年 3 月 1 日民集60巻 2 号587頁。

243) 最二小判平成18（2006）年 6 月23日集民220号573頁・判例時報1940号122頁（第 2 小
　　法廷裁判長は今井功，陪席裁判官は滝井繁男，中川了滋，古田佑紀）。滝井裁判官の補
　　足意見がある。

244) 最大判平成20（2008）年 6 月 4 日民集62巻 6 号1367頁。

245) 最三小判平成19（2007）年 2 月27日民集61巻 1 号291頁（第 3 小法廷裁判長は那須弘
　　平，陪席裁判官は上田豊三，藤田宙靖，堀籠幸男，田原睦夫）。藤田裁判官の反対意見
　　と，那須裁判官の補足意見がある。特に藤田裁判官の反対意見は，《本件における真の
　　問題は，校長の職務命令によってピアノの伴奏を命じることが，上告人に「『君が代』
　　に対する否定的評価」それ自体を禁じたり，あるいは一定の「歴史観ないし世界観」の
　　有無についての告白を強要することになるかどうかというところにあるのではなく（上
　　告人が，多数意見のいうような意味での「歴史観ないし世界観」を持っていること自体
　　は，既に本人自身が明らかにしていることである。そして，「踏み絵」の場合のように，
　　このような告白をしたからといって，そのこと自体によって，処罰されたり懲戒され た

りする恐れがあるわけではない。），むしろ，入学式においてピアノ伴奏をすることは，自らの信条に照らし上告人にとって極めて苦痛なことであり，それにもかかわらずこれを強制することが許されるかどうかという点にこそあるように思われる》。《本件のピアノ伴奏拒否が，上告人の思想・良心の直接的な表現であるとして位置付けられるとしたとき，このような「違和感」が，これを制約するのに充分な公共の福祉ないし公共の利益であるといえるか否かにある（なお，仮にテープを用いた伴奏が吹奏楽等によるものであった場合，生のピアノ伴奏と比して，どちらがより厳粛・荘厳な印象を与えるものであるかには，にわかには判断できない…）》。《仮にこういった目的のために校長が発した職務命令が，公務員の基本的人権を制限するような内容のものであるとき，人権の重みよりもなおこの意味での校長の指揮権行使の方が重要なのか，が問われなければならない》。このように，きわめて具体的な問題点の指摘があり，注目される。

246）下級審判決については佐藤潤一「「愛国心」考―教育基本法「改正」の問題点を中心に―」『大阪産業大学論集　社会科学編』117号（2007年2月）1-30頁（本書第5部）参照。

247）最三小判平成19（2007）年9月18日刑集61巻6号601頁（第3小法廷裁判長は堀籠幸男，陪席裁判官は藤田宙靖，那須弘平，田原睦夫，近藤崇晴）。堀籠裁判官，那須裁判官による補足意見と，藤田裁判官，田原裁判官による反対意見がある。余談であるが，他の判決においても同様であるが，5人からなる法廷で2人の反対意見があるのに「全員一致」という判示をするのは非常に違和感がある。2人の裁判官による反対意見はいずれも本件で問題とされた条例を違憲無効とする強い意見を表明しているもので注目されるが，合憲限定解釈など高度な論点が論じられていることもあり，詳細な検討は別稿で行いたい。

248）最二小判平成19（2007）年9月28日民集61巻6号2345頁（第2小法廷裁判長は津野修，陪席裁判官は今井功，中川了滋，古田佑紀）。

249）最三小判平成20（2008）年2月19日民集62巻2号445頁（第3小法廷裁判長は那須弘平，陪席裁判官は藤田宙靖，堀籠幸男，田原睦夫，近藤崇晴）。堀籠裁判官による反対意見がある。わいせつ概念に関する興味深い指摘もあるが，別稿で論じたい。

250）最一小判平成20（2008）年3月6日民集62巻3号665頁（第1小法廷裁判長は涌井紀夫，陪席裁判官は横尾和子，甲斐中辰夫，泉德治，才口千晴）。

251）最二小判平成20（2008）年4月11日刑集62巻5号1217頁（第2小法廷裁判長は今井功，陪席裁判官は津野修，中川了滋）。

252）最大判平成22（2010）年1月20日民集64巻1号1頁。なお本大法廷判決は破棄差戻であり，その後2010年12月6日に札幌高裁で一部原判決が取り消され，請求が棄却された後，2012年2月16日にはこの差戻高裁判決からの上告が棄却されている。また，空知太神社については違憲判決であったが，同日に判示された富平神社に関する判示は合憲判決である（民集64巻1号128頁。）。

253）最大判平成21（2009）年9月30日民集63巻7号1520頁。

254）最大判昭和24（1949）年6月13日刑集3巻7号974頁。

255）尾吹註24前掲書392頁参照。

256）最大判昭和48（1973）年4月25日刑集27巻4号547頁。

257）マグナ・カルタにもその萌芽があったし，アメリカ独立宣言のスローガンは「代表なくして課税無し」（No taxation without representation, Taxation without representation is tyranny）であった。

258）皇室財産について，第2部第1章第1節4参照。

259）なお，予算を伴う法律案について，予算を伴う法律案提出には衆議院で議員50人以上，参議院で議員20人以上の賛成が要件とされている（国会法第56条第1項）ことは，一応合憲であると解されているが（第3章1（3）及び（6）参照），仮に「予算を伴なう法律案を発議するには，内閣の同意を必要とする」との要件が法律上設けられると，行政権による過度の立法権への関与となるから，憲法第41条が国会を「唯一の立法機關」と定める点に反し，違憲となると考えられる。

260）「社寺等に無償で貸し付けてある国有財産の処分に関する法律」（昭22法53）についての最大判昭和33（1958）年12月24日民集12巻16号3352頁。

261）最判平成5（1993）年2月16日民集47巻3号1687頁：箕面忠魂・慰霊祭訴訟最高裁判決。

262）最判平成11（1999）年10月21日判例時報1696号96頁。

263）最大判平成22（2010）年1月20日民集64巻1号1頁。

264）中立性の確保が本来の目的だとする考え方も自主性確保説に近いものと思われる。

265）法制局一発第8号昭和32（1957）年2月22日社会教育局長あて法制局第一部長回答〈https://www.nier.go.jp/jissen/book/h21/pdf/k_02.pdf〉（PDF 28/68頁）。

266）長谷部347頁。なお東京高判平成2（1990）・1・29高民集43-1-1（幼児教室助成違憲訴訟）参照。

267）伝来説。宮澤764頁，田中二郎『行政法（中）』（弘文堂，1955年）109頁以下。

268）固有権説。手島孝『憲法学の開拓線』（三省堂，1985年）254頁以下。

269）制度的保障説。成田頼明「地方自治の保障」『日本国憲法体系5巻』有斐閣，1964年，135頁以下。なお，清宮55頁，田上譲治「新憲法と自治監督」『地方自治論文集』（地方財務協会，1954年）26頁。

270）解釈論として最も極端な説は，「第92条は畢竟ただ単に地方自治が適当である限りにおいて地方自治を行うべきことを命じたものに止まり，その意味においては，極端に言へばそれは全くの無内容の規定」である（柳瀬良幹『憲法と地方自治』（有信堂，1954年）15頁）との説である。

271）例えば，宇賀克也『地方自治法（第4版）』（有斐閣，2011年）・松本英昭『要説地方自治法第七次改訂版』（ぎょうせい，2011年）。

272) 憲法伝来説あるいは新伝来説。杉原泰雄『地方自治の憲法論（補訂版）』（勁草書房，2008年）。

273)「制度的保障」概念それ自体については別稿で検討したい。

274) ただし，以下のような憲法95条に基づかない法律がある。「古都における歴史的風土の保存に関する特別措置法」「明日香村における歴史的風土の保存及び生活環境の整備等に関する特別措置法」。

275) 最大判平成 8（1996）年 8 月28日民集50巻 7 号1952頁。最終的には最高裁で原告側が敗訴している。

276) 東京地判昭和39（1964）年 5 月 2 日判例タイムズ162-149頁。

277)「告示」形式のものにも「規則」同様法的拘束力がともなうことがある。

278) 本章は，佐藤潤一「改憲問題の現況と課題に関する覚書―憲法と平和を考える視点―」『平和学論集Ⅳ』（産研叢書，2010年）63-88頁と同様の課題を扱っており，重複する部分があることをあらかじめお断りしておく。

279) 高見勝利「主権論―その魔力からの解放について―」『法学教室』69号・小嶋和司「『主権』論おぼえがき」〈その 1 〉同著『憲法と政治機構』（小嶋和司憲法論集 2 ，木鐸社，1988年）所収。

280) 本書第 1 部「憲法総論の再検討」第 3 章第 2 節参照。読者の若干の重複をいとわず簡単に述べておく。

281) ルソー（桑原武夫・前川貞次郎訳）『社会契約論』（岩波文庫，1954年）。

282) アベ・シェイエス（大岩誠訳）『第三身分とは何か』（岩波文庫，1950年）。

283) 芦部信喜『憲法学Ⅰ　憲法総論』（有斐閣，1992年）244-245頁，本書第 1 部第 3 章第 4 節 4 。

284) 以上について本格的に議論を進めようとすると独立の論文が必要となる。ここでは，関連する重要文献を挙げておくにとどめたい。さて，ケルゼンの著作における根本規範論は変遷があり，一冊の著作を挙げるだけでは十分ではない。入手しやすいものを中心に，代表的なもののみを挙げておく。Hans Kelsen, Allgemeine Rechtslehre, 1925（清宮四郎訳『一般国家学』岩波書店，1971年）；Reine Rechtslehre, 934（横田喜三郎訳『純粋法学』岩波書店，1973年）What Is Justice?, 957, sp., p. 224.; Hans Kelsen, General Theory of Law and State, 1945, esp., p. 121（尾吹善人訳『法と国家の一般理論』木鐸社，1991年）。ケルゼンの学説については，長尾龍一『ケルゼン研究Ⅰ』（信山社，1999年），菅野喜八郎『国権の限界問題』（木鐸社，1978年），同『続・国権の限界問題』（木鐸社，1988年），同『論争　憲法―法哲学』（木鐸社，1994年），新正幸『純粋法学と憲法理論』（日本評論社，1992年）などを参照。ケルゼンの主張する「根本規範」が日本の憲法学の通説的理解と異なると指摘するものとして，菅野前掲『論争　憲法―法哲学』所収の「Ⅶ　憲法制定権力論と根本規範論」（同219頁以下），新前掲『純粋法学と憲法理論』所収の「第二章　清宮憲法学と純粋法学―根本規範論を中心として」

（同111頁以下）を参照。シュミットの学説については，政治学に関するものまで視野に入れると膨大であるが，さしあたってはシュミット（尾吹善人訳）『憲法理論』（創文社，1972年），菅野前掲『論争　憲法―法哲学』所収の「Ⅶ　憲法制定権力論と根本規範論」（同219頁以下）参照。なおシュミットの学説は当然憲法改正の限界に関するものに限らないが，全てを網羅的に挙げることはとてもできないので，ここでは省略する。近年，菅野前掲論文（「Ⅶ　憲法制定権力論と根本規範論」）と同様の主張をしている（ただし理論的根拠は異なる）論文として，長谷部恭男「われら日本国民は，国会における代表者を通じて行動し，この憲法を確定する」同『憲法の境界』（羽鳥書店，2009年）第1章（同3頁以下）がある。

285) Die Organisation der Rechtsgemeinschaft, 2. Aufl. Zürich: Polygraphisher Verlag A. -G., 1944, S. 213.

286) 阪口正二郎『立憲主義と民主主義』（日本評論社，2001年）参照。

287) 第2部第3章第1節3参照。

第3部　人権総論体系再考

問題の所在—人権という考え方

　そもそも人権とは法的にどのように扱われるべき概念であるか。[1]

　この課題は憲法（日本国憲法に限らない）における人権保障をどのように法的に位置づけるか，権利章典（Bill of Rights; Human Rights Charter）は国によってその形態が大変に異なるが，それをどのように整合的に理解すべきか，という一般国家学，比較憲法学的に十分に解明されているとは言い難い困難な課題ともかかわるものである。それ自体一書を要するような（それでも足りないような）大きな課題である。

　本稿は，国際人権法が発展するにいたった戦後の状況を，近代市民革命以降の各国内における人権保障と整合的に理解するためにどのような視点が有用であるかについての一試論を提示するための序論的研究を行うものである。

　その際に，アメリカのホーフェルド以来の，自然権概念に頼らない人権体系の考察，特に近年の新正幸説示唆を受けつつ，[2]単に従来の国内人権保障の延長線上にあるものとして国際人権法を捉えるのではなく，両者を現時点で整合的に理解するための視点を提供することが本研究の最終的な目的である。そのためには，①　人権が観念としてどのように理解されるべきか，②　国際人権法理解のための「人権観念」の整理，③　①②の関係，④　両者を包摂するような分類・類型化の提唱が必要となってくる。本稿はこのうち，①の課題について，主としてまずは日本における人権観念の捉え方と分類・類型化のための視点をまずは提供することを目的として執筆された。自余は将来の課題とせざるを得ない。

第1章　人権の歴史・定義と分類の基本

第1節　人権の歴史

1．イギリス

人権概念は，イギリスにおける civil rights にまで遡る。

古く立憲的秩序が確立されたイギリスは，成文の憲法典（written constitution）を有しないが，憲法的秩序を定める文書はある。マグナ・カルタ（Magna Carta 1215），権利章典（Bill of Rights 1689），王位継承法（Act of Settlement 1701），スコットランド合同法（Act of Union with Scotland 1707），議会法（Parliament Acts 1909 and 1949）。こういった制定法が，イギリスにおいては「憲法」の中核を為す。権利章典は，抽象的な「人権」（human rights）を定めたものではなく，イギリス臣民の権利であった。

ヨーロッパ人権条約に国内法上の効力を付与した1998年人権法（Human Rights Act 1998）が，すでに一種の憲法典であるかについては，まだ議論の余地がある。もっとも，EUからの離脱を意味する Brexit が成立した今，EU法とヨーロッパ人権条約との関係について論じられてきた多くの論点が，今後イギリスにおいてより複雑な法的問題を惹き起こすであろう[3]。しかし本稿はそのような個別国家における法的問題について論じようとするものではない。比較憲法的に（日本にとって）重要な諸国の憲法を参照しつつ[4]，人権総論体系を確立するための序論的考察をすることが目的である。

さて，人権保障は，歴史的に見れば，このようなイギリスで展開した貴族の，国王に対する権利が，国家権力の干渉を防ぐ「自由権」となり，それが貴族以外の一般市民に拡大することによって，さらに政治的権利も主張され，当初は女性や奴隷が除外されていた「市民」にまさに「全ての人」が含まれるようになって，「社会権」が主張されるようになったと解されている[5]。

２．成文憲法国

　現在の「人権」観念は，詳細な歴史を検討することは本稿の想定する課題を
超えるが，ごく簡単に整理しておきたい。[6] 成文憲法国においても，憲法典（あ
るいは憲法と扱われる人権法）においても人権それ自体は通常定義されない。た
だし，イギリスの人権法，オーストラリアの人権法（正確には人権に関する
州法であるが），ニュー・ジーランドの人権法などは，ヨーロッパ人権条約や
国際人権規約自由権規約のような人権条約に定められているものが「人権」
human rights である，といった定義の仕方をしている。[7] 他方，アメリカのよ
うな古くからの成文憲法国，フランスのように未だに1789年人権宣言が人権宣
言文書の基本となっている国における人権観念がある意味結局のところ種々の
人権条約における人権観念の基礎となっていると言える。

　いずれにせよ，人権保障の方式が国により相当に異なっていることは留意さ
れてよい。さらに，国際人権をも考慮に入れて「人権」という発想を理解する
場合には，さまざまな問題点が生じる。

　次項においては，仮説的な人権の定義を踏まえつつ，従来主張されてきた人
権の分類について整理してみたい。

第２節　人権の性質論・定義と分類

１．人権の性質論・定義

　日本国憲法の解釈書では人権は「自然権」であるとする強い主張があるが，
その意味するところは必ずしも判然としない。

　憲法11条や97条は，「基本的人権」が人類多年に亘る努力の成果であるこ
と，現在及び将来の国民に「信託」されたものであることを示しているのに対
し，12条は「この憲法が国民に保障する自由及び権利」は，国民の「不断の努
力」によって保持すべきものであって，「公共の福祉のために利用する責任を
負う」ものであるという。つまり，基本的人権と，憲法が保障する権利は別
だ，という読み方は可能ではないか，という主張があるのである。

　このような立場から，本来人権とは近世の文芸復興・宗教改革によって明ら
かにされた，理性の必然（Vernunftnotwendigkeit）であって，近代精神におけ
る人類の信念である。したがって，人権は他人に受忍その他の義務を課するも

のではないし，他人の権利を侵害するものでもない。そのようなことには特別の法的根拠が必要で，理性の必然に認められるところではない。このように，「自然権」的なものとして人権をとらえる立場からは，国家による侵害を防ぐという「自由権」，および各人が自由であることの必然的な結果である平等（権）のみが人権であって，それ以外は，憲法で保障される基本権（にすぎない）というのである。すなわち，人権は憲法典に規定されていようがいまいが保障されるが，基本権は憲法典から削除されれば保障されないことになる。[8]

　このような区別は理念的には意味を持つこともあるが，人権は規定に書かれた内容が一つの性質からだけ理解できるようなものではないとの立場から，「人間が人間であることにのみもとづいて当然に，國家や憲法にさきだって，享有すべきもの[9]」というように人権を定義する説が有力である。もともとは人権というのはキリスト教国において成熟してきた観念で，「神」（God）の存在を前提とした「自然法」という考え方に基づいた観念であったが[10]，日本においてはそもそもキリスト教が必ずしも普及しているわけではなく，日本の憲法の内容を考える時にキリスト教を前提にするのも違和感が大きいので，このような定義の仕方をしているのである。

　以上の検討を踏まえ，人権の定義として，仮説的に，次のように捉えておこう。

　すなわち，人権とは，国会のつくる法律の力をもってしても侵すことのできない権利で，憲法によって保障されたものである。したがって，「法律の範囲内で」保障される，というような考え方は成り立たない。人権とは，「人間の尊厳」に基づいて認められる，各人の生活上の基本的な利益や要求であって，憲法の保障を受けるものである。このような定義づけを一応の前提として，さらに，現代における国際人権保障のための条約整備が進みつつある状況を踏まえて考察すると，さしあたって，次のように言えるであろう。

　人権は，一人ひとりの個人的属性，社会的地位等を捨象して，自由かつ平等な個人を確立するための手段といえるが，国際人権法は，むしろこのようなそれぞれの「属性」「社会的地位」に着目して規定を置き，最終的に独立した個人の「人権」を確保しようとするものだといってもよい。[11]

　このような人権の性質論・定義は，必ずしも十分に論じられていない。[12]もち

ろん，様々な性質を有する人権を一括して定義することそれ自体の有用性が疑われるべきで，本稿の主題もそこに存する。

さて，「人権」（human rights）観念が無かったイギリスで，人権と市民的自由に関するヨーロッパ条約・通称ヨーロッパ人権条約違反の判決が続き，同条約は1998年に国内法化された（1998年人権法）。しかし大日本帝国憲法（以下「明治憲法」）時代の日本と同時代のイギリスにおける権利保障状況はこのことと同断には語り得ない。[13]

2．人権の分類

（1）日本国憲法の人権規定

日本国憲法は比較的整理された人権条項を有している。すなわち，日本国民の要件（第10条），人権の総則規定（第11条～第14条）を置いた上で，参政権（第15条），請願権（第16条），国家賠償請求権（第17条），人身の自由（第18条）について規定した上で，国家権力が一般市民に対する干渉をしない，という意味での自由権につき規定する（第19条～第23条）。次いで家族に関する規定と婚姻に関する男女平等・対等を定める第24条を置いた上で，いわゆる社会権について規定し（第25条～第28条），さらに古典的自由としての財産権について規定する（第29条）。その上で，納税の義務（第30条）規定をはさんで，裁判に関わる諸規定を置いている（第31条以下）。

こういった諸規定を，大まかに言えば，①総則的規定（10条～14条，24条），②自由権（精神的自由権［19条～23条］・経済的自由権［22条・29条］・身体的自由権［18条，31条～39条］），③社会権（25条～28条），④国務請求権（15条～17条，32条，40条），⑤参政権（15条）に類型化するのが有力説といえる。

（2）人権分類の相対性と歴史

しかしながら，このような整理は相対的なものに過ぎない。

日本の憲法学は当初はドイツ憲法学に影響を受け，特にゲオルグ・イエリネック（Georg Jellinek）の提唱した「地位理論」を元に人権分類の基礎とされてきた。

① **イエリネックの分類**

　イエリネックの「地位理論」は『一般国家学[14)]』,『公権論[15)]』で概略が示されている。理論の基礎が那辺にあるかは「人及び市民の権利宣言[16)]」に示されている。イエリネックの主張は，フランス革命に対する批判的視点も有しつつ，社会学的国家観にたつ点日本の憲法学に多大の影響を与えている。問題は，イエリネックの主張は，あくまで古典的，ローマ法的な status すなわち「身分」を国民の status すなわち「地位」に組み替えようとするものであったことである[17)]。

　イエリネックは，臣民の国家に対する関係を，受動的地位・消極的地位・積極的地位・能動的地位の四つに整理したのであり，それを異なる観点から整理しなおしたのが，イエリネックに師事はしたものの学説的には批判的立場をとったハンス・ケルゼン（Hans Kelsen）の分類であった。

② **ケルゼンの分類**

　ケルゼンは，国民の国家に対する関係を受動的関係・能動的関係・消極的関係に整理する。ここで言う消極的関係は，「無関係の関係」とでも言うべきものであり，受動的関係とあわせて，自由権を指すけれども立ち入った検討はなく，国家機関に何らかの形で関わるものをすべて能動的関係として整理しようとするものである。通常「人権」という語で想起される自由権や社会権は体系的には浮かび上がってこないように，一見するとおもわれるのである[18)]。ケルゼンの説については，後程もう少し詳しく触れる。

③ **宮澤俊儀の分類**

　イエリネックの影響下にあった美濃部達吉に師事した宮澤俊義は，ケルゼンの議論も参照して「国法により義務付けられる受動的関係」（義務）「国法に対して無関係の関係」（たんなる自由）「国法に対する消極的な受益関係」（自由権）「国法に対する積極的な受益関係」（社会権）「国法の定立その他国家活動に参加する関係」（能動的関係＝積極的な関係（受益請求権）＋狭義の能動的関係（参政権））という整理を行った[19)]。

④ **現代の有力論**

　これをさらに換骨奪取して通常行われる整理が，精神的自由権・経済的自由権・人身の自由・国務請求権（受益権）・参政権・社会権という分類である。

　しかしすぐに気がつくように，この「分類」は規準が一定でなく，理論的に体系だっているわけでもない。歴史的な展開に基本的に沿ってはいる点に一応の利点はあろう。

　このような分類に対して，近年は渋谷秀樹による次のような分類も提唱されている。それは，身体の所在（移動の自由・人身の自由・刑事裁判上の自由），経済生活（社会権・経済的自由権），精神生活（精神的自由権〈内面的精神活動と外面的精神活動〉），共同生活（集う自由・参政権・救済の保障）のように大きく四分類しようとするものである。[20]

　以上のごく簡単な検討を踏まえ，まずは日本の憲法状況における人権総論体系の再考に移りたい。

第2章　人権総論体系考察の前提

第1節　特権・人権・基本権

　日本国憲法が基本的人権の保障を重要な原理としていることは条文の数だけからも明白なようであるが，しかし「人権」とはなにか，を具体的に考察しようとすると，種々の困難に直面する。

　日本国憲法の人権条項だけみても，誰の人権かが，かならずしも書いてあるわけではないし（たとえば13条は，普遍的な「生命・自由・幸福追求」の権利を「国民の権利」と規定しているし，21条1項は，保障主体の言及なく「……表現の自由は……保障する」と規定する），単に権利とか自由というのと，基本的人権というのと，使い分けしているようにもみえる（11条・12条・97条参照）。[21]

　日本において人権総論体系を考察しようとする際，日本において自然発生的に伝統的に出てくる概念であるわけではなく，また宗教的な素地もないため，第2章までで多くの国において発達した人権観念が同時並行で受け入れられたことで，かえってその理解に支障が出ているともいえる。

　イギリスのマグナ・カルタは本来，貴族の「特権」（prerogative）であり，イギリスにおける civil rights もアメリカにおける civil rights もイギリス人の権利，アメリカ人の権利であったが（Bill of Rights は本来その趣旨であった），市民革命期に仏米で確立した人権（human rights）思想が近代成文憲法典の前提であった。これが国際的な広がりを持ったのが第二次世界大戦後であり，国際的な人権保障にかかわる条約は，最初から人権（human rights）観念から始まっているのである。これに対して，ドイツ特有の観念としての基本権（Grundrechte）は，先にイエリネックの分類紹介の際には基本的人権と区別せずに紹介したものの，近年ドイツにおける憲法裁判所による権利保障制度紹介と合わせ，直訳的に用いられるようになった観念である（Grund＝基本的；Rechte＝権利）。英米においては，立憲主義 Constitutionalism が近年強調さ

れるようにはなったものの，ダイシーをあげるまでもなく，従来は人の支配
rule of men に対するものとしての法の支配 rule of law 観念をもって論じら
れてきた[22]。日本において人権保障が立憲主義と関連づけて論じられるのも，本
来ドイツの特徴と言えるかも知れない。明治憲法時代比較的広く「立憲政治」
「立憲主義」の語が受け入れられていたのも，ドイツ公法学の強い影響を考え
れば，当然ともいえよう。

　人権観念と分類を考察する場合はさらに「女性の人権」や「子どもの人権」
といった表現についても考察すべきであろう。人権が自然権的なものであり生
まれながらに有すべきものと観念されるとすれば，本来，女性の人権や子ども
の人権などというものは存在し得ないはずなのである。属性によって保障さ
れるべき権利だとすれば，女性や子どもの「特権」というべきであろう。他方
で，当該カテゴリに入らなければ保障の意味がないという意味で，「労働者」
の権利や「被告人」の権利が用いられることには特段の問題がないと言える。
いかなる立場に立つにせよ，先に提示した《人権は，一人ひとりの個人的属
性，社会的地位等を捨象して，自由かつ平等な個人を確立するための手段とい
えるが，国際人権法は，むしろこのようなそれぞれの「属性」「社会的地位」
に着目して規定を置き，最終的に独立した個人の「人権」を確保しようとする
ものだといってもよい》という整理は，こういった思考を踏まえたものであっ
た。

　以下，歴史的分析・哲学的分析・論理学的分析を紹介しつつ，あるべき人権
総論体系の考察へと移りたい。

第2節　日本の歴史と人権

1．明治憲法以前

　明治憲法以前においては，統治の基本体制を定めたルールとしての「憲法」
は，あえていえば「政体書」であった，といえよう。政体書は，天皇ではな
く，三権（立法・行政・司法という現在とは若干異なる観念を用いているが）を総括す
る太政官（当初は実態なし）が合衆国憲法の影響で置かれ，あたかも大統領制の
ようにも解し得ると同時に，江戸時代までの律令制下の大蔵省などを設けたも
ので，いかにも過渡期の制度文書であった[23]。副島種臣・福岡孝弟が起草したも

のとされ，アメリカ合衆国憲法・『西洋事情』等が参照された。政体書は1868年6月11日（慶応4年＝明治元年旧暦閏4月21日）に発布されたもので，この時点では人権観念は日本においては全く存在していない。

2．明治憲法

明治憲法は，憲法典の前に長文の「告文」と「憲法発布勅語」があり，日本国憲法の前文のように一定の法的効力があるものと理解されていた。[24] 明治憲法は，一般的に形式的法律の留保規定を人権規定（臣民の権利規定）においており（「法律ニヨルニ非サレハ」＝法律の根拠がなければ権利を制限できないとしていた），制定過程における森有礼と伊藤博文の議論を上げるまでもなく，起草者は一応近代憲法の意味を理解していたといえる。憲法典の文言にかかわらず，明治憲法の解釈者は，一様に「日本国民の権利」を論じ，フランス人権宣言やアメリカ合衆国憲法に言及している。[25]

3．日本国憲法の制定

日本国憲法の制定時，ポツダム宣言以降，fundamental human rights の訳語としての「基本的人権」が用いられるようになり，日本国憲法制定議会において，社会権規定の導入がなされた。また憲法制定当初は見られなかったものの，警察予備隊設置から自衛隊の誕生の時期から徐々に主張された考え方として，日本国憲法前文第2段落（第2項）にある「全世界の国民…が平和のうちに生存する権利」を「平和的生存権」と理解し，憲法97条に表れている信託思想と関連付ける主張も存在している。[26]

第3節　ホーフェルドの理論

1．ホーフェルドの理論

このような日本で展開されてきた分類論を再検討するために有用な理論として，ホーフェルドによる「法的様相の理論」がある。[27]

ホーフェルドは，権利（right）を「請求権（claim right）又は狭義の権利（right *strictu sensu*）」，「自由（liberty）」，「権能（power）」，「免除（immunity）」に分類する。これらの関係を下のように整理する。斜めは反対（opposites）の関

係を，垂直方向は相関的（correlative）関係を意味する。これをしばしば行われる図式化に従って提示すると以下のようになる。

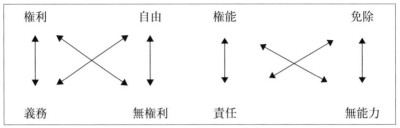

(Hofeld 及び Ratnapala 註27 ch 11より作成)

　ここでいう「権能」は人の法的地位における変更に影響を与える自由であり，責任（liability）は私がそのような変更に影響を与えない，という無権利である。また，「免除」は，他者がさまざまな側面において法的地位を変更すべきでないという権利であり，「無能力」は，そのような関係における「免除」の地位を変更しない他者の義務である。[28]

2．ハイエクとラトナパーラ

　ここで，ホーフェルドの議論を参照しつつ憲法上の権利について整理している，スリ・ラトナパーラの議論を引いておく。簡潔でかつ議論の整理に有用であると解されるからである。

ホーフェルドの命題に対する，公の義務に基づく反論は，二つの重要な見落としに由来する。第一に，個人に対して，特定の集団若しくは公衆各々及び全ての公衆に関して同一の義務を課す法は，何も異常なものではない。まさに，集団若しくは公衆各々若しくは全ての公衆に対し，特定個人に対するのと同一の義務を課すような法がなんら異常でないのと同様に。したがって，私は，私が車を運転する時に公衆各々及び全ての公衆に対して注意義務を負っている。全ての公衆は，私の土地を侵害しない個人的義務がある。ホーフェルドの分析は，公的義務と私的義務との間のミスリーディングな二分法を打ち破る長所を持つ。第二の見落としは，ホーフェルドの分析においては，権利の存在問題（the question of the existence of a right）は，その権利の侵害に対する法的救済の可能性問題（the question of the availability of a remedy for the violation of that right）と区別されていることに関わる。警察官が交通秩序を維持する義務は，自動車運転者が，その警察官が

彼又は彼女のその義務を誤って行った場合に迅速な法的救済を受け得ないとしても，自動車運転者に対する警察官の相関的権利を与えるものである。たとえ効果的な法的救済が可能な場合であっても——損害を受けた当事者が損害賠償を訴える事が出来，若しくは特権令状（prerogative writ）を求め得る場合であっても——その法的救済の発動は新たな法的関係をもたらす。したがって，私は損害賠償を求めて訴える権能を有し，且つ，不法行為者（tortfeasor）は訴えられる責任がある。一旦判決が私に有利になるように下されたら，私は，被告が判決で認められた損害賠償金を私に支払う義務と相関関係にある新たな権利を持つ[29]。

ここで主張されているように，「権利の存在問題」と，「権利侵害に対する法的救済の可能性問題」の区別は重要である。私法上の権利は，まさに権利侵害に対する法的救済の可能性がなければ無意味であるが，憲法上の権利については，この二点を区別して考えなければならないからである。この点，日本国憲法の解釈として，裁判規範性を持たない憲法上の権利を無意味なものととらえようとする立場は問題である[30]。そもそも憲法は直接の裁判規範ではないのであって，裁判規範性を持つ条文はむしろ例外に属する。

さらに，日本の憲法学においてはあまり明らかにされていないが，法律がなければ権利として無意味になる財産権の意味や，消極的自由権と呼ばれる，通常「国家からの自由」と呼ばれる権利の性質を考えるに当たって，次の指摘は示唆に富む。

権利と責任は概念的には区別できるけれども，規範システムにおいては，両者は互いが無ければ存在し得ないことは明らかである。特に自由は，所有権として存在する場合には，他者の義務と相関関係にある権利によって保護される。私の自由は，無能力を含む義務（権能を行使しない義務）が，私に対する関係で他者が持ち出す行為についての法的ルールであるが故に存在する。行為ルールは議会及びその他の国家権力の権能を制限する憲法上のルールを含む。私は，言論に関して，私に対する相関的な権利及び免除を与える議会及びその他の政府機関に対して憲法が課す義務と無能力の範囲内で憲法上の言論の自由を有する。逆に，権利は自由が促進する見地からのものを除き，無意味でもある。私の財産権は他者のそれと相関関係にある義務によって保障されるのであり，財産権は，私が自分のためにそれを用いる自由を許容している範囲を除くと，無意味である[31]。

なお，社会権の法的性質については，日本の憲法学においては，法的権利説

が有力である。同説にしたがえば，立法府が社会権実現のための制度を整備するか否かは政策的な裁量にまかされているというプログラム規定説は否定される。しかし，社会権実現のための法整備が要請されるとしても，制定された法律それ自体への規範統制がどの程度及ぶのかという点からは，法的権利説は必ずしもその意義が明確ではない。

　ここで，ハイエキアンの立場から，ホーフェルドの命題に基づき社会権の意義を整理するラトナパーラの指摘は重要である。

　　古典的―自由主義的な関心事は，通常，公的な干渉並びに威圧からの自由という意味における消極的自由を保護することにあった。福祉国家理論家は，消極的自由の観念を，欠乏からの自由に拡張しようとしてきた。例えば，彼らは社会保障給付，最低賃金，並びに健康管理と教育を含む自由なまたは補助的な商品若しくはサービスの範囲を確立しようとする。欠乏からの自由という願いは――ある種の実質的な生活条件の意味では――，私たちの生活に対する物理的圧迫の縮減によって，私たちの物理的自由の範囲を拡張しようとの願いである。けれども，この拡張は，国家を含む，他者の規範的若しくは義務論的自由の縮減によってのみ達成されることができる。この縮減は，法が国家を含む人に対して，福祉を変容させ，指定条件にかなう場合にのみ商品及びサービスを提供するような義務を課すことで達成される。自由の概念的可能性を拡張することは，ある種の人の一部に積極的義務を付加することを要請する。これとは対照的に，規範的若しくは義務論的な自由の拡張は，全ての人に対する消極的義務を課す。[32]

　このようなホーフェルドの命題に基づく整理にはいかなる利点があるか。
　端的に言えば，《憲法規定や条約で「自由」と書かれていたり「権利」と書かれていたり，規範的文書の表現がいかなるものであるかということは，その権利の性質を規定しないこと》が明確になることにある。
　もちろん憲法規定は歴史的に形成されてきたのであり，憲法が制定された時点で侵害されていると考えられた権利が強調される。
　アメリカ合衆国連邦憲法第1修正が，国教の樹立禁止，信教の自由，結社の自由，表現の自由をまとめて規定しているのは，イギリスからの独立の根本原因との関連が容易に見てとれる。アメリカ合衆国連邦憲法に影響を受けたオーストラリア連邦憲法は，権利章典を持たないけれども，アメリカ合衆国連邦憲法と同様に，著作権への言及があり，信教の自由についての規定を有す

る。フランス人権宣言は，財産権の不可侵を強調するが，第三身分の財産権保障が不十分であったことを反映している。ワイマール憲法が所有権は義務を伴うと規定したのは，私有財産制度が確立していたことを反映していると解される。日本国憲法が刑事手続に関する詳細に過ぎる規定を置くのも（第31条〜第40条），戦前特に第二次世界大戦中に人身の自由に対する過度の侵害が行われたことへの反省と解される。

　ここで確認すべきは，各国における権利章典はその表面的な規定文言だけで判断されるべきではないということである。しかし，憲法学者や法律実務家は別として，規定がなければ権利保障もないのではないかと考えるのは無理もないことである。人権教育という観点からも，明確な文言で人権の規定が置かれていることは有益である。

　憲法は，さまざまな形態をとる。繰り返しになる部分もあるが，あえて一言しておけば，イギリスはまとまった「憲法典」を持たない。これはニュー・ジーランドも同様である。ニュー・ジーランド同様イギリスの自治領からゆるやかな独立の道をたどったカナダやオーストラリアの憲法は，もともとイギリス議会が制定した法律であった。アメリカ合衆国連邦憲法はイギリスへの対抗という意味も強く，あえて詳細な憲法典が置かれている。挙げていけばきりがないが，憲法典は，改正が容易でないのが普通である。人権条項を憲法典に挿入しようとしても，失敗することもある。典型的なのはオーストラリアであって，憲法典への人権条項挿入が成功していない。しかし立憲主義思想は定着しており，裁判所による違憲審査制も確立しているうえ，議会は人権保障のための法律を制定してきた。その際に参照され且つコンセンサスを得やすいのが国際人権法である[33]。

　オーストラリアやカナダのように国内における人権保障について，特に先住民との関係で複雑な歴史的事情があるにせよ，その人権保障の程度が相当に高い国にあっても，国際人権法は一定の意義を持つ。まして人権保障が確立していない国にあってはなおさらである。

第3章　人権体系論再考
—日本におけるホーフェルド理論の受容

第1節　日本におけるホーフェルド理論の受容

　本節では，論理学的精密さを重視する人権の分類／性質に関する学説を検討する。

　新正幸は，ホーフェルド理論の受容過程について次のように整理している。[34]すなわち，ホーフェルド理論を受容された理論として抽象化し，「法的様相（legal modalities）の理論」とする。ホーフェルドによる法的基本概念と基本関係の定式化[35]を基礎にして，ロス（Alf Ross）が法的位置（legal positions）と法的関係（legal relations）の理論として再構築したものであるというのである。[36]

　以下，新による整理を，簡潔にまとめておこう（先にホーフェルド論文とそれについてまとめているラトナパーラによる整理と重複するが，新による整理を示しておくための措置として了承いただきたい）。新は，ホーフェルドの主張を「法的様相の図式」として次のように図式化したうえで，整理している。

　ここで論理記号「～」すなわち「法的相関（Jural Correlatives）」は，次のようなことを意味するとされる。「A～B」との表記は，《AとBは等値（equivalent）（論理学的には「逆」converse）》である。法的等値とは，例えば，「Xは，Yに対して，金1万円の返還を求める権利（請求権）をもつ」と，「Yは，Xに対して，金1万円の返還の義務をもつ（負う）」が等号で結ばれることを意味する。また「Xが，Yのある法関係Zを変更しうるとき，Xは，Yに対して法関係Zについての法的権能をもつ」は「Yは，Xに対して法関係Zについて，（それに従う）法的責務をもつ（負う）」と等号で結ばれる。「←→」（上記の図では縦に示されているが）は《法的反対（Jural Opposites）》すなわち「一方が他方の否定となりその逆の関係も成り立つという関係」であり，論理学的には「反対対当」（contrary opposition）である。たとえば「Yは，Xに対して，金1万円の返還の義務をもつ（負う）」は「Yは，Xに対して，金1万円の返還をしな

行為規範の様相（権利の領域）		権限規範の領域（権限の領域）	
権利（請求権）　　　〜　　　義務		権能（権限）　　　〜　　　責務（従属）	
（right, claim）　　　　（duty）		（power）　　　　（liability）	
		（competence）　　　　（subjection）	
↑　　　　　　　　↑		↑　　　　　　　　↑	
↓　　　　　　　　↓		↓　　　　　　　　↓	
無権利　　　〜　　　特権		無能力　　　〜　　　免除	
（no-right）　　　（privilege）		（disability）　　　（immunity）	
＝自由		＝もう一つの自由	
（liberty）		（liberty）	

（Hofeld 及び Ratnapala 註27 ch 11より作成）

いでおく特権をもつ」と法的反対関係にある。ここで義務の否定が両面的である場合は，「返還することも返還しないことも義務づけられていない」ということであり，「返還するもしないも『自由』である」ということになる。この意味での「自由」は，「特権」たる「自由」である。これに対し，例えば「Yは，Xに対して法関係Zについて，（それに従う）法的義務をもつ（負う）」の法的反対は「Yは，Xに対して法関係Zについて（それに従わない）法的免除をもつ」であり，ここでいう《免除（無従属）》は「一定の法関係について，他人の法的権能の『統制』に服しない」ということであって，すなわち「『統制』から『自由』である」ということであるから，これは「権限規範の領域の自由」（もう一つの自由）である，というのである。先に引用したラトナパーラの整理と同様ではあるが，この後に言及されるアレクシーによる整理と対照させるためであろう，論理記号の説明と合わせた整理である。

　次いで新は，アレクシー（Robert Alexy）による整理を紹介する。[37]アレクシーの手法は，述語論理学による記号化である。ここで「R」は「権利」（Recht），「RP」は「法的位置」（Rechtliche Positionen），「O」は「義務」（Obligation），Kは「権限（権能）」（Kompetent），「S」は「服従（責務）」（Subject），aとbは当事者としての「個人」である。以上の定義をしたうえで，次のような記号を設定し，整理しようとする。「権利の命題：$RabG$」は「個人a　は，個人bに対して，あること（G）を求める権利（R）をもつ」であり，「権限の命題：

Kab（RPb）」は「個人 a は，個人 b に対して，b の法位置（RPb）を変更
しうる（創出しうる）権限をもつ」である。ホーフェルドの理論を受容しつつ，
アレクシーは次のように記号化できると主張する（正確には，そう新が整理してい
る）。

法的様相（位置）の図式の記号化

行為規範の様相（権利の領域）		権限規範の様相（権限の領域）	
$RabG$	$\sim$　　$ObaG$	Kab（RPb）	$\sim$　　Sba（RPb）
↑	↑	↑	↑
↓	↓	↓	↓
$\neg RabG$	$\neg ObaG$	$\neg Kab$（RPb）	$\neg Sba$（RPb）
	$\neg Oba\neg G$		

（新註34）文献より。以下本部における図表はすべて新の著書による）

　これはアレクシーによるホーフェルドの理論をそのまま記号化しているだけ
であり，アレクシーの主張の眼目は次の点にある。すなわち，「行為規範と権
限規範の特質」を「義務論上の方形（das deontische Quadrat）による図式化」で
示そうとするのである[38]。ここで新たな記号が約束される。すなわち，O：(an)
order（to do），F：forbid（a person to do），P：permit である。さらに，
p：義務論上の同一記述内容を意味する命題根（Satztradikal by Wittgenstein）／
名詞句（Phrastik by Hare）と L：liberty（latenich = libertas; Deuche = Freiheit）
が用いられる。アレクシーによる「義務論上の様相（Modalität）を演算子
（Operator）により記号化したもの」は次のようなものである。
　以上を踏まえて，アレクシーに従えば，「自由」は

$$Lp =_{df} Pp \quad \wedge \quad P\neg p$$

と定義される[39]。
　新は，以上のように，ホーフェルドの理論を踏まえたアレクシーによる整理
を踏まえた記号化を行い，憲法上の「基本権」を次のように整理すべきだとす
るのである。
　なんどか用いられた「行為規範と権限規範」という整理を改めて次のように

188

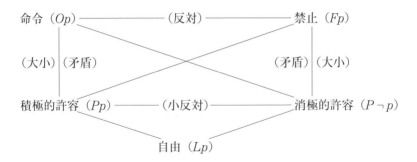

定義づける。

　「行為規範」は，「人間に一定の行為，すなわち作為または不作為を命じる規範」であり，「義務，権利および自由を定めることによって行為を資格づける」ものである。「権限規範」は，「法行為によって法的位置を変更・創出する創設的な法規範」であり，「法的能力の創出」をするものである。例えば，契約と契約制度，裁判判決と裁判制度，行政処分と行政組織・議会制度の関係である。ほぼホーフェルドの理論の祖述ともいえるが，「行為規範の領域」が「権利・義務・無権利・特権（自由）」であり，「権限規範の領域」が「権限・責務（従属）・無能力・免除（もう一つの自由）」である。行為規範違反は，不法行為による損害賠償が救済であり，権限規範違反は違法行為の効力の否認が救済となるのが原則である。行為規範は，個人の行為を直接に規律し，それを権利・義務・無権利・特権（自由）と資格づけるものであるから，第一次規範である。これに対し，権限規範は，権利・義務・無権利・特権（自由）そのものを変更するところの法的能力を授権するものであるから，第二次規範である。[40]

　新による整理は，以上を踏まえた「自由権」の定義にある。

　新は，自由権を「真性の基本権」として，次のように主張する。まず「行為規範の様相における自由権」である。ここでいう自由権は，義務の不存在，すなわち，両面的許容としての自由であり，免除は，無従属としての自由である。憲法的自由の法的位置はそれ自体原理上無限定である，としたうえで，憲法的自由の定義を，$LasG =_{df} PasG \land Psa \neg G \rightarrow Las(Ha / \neg Ha)$　とする。これは自由の定義　$Lp =_{df} Pp \land P \neg p$　に，個人＝自由の主体（a），自由の名宛人＝国家（s：Staat/state），自由の対象

基本権の一般的図式

行為規範の様相（権利の領域）		権限規範の様相（権限の領域）	
$RasG$　　　〜　　　$OsaG$		Ksb（RPb）　　　〜　　　Sbs（RPb）	
↑　　　　　　↑		↑　　　　　　↑	
↓　　　　　　↓		↓　　　　　　↓	
¬$RasG$　　　　¬$OsaG$		¬Ksb（RPb）　　　¬Sbs（RPb）	
¬Osa¬G			

（G：Gegenstand）を組み入れたものである。G は a の作為（H：handeln）
であり、¬G は a の不作為（¬H）である。ここで、a の行為選択の自由を国
家が妨げないことは、¬hinderts（Ha/¬Ha）と示される。

　以上を踏まえ、第一に、行為の自由が問題となる信教の自由、表現の自由な
どを自由権の基本型（第一群）とする。これは一定の行為（作為・不作為）の自
由であり、例えば「意見を表明することもしないことも自由である」は「意
見を表明することを禁止されていない／命令されていない」すなわち「積極的
許容（禁止の否定）かつ消極的許容（命令の否定）」であり、個人は、国家に対し
て、G〔ある対象〕について自由である、ということである。ベンサムのいう
「裸の自由」、アレクシーのいう「補強されていない自由」である。その補強
が、国家に対して憲法的自由の不妨害を求める権利であり、Ras（¬hinderts
（Ha/¬Ha））と示されるのであって、その法的反対は、当該憲法的自由を妨
害しないという国家の不作為義務であって、Osa（¬hinderts（Ha/¬Ha））
と示される。第二に、一定の固有性（生命・健康・身体そのもの）または状態
（住居）が問題となるものが、自由権の第二群、第三に、一定の制度上の法位
置が問題となる（財産権、所有権など）のが、自由権の第三群である。

　ここでいう「自由権の第一群（自由権の基本型）」の構造につき、憲法的
許容としての行為選択の自由（核となる憲法的自由）は、Las（Ha/¬Ha）、
国家に対してその自由の不妨害を求める権利（憲法上の実体的請求権）は、
Ras（¬hinderts（Ha/¬Ha））、この権利の侵害を裁判上主張する権限（憲
法上の裁判請求権ないし訴権）は、「核となる憲法的自由」と「憲法上の実
体的請求権」が一体となったもの、すなわち、個人の妨害排除権＝防禦権

（Abwehrrechte）であり，これが憲法的自由およびそれを国家に求める権利（請求権）といえる。したがって，憲法上の実体的請求権は，$Las\,(Ha/\neg Ha)$ $\wedge\,Ras\,(\neg\,\mathrm{hinder}s\,(Ha/\neg Ha))$ と示される。しかし，本来，核となる憲法的自由の法的位置は原理上無限定な，消極的性質のものであって，憲法上の実体的請求権と結合することで具体的請求権が発生するのである。憲法上の実体的請求権は直ちに憲法上の裁判請求権と結合する。そういう意味では，核となる憲法的自由が本質的な権利の性質であり，以後の「請求権」は実際には核となる憲法的自由と密接に結びつきそれを補強する派生的な性質を持つという。

　例えば，学問の自由は，「個人は学問研究の自由を持つ」が核で，そこから生ずる憲法上の実体的請求権が「国家は個人の学問研究の自由を妨げてはならない」さらに「大学や研究所の設立・拡充という積極的行為（作為）による積極的補強」も要請される。これが従来主張されてきた，人権の分類ないし種別の「相対性」だという。[41]

　ここで新はアレクシーによる実定憲法上の個別の基本権，すなわち「複合的単位としての基本権 Gruntrecht als Ganzes」と「基本権上の諸位置の束 Bündel von grundrechtlichen Positionen」の参照を求め，この主張の捕捉を図っている。

　「自由権の第二群（個人の固有性ないし状態の不侵害を求める権利）」の構造については，「憲法的許容としての固有性または状態の自由（核となる憲法的自由）」を $Las\,(Sa)$，「国家に対してその自由の不侵害を求める権利（憲法上の実体的請求権）」を $Ras\,(\neg\,\mathrm{beeinträchtg}ts\,(Sa))$，「この権利の侵害を裁判上主張する権限（憲法上の裁判請求権ないし訴権）」と類型化すべきとする。また「自由権の第三群（財産権の不可侵を求める権利）」の構造については，「現に保有する個々の具体的な財産権または所有権の行使」すなわち「制度上の「法行為 Rechtsakte：RA」つまり〈法行為が選択自由であること〉を $RAa/\neg RAa$，「憲法的許容としての法行為選択の自由（核となる憲法的自由）」を $Las\,(RAa/\neg RAa)$，「国家に対してその自由の不侵害を求める権利（憲法上の実体的請求権）」を $Ras\,(\neg\,\mathrm{verletz}ts\,(RAa/\neg RAa))$ としたうえで，「この権利の侵害を裁判上主張する権限（憲法上の裁判請求権ないし訴権）」を考察すべきものとする。

　なお，いわゆる制度的保障は，個人が財産権の主体となりうる能力それ自体が個人が財産権の主体となりうる「抽象的な法位置」（Rechtliche Positionen）を否定し，除去する（beseitigen）ことの禁止を意味するもので，国家が，個人のかかる抽象的法位置を除去してはならないという不作為の義務を負うものと説明する。つまり，制度的保障は $Os\,(\neg\,\mathrm{beseitigts}\,(RP))$ と示され，この記号化では国家の抽象的義務と義務の対象のみが示されているが，これを主観化すれば，$Ras\,(\neg\,\mathrm{beseitigts}\,(RPa))$ ～ $Osa\,(\neg\,\mathrm{beseitigts}\,(RPa))$ と示すことができるという。

　以上に対し，「権限規範の様相における自由権（国家の無権限に相関する個人の自由権）」として，「国家の無権限」の法的反対として「個人の憲法的無従属の法的地位」が定義づけられる。これは「国家の無権限に相関する自由権」，「憲法的無従属権／憲法的免除権」と同値である。そして，これが，「違憲審査制で問題となる自由権」である。これは，$\neg\,Sbs\,(RPb)$ ～ $\neg\,Ksb\,(RPb)$ とあらわされ，「〈個人（b）は，国家（s）に対して，国家による b の法位置（RPb）の統制から免除されている〉」ことを意味する。先の類型化に即すれば，「憲法的無従属（免除）としての自由（権限規範の様相において核心となる憲法的自由の位置）」が，$\neg\,Sbs\,(RPb)$，「国家に対してその自由の不侵害を求める権利（憲法上の実体的請求権）」が，$Rbs\,(\mathrm{verletzts}\,(\neg\,Sbs\,(RPb)))$，そして，「この権利侵害を裁判上主張し侵害行為の効力の否認を求める権限（憲法上の裁判請求権ないし訴権）」が想定できる。

　以下，「法の下の平等」，「参政権」，「社会権」についても同様に整理される。

　法の下の平等についても，「行為規範の様相における平等権」は，「憲法的許容としての平等（行為規範の様相において核となる憲法的平等の法的位置）」が想定され，これは「差別してはならないという国家の不作為義務」の法的反対である。これは「個人の行動が不平等な処遇によって「命令」されたり「禁止」されたりしない」と同値であり，個人の行動は国家により「許容」されている，と定式化される。「不平等な処遇によって」の前提を外せば，自由権と変わらない。自由権と同様にして，「国家に対してその平等の不侵害を求める権利（憲法上の実体的請求権）」と「この権利の侵害を裁判上主張する権限（憲法上の裁判請求権ないし訴権）」が定式化される。これに対し，「権限規範の様相におけ

る平等権」は、「憲法的無従属（免除）としての平等（権限規範の様相において核心となる憲法的自由の位置）」、「国家に対してその平等の不侵害を求める権利（憲法上の実体的請求権）」、「この権利侵害を裁判上主張し侵害行為の効力の否認を求める権限（憲法上の裁判請求権ないし訴権）」と定式化されることになる。

　さらに、「広義の基本権の構造」として、参政権と社会権が取り上げられる。

　参政権、特に選挙権は、「議院の選挙という国政に参加する国民の憲法的権限（核となる憲法的位置）」、「選挙制度を前提とし、それによって具体化されるべき民主主義的な抽象的位置」を有するため、公務執行の権限を考えれば、権限規範の様相のみが問題となるのであって、行為規範の様相（権利の領域）は問題となり得ない。ところが「国家に対してその権限を求める権利（憲法上の実体的請求権）」については、公務執行権限の補強であり、それ事態は行為規範の様相にあることになる。また、この権利の侵害を裁判上主張する権限（憲法上の裁判請求権ないし訴権）は、憲法上の実体的請求権が、それを補強するための訴訟法上の「権限」を導出することになる。

　社会権については、ここまでの抽象的な考察から若干具体的な様相を呈する。すなわち、判例の多くが、行政庁の裁決や処分の取り消しを求める事件（cf 朝日訴訟；堀木訴訟）であり、行為規範の様相における社会権（国家の作為義務に相関する国民の社会権）は、「個人（a）が、国家（s）に対して、国家（s）が社会的給付という積極的行為（G）を行うことを求める権利であり、国家の積極的行為を求める権利を、（通説に従って）給付請求権とする。ただし、給付の内実についての説明が異なる。すなわち、それが一定の法規範 $norm$ の制定（規範的行為）である場合と、一定の事実 $fact$ 上の給付（金銭ないし現物やサービスの提供：事実的行為）を求める場合とに分けられるのであって、規範的行為を求める給付請求権は、$Ras\,(H_n s)$ と、事実的行為を求める給付請求権は、$Ras\,(H_f s)$ と記号化される。これを踏まえ、「国家から一定の事実的給付を受けるべき憲法上の法的位置（行為規範の様相における核となる社会国家的位置）」「国家に対してその法的位置ないし給付を求める権利（憲法上の実体的請求権）」「この権利の侵害を裁判上主張する権限（憲法上の裁判請求権ないし訴権）」が定式化される。これに対して、「権限規範の様相における社会権（国家の積極的責務に相関する国民の社会権）」は、「国家から一定の給付を受けるべき憲法的権限（権限

規範の様相における核となる社会国家的位置）」は抽象的な性質を持つが，「この権限の実現を国家に対して求める権利（憲法上の実体的請求権）」は，「国家から一定の給付を受けるべき憲法的権限」の積極的補強であるから具体的権利であり，「この権利の侵害を裁判上主張する権限（憲法上の裁判請求権ないし訴権）」については，国家の責務の不行使ないし不十分な行使（権限の消極的侵害）が問題となる」。よって，それに対する準制裁としては，「立法不行使（不作為）の違憲確認〈原理上可能であるはずだが制度整備が必要〉」と「不備ないし不十分な立法行為およびそれに基づく行政行為の効力の否認」つまり無効ないし取消が可能であると考えられる。なおここでいう準制裁とは，行為規範の領域における「義務」の不履行に結びつけられる刑事・民事制裁が本来の「制裁」である，という趣旨である。

　以上若干長くなったが，これは，ケルゼンによるイエリネック批判の要点を受け，規範論に徹した憲法上の権利論の体系化としてみるべき点がある。[42]

第2節　憲法上の権利論体系化において問題となる権利—参政権

　第2章及び第3章第1節において詳細にみてきたホーフェルドの理論に基づく主張，とくに，ラトナパーラおよび新（あたらし）の主張は，実際には，被選挙権の位置づけが必ずしも明確であるとはいえない。以下，ここまでの検討も踏まえつつ，参政権の位置づけについて考察する。

　参政権の性質は，選挙権と被選挙権が分けて論じられる。[43]

　選挙権については，その性格ないし性質をどのようにとらえるかについて，現在学説には①「資格説」[44]ないし「公務説」[45]②「二元説」ないし「権限説」[46]③日本国憲法の「国民主権」は「人民主権」を意味するのであり，選挙権は「人民主権」の権利としての側面を示すものであれば，それは個々の「人民」の「主観的権利」である（「権利説」[47]）の三説がある。

　権限説や二元説と呼ばれる説が「公務」であるとか「義務」であるとかいうのは，言わば「道義的なもの」と考えられる，と従来理解されてきた。しかし，本章3で紹介した，とくに新のとらえ方を踏まえれば，権限規範の様相は「権利」とはいえない，という理解が可能であって，それが従来，道義的意味の義務と理解されていたのだ，と解することが出来よう。

③は，「人民主権」論を充分に理解した上でなければ反駁し得ず，参政権を「市民」のもつ「市民権」のあらわれとしてとらえようと考える筆者にとって理論構成として首尾一貫していて魅力的であるが，「命令的委任」を強調する点と「人民主権論」を日本国憲法下で解釈論として主張する意味には疑問もあり48)この説をとるには躊躇もある。

選挙権は「国民主権」原理を権利の側面から定めたものであるとの解釈は多数説を形成しており，判例も，被告及び裁判所は一貫してこの前提に立っている。しかしなぜ15条1項・93条2項にいう「選挙権」だけが国民主権の現れであると言えるのであろうか。[49]関連性は否定できないが，それならば「主権的権利」[50]であるとの説の方が首尾一貫している。本稿は基本権規定の体系的解釈として，参政権は「基本権を確保するための基本権」としての「政治的基本権」[51]説，などを念頭において，さしあたり以下のように解することにする。

選挙権の主体は，個々の有権者である。「有権者団」ないし「選挙人団」という概念は「払拭されるべき，ドイツ国法学上の残滓」[52]である。なぜなら選挙権の主体を個々の有権者であるととらえるならば個々の有権者はそれぞれ固有の利害関心を持った独立の一個人であり，選挙区制をとることが定められ（47条）選挙がそれぞれの地域を基礎として行われることからすれば「選挙人」（44条）は統一的意思（国権）[53]を有する国家の法的単位とみなすことはできないからである。選挙権とは，技術的意味での権利としては，自らの投じた票を，そのものとして算えてもらうことができる権利であり，[54]主体の側から見れば代表を選出するための主観的権利である。選挙権は個々の国民が統治者に対し有効にコントロールを及ぼすために重要な権利である。このように解し得るならばその主体はまず「選挙人団」の構成員たる「国民」ではなく，少なくとも国籍保持者たる国民の権利であり，それ以上のことは選挙権の性質論から導き得ないと解される。またかかる選挙権は，国政と地方において，その性質が異なるものではないと解される。

このような整理は，先の新による参政権の説明（正確に言えば選挙権）と一致する。繰り返しになるがそれは，「議院の選挙という国政に参加する国民の憲法的権限（核となる憲法的位置）」，「選挙制度を前提とし，それによって具体化されるべき民主主義的な抽象的位置」を有するため，公務執行の権限を考えれ

ば，権限規範の様相のみが問題となるのであって，行為規範の様相（権利の領域）は問題となり得ない。ところが「国家に対してその権限を求める権利（憲法上の実体的請求権）」については，公務執行権限の補強であり，それ自体は行為規範の様相にあることになる。また，この権利の侵害を裁判上主張する権限（憲法上の裁判請求権ないし訴権）は，憲法上の実体的請求権が，それを補強するための訴訟法上の「権限」を導出することになる。このような新の主張と整合するはずである。問題は，被選挙権である。

被選挙権は，憲法に明文は見られないが，憲法15条1項が選挙権と表裏一体のものとして保障しているものと解され（参照，最高裁判所大法廷判決昭和43年12月4日刑集［最高裁判所刑事判例集］22巻13号1425頁），よって，有効に被選挙人となることのできる権利能力であると解すべきである。ではその主体は国民に限定されるか。[55]

これは憲法の規定からすれば（44条）有権者たり得る者に限定されるが，国民主権原理と全く無関係であるとはいえず，判例も国民主権原理を理由に選挙権とともに被選挙権を否定するのであり，国民主権原理についての検討を経ることを要することになるかが問題となる，と解される。[56]

第3節　人権総論体系再考―序論的考察としての日本国憲法解釈

1．従来の議論の限界と注目すべき学説

ここで本稿が検討してきた人権の性質論・分類論に加えて，近年の伝統的立場とは異なる主張を整理したうえで，その限界乃至問題点を指摘し，次いで本節2で自説を提示したい。

アメリカの政治思想・哲学者であったロナルド・ドゥオーキン（Ronald Dworkin, 1931-2013）の諸説に影響を受け，「人権」とは「切り札」であるべきだ，とする立場から比較的厳格に人権概念を把握した上で類型を立てる立場，特に人権は，法律による具体化を待たず，また公共の福祉による制約も基本的には認められない切り札であるべきとする説が有力となりつつある。[57]

また憲法上の権利規定を「憲法が保障する権利」として独自の「制度」概念と結び付けようとする立場[58]，憲法第3章の規定はすべて基本的人権であると把握してさしつかえないとする立場[59]なども提唱されている。

　これらの他に，民主主義を確保する制度と，それに関わる権利を保障することを憲法の役割として，社会権や平和的生存権について，裁判規範性を極めて希薄なものであるとする説や，従来の人権分類とは異なる分類を提示する説[61]，など，憲法の人権条項をどのように分類し体系的に捉えるかについて，近年従来の通説的見解に異論が唱えられている。また，発表の時期はこれらの著作より古いが，刑事手続に関する諸権利を「コモン・ロー的権利」とする説[62]は，人権の歴史的な展開からすると説得力がある。

　ただし，以上の所説は，国際的な人権保障に言及はするものの，その扱い方は，宮澤俊儀『憲法Ⅱ』（有斐閣）から全くと言ってよいほど変わっていないように思われる。もちろん国際的な人権保障の出発点は世界人権宣言，国際人権規約であって，これらの「人権条約文書」が想定している人権観念は特段各国における人権観念と相違があるわけではない。そういう意味では，ここまで行ってきた検討は十分に維持可能であろう。

　ところで，そもそも本来各国における権利保障の対象からは通常零れ落ちる「難民」「庇護民」については，ドイツ連邦共和国基本法を除いて，憲法典による，あるいは実質的な憲法的保障は期待できない[63]。国際人権法の視点が重要であることは指摘されている[64]。しかしあくまで人権保障の主体として国民，外国人，法人，未成年…については論じられてきているが，難民については言及されていない。そういう意味では，人権の性質論そのものには影響しないものとも考えられる[65]。

　第3章3で若干詳細に紹介したホーフェルドの権利性質論に基づくラトナパーラおよび新の検討を踏まえれば，本来，人権の性質論については，日本国憲法解釈の視点からしても，一つの条文が一つの性質をもつというわけですらないのであって，その点が従来の類型論に最も欠けている視点ではないかと解される。

　ここで，改めて佐々木惣一の整理を想起すべきである[66]。

　　國民は，憲法第3章の定めるところにより，國家に對して，種々の権利を有する。憲法は，國民に，右の権利の對象たる特定の生活利益を獲得することについて，自己の意思を主張する，という力を與えている。如何なるものが國民の生活利益とされているかは，憲法の規定に就て見るべきである。日本國憲法は，第3章に，右の権利として種々のもの

を定め，その定める權利を包括的に基本的人權と稱する。日本國憲法を離れて考えると，基本的人權というのはいろいろの意味に用いられ得る言葉であるが，併し，日本國憲法がこれを用いるのは，同法第3章の定める種々の國民の權利のことである。憲法がその第3章に定める國民の權利を，憲法自身が特に國民の基本的人權と呼んでいるのである。國家が，憲法第3章において或る事項について國民の國家に對する權利を定めるのは，國家が，國民を人間であるとして取扱うのに，必要なものとして，その事項について國家に對して自己の意思を主張することを認めるのである。別の言葉でいえば，<u>國民は，憲法の認める權利を有することにより，國家に對する關係において，人間として取扱われる</u>（1－a），とするのである。<u>かかる性質を有する權利という意味で，憲法第3章の定める種々の權利を基本的人權という</u>（1－b）。

　基本的人權は，右の説明で明かな通り，他の權利と同じく，法により定められたものである。即ち，國家が定める社會生活の規範により成立するものである。然るに，社會生活については，社會生活に關する當然の道理として人の行動を規律する規範が存する。これを自然規範という。これを自然法というてもよいが，その本來の性質は，正確な意味の法ではないから，混同を避けるために法の語を用いないがよい。自然規範にてらしても社會生活において人が自分の意思を主張し得る立場に在ることがある。この場合に，人は自然規範による權利を有する，という。權利というも本來の法により定められる權利ではない。ここにも混同を生ずることを避けるために，これを自然權という。法による權利を特に自然權に對していうときは，これを法的權利という。憲法の定める基本的人權は決して自然權ではない。法的權利である。

　然るに，自然規範にてらしても，國民が，國家に對する關係において，人間たるに必要なものとして，自己の意思を主張する，という立場を有することが，當然の道理と考えられる。この自然權も基本的人權と呼ばれる。自然權としての基本的人權である。法的權利としての基本的人權ではない。

　佐々木は，本人が自認する通り，論理の展開がくどく，意味が摑みにくいところはあるが，上記引用部分に付した下線部（1－a）（1－b）は，通常言われるような表現でいうと，人間の尊嚴に基づいて認められる法的權利を基本的人權という，ということであろう。

　自然權としての基本的人權が存する，とする見地では，更に，國家がこれに對して如何なる態度を取るか，ということを考えなくてはならぬ。或は，<u>國家が，自然權としての基本的人權の成立する生活關係を自然規範の對象として放任し，法の對象としないこともあろう。この場合には，自然權としての基本的人權は自然權として存するに止まり，法的權利としては存しない。或は，國家が，自然權としての基本的人權の成立する生活關係を，</u>

法の對象として取扱うこともあろう。この場合には，從來自然權としてのみ存していた
ものが，法的權利としても存することとなる（2）。法的權利としての基本的人權が成立す
る。これを稱して，自然權としての基本的人權の，國家による，法的權利としての基本的
人權への導入という。故に，法的權利としての基本的人權は自然的の權利とか生來の權利と
かいうものではない。かかる言葉は自然權としての基本的人權にのみあてはまるのである。

次いでここでの引用にある下線部（2）の主張は，現在多くの憲法解釈論で
見落とされている。単に自然権としての基本的人権が重要である，という思考
法よりも説得力があるのではないか。

　　これを日本國憲法の基本的人權というものについて見るときは，次の如くなる。憲法の
基本的人權というものは，法的權利である。苟も法において權利という以上，それが法的
權利であること，當然である。自然權としての基本的人權ではない。併し，自然權として
の基本的人權そのものでないというても，憲法がこれについていかなる見地を取るかは，
別に考えなくてはならぬ（3－a）。自然規範による自然權としての基本的人權なるものを
認めない見地においては，憲法は自然權としての基本的人權と何等の關係をもたぬ，とい
うの外ない。自然權としての基本的人權を認める見地，即ち私の取る見地においては，憲
法は，前に述べた，自然權としての基本的人權の法的權利としての基本的人權への導入
を，為すものと，解すべきである。基本的人權は公權である。國民が，國家を成すという
立場においてする生活について，有するものだからである（3－b）。

　ここで，自然権としての基本的人権を認める見地においては，日本国憲法
は，自然権としての基本的人権の法的権利としての基本的人権への導入をなす
もので，そういった意味での基本的人権を公権として認めるものである，と
いう下線部（3－a）（3－b）の視点は，イエリネックと全く同じようであ
る。しかし，イエリネック等ドイツ流の解釈で言われる「公権」は，単に国家
生活において主張される，という趣旨で理解される[68]。佐々木の主張は，こうい
った主張とは実は根本から異なっているのではないかと解される。
　第２章冒頭で，憲法11条や97条は，「基本的人権」が人類多年に亘る努力の
成果であること，現在及び将来の国民に「信託」されたものであることを示
しているのに対し，12条は「この憲法が国民に保障する自由及び権利」は，国
民の「不断の努力」によって保持すべきものであって，「公共の福祉のために

利用する責任を負う」ものであるという。つまり，基本的人権と，憲法が保障
する権利は別だ，という読み方は可能ではないか，という主張がある，と述べ
た。それは田上説のような自然権としての基本的人権という捉え方を踏まえて
のものであった。

２．自説―日本国憲法における人権体系を中心とする序論的考察

　日本国憲法は97条で信託思想を表明している。この思想は，Ｊ．ロックが，
主著『統治二論』（*Two treaties of government*）において主張した信託理論
と，密接に関わると解される。ロックは，金銭等に関する民事的な信託理論を
国政に応用した。この信託理論を日本国憲法解釈へ適用した説がある。[69]

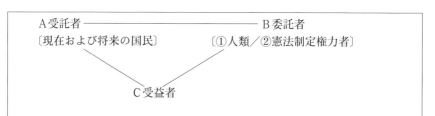

　Ａ受託者 ──────────────── Ｂ委託者
　〔現在および将来の国民〕　　〔①人類／②憲法制定権力者〕

　　　　　　　　　　Ｃ受益者

Ｂ＝Ｃでも，Ｂ≠Ｃ（たとえば，ＣはＢの子である）もあり得る。ただし，ＡはＣた
り得ない（委任とは異なる）。ＡはＣの利益に反すると契約を解除される。

（隅野註26）前掲論文より作成）

　上の図で委託者というのは，憲法第97条でいう「過去幾多の試練に堪へ」て
きた「人類の歴史的成果を継承した憲法制定権者としての日本国民」，あるい
は憲法前文の「人類」であると解される。そして受益者は，上記の図だけから
考えるとわかりにくいかもしれないが，憲法第97条の構造からして，人権を，
人類一般に還元していく，「現在及び将来の〔日本〕国民」は，もちろん自分
自身のために使う場面もあるが，人類一般に還元していくという側面があると
考えられるのであって，憲法前文にいう「平和のうちに生存する権利」は，こ
のような意味で「権利」であると解されるという主張である。
　通常，人権について議論される際に，それが重要であること，人間の尊厳と
かかわりがあることは自明の理とされる。国際連合憲章がなんらの定義も説明
も行うことなく，人間の尊厳を守られるべきものと規定していることからもそ

ういった思考方法はうかがわれる。人権がもし仮に人権侵害を主張する個人だけのためにあるものであれば、それはたとえば日本の民法典が定める私権と区別できないことになるだろう。

戦後初期の学説では、憲法第97条は不要であるとの主張が有力であったが、むしろ人権を保障している規範であるからこその最高法規であるとの解釈が近年は有力であり、ここで紹介した信託理論は、体系的に最も優れた憲法解釈であると解される。人権が公権であることをイエリネックはそもそも国家が「臣民」に対して負う義務の反射と説明することから自明とし、佐々木は「國民が、國家を成すという立場においてする生活について、有するものだから」（上記引用（3－b））だというが、これではやはり私権との相違が明確であるとは言い難い。権利の主張は人類からの受託者として、受益者に対して将来的に還元されることをも意味するからこそ公権といえるのだ、ということがこのような理解から読み取れることを意味するからである。このように解することで、歴史的にキリスト教思想の影響をそれはそれとして認めつつ、いかなる宗教的立場を有していようとも、憲法の規範的拘束力を認めざるを得ないことになろう。

このような信託理論を踏まえ、本節1で紹介検討した佐々木の説も考慮すると、従来の学説では日本国憲法の解釈の前提としての人権の捉え方が必ずしも明確ではなかったのではないかと思われるのである。

第一に、美濃部説・宮澤説は、あまりにもイエリネックの分類に強く影響を受けており、人権の性質について、その自然権性を承認するにも拘わらず、そのことを十分に反映しない人権観念の説明と分類をしていたのではないか。これはイエリネックを超えようとしたケルゼンにも別の観点から当てはまる面があろう。権利の性質論の純化を図ろうとするあまり、自由権や社会権は権利ではないかのような主張をしているからである（第1章第2節2）。

第二に、一つの条文で示される権利の性質は、原則として一つが中心的なものである、という素朴実証主義的な側面が強すぎたのではないかという点である（新による批判）。

第三に、権利の説明としてはむしろ古典に属するホーフェルドの主張を十分に反映できていなかったのではないか。すくなくとも、私権と共通する面と、

異なる面を明確化することに，ホーフェルドの主張は大きな貢献をする（第2章第3節1）。異なる面については，本稿はラトナパーラの議論を紹介検討した（第2章第3節2）。

　そこで，以下，さしあたって，日本国憲法に即しつつ，人権観念の捉え方と分類・類型化が前提しなければならない点について，簡潔に自説を示しておきたい。

　日本国憲法は，11条及び97条で，「基本的人権」を「侵すことのできない永久の権利」であるとする一方で，12条では国民が「この憲法が保障する自由及び権利」が「公共の福祉のために利用する責任を負う」とする。13条は「すべて国民は，個人として尊重される。生命，自由及び幸福追求に対する国民の権利については，公共の福祉に反しない限り，立法その他の国政の上で，最大の尊重を必要とする」と定めており，ここでいう「生命，自由及び幸福追求に対する国民の権利」は広く「法的権利として憲法が定めた自然権としての基本的人権」である。

　13条の基本的人権には，11条・97条の基本的人権と，12条の憲法が定めた自由及び権利が含まれており，かつ，すべての日本国憲法が定める人権規定は，13条が言う意味での基本的人権である。このように解することが出来るとすれば，人権とは本来個人の権利であるが（13条），それは実際には，全ての人が生まれながらにして自由かつ平等であるという自然権思想に基づいた基本的人権（11条・97条）と，憲法がその重要性に鑑みて規定を置いた自由及び権利（12条）を含むものである。

　ここで初めて，例えば自由権について「本来，核となる憲法的自由の法的位置は原理上無限定な，消極的性質のものであって，憲法上の実体的請求権と結合することで具体的請求権が発生するのである。憲法上の実体的請求権は直ちに憲法上の裁判請求権と結合する。そういう意味では，核となる憲法的自由が本質的な権利の性質であり，以後の『請求権』は実際には核となる憲法的自由と密接に結びつきそれを補強する派生的な性質を持つという」とまとめていた新（あたらし）説を紹介しておいたことの意味が明確になる。このような11条〜13条および97条の関係を含むのが「核となる憲法的自由」と関係することになるからである。

　このように解すると，13条の「公共の福祉」は人権の「内在的制約根拠」であり，12条の「公共の福祉」は（この点通説と異なる）内在的制約では説明できない「公共の福祉のための権利」の（一種の外在的）制約根拠である，ということになる。いわゆる経済的自由を定めたものと言われる22条及び29条にいう「公共の福祉」は，12条でいう「公共の福祉のための権利」に対する制約が明らかに適用されることを示しているものと解される。

　換言すれば，日本国憲法の人権規定は，性質として自然権思想の法的権利化であり，その人権の性質は個々の権利について，それぞれ性質論を論じる必要があると解する。

　このことは，例えば表現の自由の規定（21条）について，しばしば「自由権」という側面と，表現行為の前提としての知る権利，知る自由，すなわち請求権的側面が論じられ，また民主主義的側面（多数決で決定する政治的な言論における少数意見の尊重）と，人格権的側面の重視（内心の発露）とが社会的側面と個人的側面という形で論じられたりすることについて，実際には，これは個人権的側面（13条）と，公共の福祉のための権利（12条）の表れと解すべきではないかということなのである。そしてこういう側面は，すべての権利規定において生じ得る。

　これを要するに，従来人権規定の相対性といわれていたことが，ホーフェルドの主張を踏まえた新のような整理によって明確化されたといえるのである。人権規定の類型化，分類は，このような視点を踏まえて初めて意味を持つ。

　以下，もう少し敷衍しておこう。

　第一に，各国の憲法や人権に関する条約が○○権というとき，その権利の一側面しか示していないことが多い。それ自体が議論を呼ぶ理由を明確化できるであろう。

　たとえば，成文憲法典としては最古に属するアメリカ合衆国憲法の権利章典（修正条項）は第1修正で表現の自由について，それを規制する法律を作ってはならない旨定める。しかし判例でプライバシー侵害表現の一定の規制が語られる。これは日本国憲法21条が表現の自由を規定し，同時に当該条項それ自体には一切規制根拠といえるような文言が含まれていないことと同趣旨であるともいえる。けれどもすでに示したように，表現の自由をも含む一般条項に規

制根拠となる「公共の福祉」概念が示されている。これに対して人権に関する条約は，比較的詳細に人権の内容それ自体についても，また規制根拠についても，列挙することがほとんどである。たとえば自由権規約19条を見る（外務省による公定訳）と「口頭，手書き若しくは印刷，芸術の形態又は自ら選択する他の方法により，国境とのかかわりなく，あらゆる種類の情報及び考えを求め，受け及び伝える自由を含む」（19条2項）は，表現の自由の内容についての説明であり，「権利の行使には，特別の義務及び責任を伴う。したがって，この権利の行使については，一定の制限を課すことができる。ただし，その制限は，法律によって定められ，かつ，次の目的のために必要とされるものに限る。／（ａ）　他の者の権利又は信用の尊重／（ｂ）　国の安全，公の秩序又は公衆の健康若しくは道徳の保護」（／は段落・改行を示す）」（19条3項）は，表現の自由の制限根拠についての説明である。明らかに各国憲法よりも詳細である。これは，ある意味当然ではあるが，歴史的な背景を持たない条約の新たな批准国に対して当該規定で定められている権利を，当該批准国の責任で実効性を以て保障させるために，暗黙の前提とされていた権利の性質を言語化したものといえる。もちろん，その言語化の手法そのものについて異論は生じ得る。ヘイト・スピーチ規制，漫画やアニメーションなど実在の人物ではないものの表現に対する「不快であること」を理由とする規制（「不快」であることはそれ自体がジェンダー不平等であるとの主張も含む）などは，表現の自由が例外なく強く保障されるべきであるという立場と対立し，多くの議論を呼んでいる（これらの問題の検討は別稿で行う）。

　第二に，本稿は紙幅の関係もあり，日本国憲法における人権の性質理解を中心としたが，自由権以外の権利（参政権や社会権，受益権）について，大まかにいえば次のような理解ができる点である。

　すなわち，人が生まれながらに持つ基本的人権（日本国憲法では11条や97条で示されるもの）と公共の福祉実現のための権利（日本国憲法では12条で示されるもの）の何れも，生命・自由・幸福追求のための権利（日本国憲法では13条で示されるもの）を構成するものであり，自由権以外の権利についても，あくまで権利によって歴史的に重要視された部分だけが規定の文言として表れているのであって，そのような視点を持つことによって，各国の憲法や法律で定

められている人権と，国際的な人権条約規定が条文で規定する人権とを，統一的に理解することが可能となるはずである。

　本稿はさしあたっての結論としてこのように主張したい。

結語—人権総論体系のあり方

　本稿は,「人権総論体系再考」と題して検討を進めてきたが,「体系化」に最も重要な実際の類型化, 分類の提示には至らなかった。「人権」を理解するための枠組みの提示にとどまっている。そういう意味では羊頭狗肉と批判されるであろう。さらにいえば, 仮説的に提示した,《人権は, 一人ひとりの個人的属性, 社会的地位等を捨象して, 自由かつ平等な個人を確立するための手段といえるが, 国際人権法は, むしろこのようなそれぞれの「属性」「社会的地位」に着目して規定を置き, 最終的に独立した個人の「人権」を確保しようとするものだといってもよい》との主張について, 結局その前提について検討したところで紙幅が尽きた。「問題の所在」においても示しておいたように, ①人権が観念としてどのように理解されるべきか, ②　国際人権法理解のための「人権観念」の整理, ③　①②の関係, ④　両者を包摂するような分類・類型化の提唱が本研究の課題であるが, ①の検討のみを行ってきた。

　本稿での検討を踏まえて次の課題は, 不十分であった歴史的視点をさらに検討し, 分類の提示を行うことであろう。しかし, 本来行うべき②③の課題に対する研究は極めて不十分であるため, これらの研究を並行して行う必要がある。本稿においても日本に影響を与えた学説を中心に分類論は不十分ながら行ったが, 国際人権法理解のための「人権観念」の整理には, 国際人権規約自由権規約をほぼそのまま国内法化しているオーストラリアやニュー・ジーランドが, またその比較憲法学的位置づけは自由権規約に影響を与えたヨーロッパ人権条約を国内法化しているイギリスとの比較が重要となる。[70]これらについては将来の課題としたい。

第3部　註

1）　本稿の課題は, 佐藤潤一『教養　憲法入門』（敬文堂, 2013年）第6章および同『平和と人権—憲法と国際人権法の交錯』（晃洋書房, 2011年）第2章第4節で簡潔に論じ

たことがあるため，内容的に重複する部分があるが，独立の論文として本稿のみで議論を成立させるための措置として御寛容いただければ幸いである。また本稿では原則として敬称を省略している。また引用文献が英米独豪と複数の国のもので，引用ルールについては，基本的にそれぞれの法学専門誌の引用ルールに従っている。

2）　新正幸『憲法訴訟論〔第2版〕』（信山社，2011年）の特に第1章参照。

3）　この論点についてはさしあたり，佐藤潤一「ミラー判決とBrexit―EU基本権憲章の今後と人権保障の課題」榊原秀訓編著『現代イギリスの司法と行政的正義　普遍性と独自性の交錯』（日本評論社，2020年2月）第3章参照。

4）　比較憲法それ自体の学問的問題性については，佐藤潤一「『憲法』比較の意味と無意味」『大阪産業大学論集　人文・社会科学編』32号（2018年3月）71-98頁参照。

5）　イギリスの社会学者，T. H. マーシャルが『シティズンシップと社会的階級』〔岩崎信彦・中村健吾訳，法律文化社，1993年；T. H. Marshall and Tom Bottomore, *Citizenship and Social Class* (London: Pluto Press, 1992（初版1950））において比較的簡潔にこの経緯を示している。なお，イギリスにおいて法令を確認する方法は多岐にわたるが，LexisNexis Butterworths が発行している *Halsbury's Statutes of England and Wales* では，マーシャルの著書を参照して歴史的経緯が開設されている。

6）　関連する業績は汗牛充棟といえようが，さしあたりは，ミシュリン・R・イシェイ著，横田洋三監訳，瀧澤美佐子・富田麻里・望月康恵・吉村祥子訳『人権の歴史　古代からグローバリゼーションの時代まで　The History of Human Rights From Ancient Times to the Globalization Era』（明石書店，2008年）の参照を請う。

7）　イギリスとオーストラリアにおける人権保障に関する状況についてごく簡単には，佐藤潤一「オーストラリア憲法とイギリス憲法」および松井幸夫「ニュージーランド憲法とイギリス憲法」倉持孝司・松井幸夫・元山健　編著『憲法の「現代化」―ウェストミンスター型憲法の変動―』（敬文堂，2016年）「第9章　ウェストミンスター型憲法の変動とコモンウェルス」所収を参照。

8）　田上穣治『日本国憲法原論〔新版〕』（青林書院，1985年）。

9）　宮澤俊義『日本國憲法』（日本評論社，1955年）187頁。

10）　この点については種谷春洋『アメリカ人権宣言史論』（有斐閣，1971年），同『近代自然法学と権利宣言の成立』（有斐閣，1980年），同『近代寛容思想と信教自由の成立』（成文堂，1986年）を参照。

11）　註1前掲拙著『平和と人権』第2章第4節参照。各国での人権保障と国際的な人権保障についてある程度統一的に捉えようとする試みとして，近藤敦『人権法　第2版』（日本評論社，2020年）参照。

12）　人権について，ごく簡単には，「憲法総論の再検討」『大阪産業大学論集　人文・社会科学編』12号（2011年3月）129頁の第3章第4節（同165頁以下）で触れたことがあるが，本稿はより詳細にこの問題を検討するものである。ただし，内容上やむを得ず重

複がある。

13)　イギリスにおける市民的自由と人権の関係については，倉持孝司「３．市民的自由」「４．1998年人権法」戒能通厚編『現代イギリス法事典』（新世社，2003年）138-145頁で概観を得ることが出来る。なお本文の註５以降については，註11前掲拙稿「憲法総論の再検討」註85と重複するが，その後の経緯を踏まえて若干の補足をしている。

14)　*Georg Jellinek*, Allgemeine Staatslehre, 3.Aufl.,1913, Neudryck, 1966. 芦部信喜他訳『一般国家学』（学陽書房，1976年）。

15)　*Georg Jellinek*, System der subjektiven öffentlichen Rechts, 2 Aufl., 1905, Neudruck, 1963：美濃部達吉校閲・立花俊吉訳『イエリネック公権論』〔第１版（1812年）の訳〕（中央大学，明治39（1906）年）参照。

16)　*Georg Jellinek*, Die Erklärung der Menschen- und Bürgerrechte, 4. Aufl., 1927：初宿正典編訳『人権宣言論争』（みすず書房，1995年）所収。

17)　石川健治「承認と自己拘束」『現代の法１　現代国家と法』（岩波書店，1997年）31頁以下，とくに49頁参照。

18)　ケルゼンの権利論は，国家学の体系の中で示され，また改説も行われているため，ここでの整理はかなり単純化したものである。体系的な整理が行われているものとして，新正幸『ケルゼンの権利論・基本権論』（慈学社，2009年）を参照。同書はかなり丁寧にケルゼンの著書や論文を紹介しつつ論じられているため，難解であるが，熟読に値する。もっとも，権利論分類に関し論じているところが，数頁にわたって重複しており，若干の注意を要する。

19)　宮澤俊儀『憲法Ⅱ〔新版〕』（有斐閣，1974年）88-98頁。

20)　渋谷秀樹『憲法〔第３版〕』（有斐閣，2017年）第２編第１章および第２章参照。

21)　日本国憲法97条は「人類の多年に亘る自由獲得の努力の成果」である基本的人権は現在及び将来の国民に信託されたものであると規定する。法的な意義をここから読み取るのは困難であるが，本来的に人権がキリスト教的背景をもった自然権であることを正面から規定するわけにもいかず，人類という言い方が出てくるのだと考えられる。

22)　筆者自身による整理として，佐藤潤一「「EU改革条約」とイギリスの「憲法改革」に関する覚書」『大阪産業大学論集　人文・社会科学編』３号（2008年６月）75-91頁参照。

23)　政体書は五箇条の御誓文を挙げた上で，「天下ノ権力総テコレヲ太政官ニ帰ス則チ政令二途ニ出ルノ患無カラシム太政官ノ権力ヲ分ツテ立法行法司法ノ三権トス則偏重ノ患無カラシムルナリ」と述べ，ついで「立法官ハ行法官ヲ兼ヌルヲ得ス行法官ハ立法官ヲ兼ヌルヲ得ス但シ臨時都府巡察ト外国応接トノ如キ猶立法官得管之」という不完全な権力分立を定めていた。

24)　たとえば大正デモクラシー期において美濃部達吉の学説が通説となっていたが，美濃部は「告文」と「憲法発布勅語」を憲法解釈の基準として解説している。一例として，

美濃部達吉（1918年全訂版に基づく［解説・校訂高見勝利］）『憲法講話』（岩波文庫［白32-1］，2018年）を通読することで理解されるであろう。直接に憲法発布勅語を明治憲法の性質理解根拠としている例として，美濃部達吉『逐條憲法精義』（有斐閣，1927年）25頁参照。

25）美濃部註24前掲書のほか，天皇御進講を長期にわたり担当していた清水澄（しみずとおる）『國法學第一編　憲法篇』（清水書店，明治34年〔初版〕大正4年〔改版増補8版〕大正12年〔同21版〕・本稿での引用は大正12年版より）436頁以下，佐々木惣一『日本憲法要論』（金刺芳流堂，1930年）参照。美濃部が「言を国体に藉りてひたすらに専制的の思想を鼓吹し，国民の権利を抑えてその絶対の服従を要求し，立憲政治の仮想の下にその実は専制政治を行わんとするの主張」（美濃部註24前掲『憲法講話』序（5頁））と激しく批判した上杉慎吉『国民教育　帝国憲法講義』（有斐閣，1911年）ですら明治憲法の臣民権利義務がフランス人権宣言の思想に影響を受けていることを解説している（「……人間の本来天然に爲し得る事柄である，それを殊更に自由と云つたのは，西洋の中世に於て，専制の國王が，その私慾を逞くし，私威を張らんが爲めに，人民を壓制したるとき，故なく人の信仰を抑屈し，人の財産を奪取し，妄りに志士を死刑に處し，無辜を投獄した，これを堪ゆべからずとして起こつたのが，近世の専制反抗の大運動である，これを人間天賦の権利なりとまでに唱へ，何者もこれを奪ふべからざることを主張した，革命に次ぐの立件運動は主としてこの抑壓せられたる自由を，専制に對して保障せんとしたるものである，三権分立もこれが爲に考案せられ，佛蘭西人權宣言となつて，現代憲法の魁を爲したのである，されば諸國い憲法を制定する，皆これを列擧し，擅ままにこれを侵すべからざることを規定した，血して，これを國民たる所以の基礎なりとして基礎權又は國民權と稱へた，されば自由權なるものの意義は，将來は國權を以て妄りに一定の自由を侵さぬと云ふに存する，人間が本来持つて居らぬ自由を與へたのではない，言論も居住移轉も，天然に誰でも出來ることであるが，これをむやみに制限しないと云ふのが自由權である。〔以下略〕」上杉前掲書60-61頁）。美濃部と上杉の論争については，星島二郎編『上杉博士対美濃部博士　最近憲法論』（実業之日本社，1913年［復刻版・みすず書房，1989年］）参照。

26）隅野隆徳「人類的観点における基本的人権のあり方」『専修法学論集』第100号305-326頁（2007年7月）参照。

27）Wesley Newcomb Hofeld, "Some Fundamental Legal Conceptions as Applied in Judicial Reasoning" (1913-1914) XXIII *Yale Law Journal* 16-59; Hofeld, "Fundamental Legal Conceptions as Applied in Judicial Reasoning" (1917) XXVI *Yale Law Journal* 710-770. 日本では法哲学者による言及はあるが，憲法学者が人権体系を整理するにあたってホーフェルドに言及することは一般的ではないようである。網羅的に検討したわけではないが，新（あたらし）註2前掲書，長谷部恭男『憲法（第7版）』（新世社，2018年），阪本昌成『憲法理論　II』（成文堂，1993年）はホ

ーフェルドに言及している。参照すべき研究として，憲法典自体に権利章典が含まれていないこともおそらくは関係するが，オーストラリアにおいては，正面からホーフェルドの権利体系論を取り上げた体系書が存在する。Suri Ratnapala, *AUSTRALIAN CONSTITUTIONAL LAW, Foundations and Theory* Second Edition（Oxford University Press, 2007）Ch 11; Ratnapala, JURISPRUDENCE（Cambridge University Press, 2009）Ch 11.

28）長谷部註27前掲書93-94頁参照。

29）Ratnapala, *supra* note 27（Australian Constitutional Law）283.

30）松井茂記『日本国憲法〔第 3 版〕』（有斐閣，2007年）は，いわゆるプロセス憲法学を提唱するが，ここで指摘している誤謬に陥っているのではないかと思われる。

31）Ratnapala, *supra* note 27（Australian Constitutional Law）283.

32）Ratnapala, *supra* note 27（Australian Constitutional Law）284.

33）先に条約が女性や子どもなどの属性に着目して権利を実質化しようとするものであると整理したのはこのような視点からであった。

34）新正幸『憲法訴訟論』（信山社，2008年／ 2010年第 2 版）第 1 部第 7 章「基本権の構造」参照。以下同書による整理を要約的に紹介する。

35）Hofeld, supra note 27（Fundamental Legal Conceptions）p.23ff.

36）A.Ross, *On Law and Justice*, 1959, p. 161ff., *Directives and Norms*, 1968, p. 106ff.

37）新教授による整理は，Theorie der juristischen Argumentation. Die Theorie des rationalen Diskurses als Theorie der juristischen Begründung（Suhrkamp, 1983; first edition 1978）; Theorie der Grundrechte（Suhrkamp, 1985; second edition 1994）; Begriff und Geltung des Rechts（Verlag Karl Alber, 1992）に基づいて行われているようである。本稿筆者自身は，主として Theorie der juristischen Argumentation について，同書の英訳（"A Theory of Legal Argumentation: The Theory of Rational Discourse as Theory of Legal Justification"（Clarendon, 1989）: translated by Neil MacCormick）を参照しつつ，新の整理を確認した。以下第 3 章第 1 節において，出典を記していない図表はすべて新註34）前掲書による。

38）先に紹介したイエリネック以来のドイツ公法学の伝統に忠実であるともいえるが，「義務付ける」ことの定義が「権利がある」ことの定義より容易であることがその根底にある。

39）ここで積極的自由と消極的自由の論理積（∧）が自由であると定義されているが，一般的な自由の定義は，論理和（∨）で示されるのではないか。一般的な論理式では，命題 p と $\neg p$ について，$p \land \neg p$ は恒偽であり，$p \lor \neg p$ が恒真（排中律）とされるからである。以後においてもこの定義式が示されるが，ここではアレクシーの議論とその新による紹介を確認することが主題であるため，立ち入らない。

40）ここでの「第一次規範」「第二次規範」の用語法は，ハートの用語法（一次ルール

と二次ルール）に準じているものであろう。ハートの主張については，さしあたり，H.L.A. ハート（Herbert Lionel Adolphus Hart）著（長谷部恭男訳）『法の概念　第3版』（ちくま学芸文庫，2014年）参照。

41）　新は，ここで，芦部信喜（高橋和之補訂）『憲法　第4版』（岩波書店，2007年）82頁以下，佐藤幸治『憲法3版』（青林書院，1995年）408頁以下の参照を求め，人権分類の相対性の査証とするが，従来から例示的に説明されてきた（例えば表現の自由と知る権利の関係の如く）説明を論理記号で明確化した以上の意味はないようにも思われる。しかし本稿で最後に言及するように，そのこと自体が体系化を考えるにあたっては極めて重要である。

42）　「その〔ケルゼンによるイエリネック〕批判の要点は，方法論的には，国家自己拘束説のもつ方法混同主義を衝くものである。すなわち，社会学的（因果科学的）考察方法と法学的（規範的）考察方法の混同がみられるというのである。国家自己拘束説に即して言えば，それは，社会学的な国家概念と法学的な国家概念の『国家二側面説』から出発し，社会的存在事実，権力団体たる国家が法秩序を創設し，これによって，まず国家以外の法主体（国民）を義務づけ，さらに翻って，国家が自ら創設した法秩序に服することによって，国家自身をも義務づけ，法主体すなわち法人としての国家になると説くのである（国家法人説）。しかし，ケルゼンによれば，それは，法が権力から，規範が事実から生ずるとするもので，社会学的（因果科学的）考察方法と法学的（規範的）考察方法との混同である」（新註34前掲『憲法訴訟論』（2008年第1版・第1部第7章「基本権の構造」）27頁。

43）　以下は，佐藤潤一『「国籍」概念の限界と「市民」概念の可能性』（専修大学出版局，2003年）第5部第1章第2款で論じたことの再整理であり，そこでの検討と重複する。

44）　学説は，戦前からの伝統もあいまって錯綜しており，ここでみるものは代表的なものに過ぎない。

45）　小嶋和司『憲法概説』（良書普及会，1987年）333頁。

46）　宮澤俊義『憲法（改訂版）』（有斐閣，1973年）157頁，芦部信喜『憲法と議会制』（東京大学出版会，1971年）281頁。なお参照，阪本昌成『憲法理論Ⅰ』（成文堂，1993年）134頁〔版を重ねているが，実質的主張に変更はない〕。清宮四郎『憲法Ⅰ〔第三版〕』（有斐閣，1979年）137頁。これらへの批判として佐々木惣一「選挙と選挙権」『憲法行政法演習』第一巻（日本評論社，昭和16〔1941〕年）111頁以下。明治憲法下での見解であるが，本質的部分を論じており，この批判は現在も当たっていると解される。

47）　杉原泰雄『憲法Ⅱ　統治の機構』（有斐閣，1989年）176頁。

48）　ホセ・ヨンパルト『日本国憲法哲学』（成文堂，1995年），佐藤幸治『憲法（第3版）』（青林書院，1995年）97-98頁，尾吹善人『日本憲法』（木鐸社，1990年）31-32頁，35-36頁，368頁，など参照。

49）　佐々木惣一『改訂日本国憲法論』（有斐閣，1950年）454頁。

50) 星野安三郎「選挙権の法的性格―その学説史的反省―」鈴木安蔵編『日本の憲法学』
（有斐閣，昭和43［1968］年）177頁以下。

51) 鵜飼信成『新版憲法』（弘文堂，1968年）140頁以下，吉田善明『日本国憲法論』（三
省堂，1982年）246頁以下。

52) 阪本註46前掲書136頁。

53) 佐々木註49前掲書29頁。

54) Hans Kelsen, *General Theory of Law and State*, Russel&Russel, 1945, pp. 87-90.

55) 例えば，美濃部達吉『日本国憲法原論』（有斐閣，1947年）293頁以下。

56) 「これまでの議論は，主として『国民主権』から『選挙権』という観点から論じられ
ており，両者を結ぶ『代表制』に関する問題の検討が看過されてきたきらいがある。地
方レヴェルの選挙では，はたして何が代表されるのか，またこの代表と『全国民の代
表』であること（43条1項）とはいかなる関係にある」（初宿正典・時本義昭「定住イ
ギリス人の地方参政権」ジュリスト1045号（1994年6月1日）（判例・評釈）74頁）か
が問題となることも踏まえ，佐藤前掲註43では国民主権との関係も検討した。本稿は，
権利の性質論について総論的検討を行うことを目的としているためこれ以上は立ち入ら
ない。

57) 長谷部註27前掲書。

58) 奥平康弘『憲法Ⅲ憲法が保障する権利』（有斐閣，1993年）はこのような立場で一貫
している。

59) 長谷川正安『憲法とはなにか』（新日本新書，2002年）。本稿の解釈に近いが，公共
の福祉の解釈がかなり異なる。

60) 松井茂記『憲法〔第3版〕』（有斐閣，2007年）は，「プロセス憲法観」なるものに基
づいてこのように主張する。

61) 註20前掲書の立場（本編第1章第2節2・b－4）。

62) 中川剛『基本的人権の考え方』（有斐閣，1991年）。

63) もちろん条文がある（16a条1項「政治的に迫害された者は，庇護権を有する。」2
項以下略）だけでは権利保障が十分なものとなるわけではない（ごく簡単には例えば，
本間浩「ドイツにおける難民保護と難民庇護手続法」『外国の立法：立法情報・翻訳・
解説』（国立国会図書館，2003年5月）216号66-114頁を参照）。

64) 例えば，山本哲史「国際人権法の観点から見た日本の難民保護制度の現状と課題」
『移民政策研究』第8号26-41頁。

65) 佐藤註12前掲「憲法総論の再検討」第3章第4節（同165頁以下）で人権主体につい
て検討した際にも難民についての検討はしていない。

66) 佐々木註49前掲書第4編第3章第2款第1項第1目「基本的人権の性質」389-392頁。
原則として漢字・仮名遣いは原文のままである（表記ゆれがあり，若干不自然さはある
がそのまま引用した）が，いくつかの漢字については環境依存文字の関係で新字体とな

っている。段落を落として引用している部分はコメントを挟むがすべてここからの引用。
なお下線部は引用者による。

67) 佐々木註65前掲書の凡例三で「文章は，著者の不得手なものの一つである」（7頁）
と述べている。

68) もちろんイエリネック自身は，註15で触れた『公権論』においても，また註16で触
れた『人権宣言論争』においても，フランス人権宣言とアメリカ独立宣言，アメリカ合
衆国憲法の人権規定に触れており，ここで佐々木が主張するような趣旨は踏まえていた
であろうが，日本へのその理論の導入時に必ずしも十分に意識されていたとは思われな
い。それは，註25前掲清水澄の『國法學第一編　憲法篇』がイエリネックの説を「意思
力ノ差異ニヨリテ区別スル説」として「是レイエリネック氏ノ唱フル所ニシテ其説ノ要
旨ヲ挙クレハ法律上ノ意思力ニハ『欲シ得ル力』（Rechtliches Dürfen）ト『欲シ能フ
力』（Rechtliches Können）トアリ『欲シ得ル力』ハ人カ自然ニ有スル意思力ヲ認メテ
法律上ノ意思力ト為セルモノヲ云ヒ『欲シ能フ力』ハ人カ自然ニハ有セサル所ニシテ法
ニヨリテ新ニ附與セラレタル意思力ヲ云フ而シテ欲シ得ル意思力ハ私権ノ特徴ニシテ欲
シ能フ意思力ハ公権ノ特徴ナリト謂フニ在リ然レトモ『欲シ得ル力』ト『欲シ能フ力』
トノ差異判然セサル場合アルノミナラスゲオルグ，マイヤー氏カ云ヘルカ如ク公権ノ一
種タル自由権ノ如キハ意思力ノ法律ニ依リテ認メラレタルモノナルカ故ニ此説ハ之ヲ正
当ナルモノト云フコトヲ得ス」との紹介の仕方をしていたことからも感得される。

69) 隅野註26前掲論文参照。

70) 第1章で本稿筆者の従来の研究については言及したが，それらの研究との関係に
ついて明示的に整理することも，合わせて今後の課題としたい。なお，本研究は，佐
藤潤一研究代表「コモンウェルス諸国における立憲主義」（研究課題／領域番号・
18K01266）基盤研究（C）および大阪産業大学産業研究所学内研究助成分野別研究「ブ
レグジットの憲法状況への直接的影響の研究（コモンウェルス立憲主義研究の基礎）」
による研究成果の一部である。

第4部　多文化共生社会における外国人の日本語教育を受ける権利の公的保障

問題の所在

　言語権は「自己もしくは自己の属する言語集団が，使用したいと望む言語を
使用して，社会生活を営むことを，誰からも妨げられない権利である」と定義
されている。[1] 在日の朝鮮人や韓国人が朝鮮語／韓国語で教育を受ける権利や，
アイヌの人々の言語保障などについては議論が盛んである。しかし，日本語を
母語としない者に対する「日本語教育を受ける権利」の保障については，管見
の限り，憲法学者による論文がほとんど見当たらない。日本語教育学会に所属
する学者の論文や，実務家（弁護士）による論文が若干存在するものの，法的
な問題は，立ち入って触れられているとは言いがたい。

　「言語権」の代表的研究者は次のように述べる。すなわち，「公立学校におけ
る教育用語の統一は，ある国家にとって，国語政策を貫徹させ，教育水準を高
めるためにきわめて重要である。しかしながら少数語使用者にとっては，統一
語による公教育を受けることは，自分たちの言語や文化の衰退を意味する。
〔中略〕さらに少数語集団が自らの少数語に権利性を主張するか，あるいは生
活の便宜のために同化の選択をした場合，問題はかなり複雑である。ここでは
言語権が確立するための重要な法的保障の一つが教育用語の選択にある〔後
略〕」と。[2]

　言語権に関する考え方，マイノリティーの言語保障に関する議論は，憲法学
においても，それなりに蓄積があるが，教育用語の選択の問題として，当該国
家の公用語を学ぶ権利を体系的に主張するものでは必ずしもない。国民への統
合という視点からむしろ否定的に理解されることすらある。

　自己の文化を維持すること，そのために「自己の言語」を用いること（また
学ぶこと）と，生活の便宜のためにその国の公用語を学ぶこととは，二者択一
の問題なのであろうか。筆者は，そうではないと考える。多文化主義，多文化
共生といった，社会学や日本語教育学でしばしば用いられる概念と，憲法学で
近年捉えなおしが進んでいる立憲主義との親近性とを考慮すると，第三の道が

ありうるのではないか。

　以下では，第一に，キムリッカの議論を端緒に，日本語教育でしばしば唱えられる「多文化共生社会」について検討する。第二に，日本語教育の「公的保障」を，基本的人権の保障の観点から論ずる。第三に，法的な問題点を検討する際に，「外国人」の多様性と，「日本語教育」の多様性の二つの観点から解決の困難な問題が提起されることを意識しつつ，問題提起を行い，今後の検討課題を整理する。したがって，本稿は，憲法学及び国際人権法の視点から，日本語教育問題に関して，どこまで問題提起ができるのか，むしろ法的アプローチの限界と留意点に重点を置いて論ずるものである。

第1章　多文化主義と多文化共生社会

第1節　「国民統合」の重要性と「共生」の困難

　近現代の国家は，国民国家という形で一つのまとまりを造ろうとする。このような国民統合を図ろうとするときに一番重要な手がかりになってきたのは，言葉である。フランスのように，フランス語以外の言葉を使わせることにかなり弾圧的な態度をとる国もある。日本は現在，直接的に弾圧的ではないとしても，積極的に日本語以外の言葉を使わせるか，というと疑問である。同時に国民統合の重要性を疑いもなく前提とした教育の制度がある。そのような制度を前提として大学等で教員になるための教育を受け，いざ現場に行ったら日本語を話せない人がいる。このような現場にぶつかって，現実に教育に携わる人々に過大な負担がかかっている。法制度的な担保がどこまであるのか，というとかなり心もとない。

　戦前，日本は，植民地の言語を，日本語で統一しようとした。言葉の統一について「国語教育」の観点から取り組まれており，その「国語」という言い方自体に，一定のものにイデオロギー的な問題があるわけであるが，「国語」統一を推進していた論者らは，その理屈付けを論文で書いたり講演で述べたりしている。けれども，用語の使い方はかなりばらばらで，植民地の言葉を地方語と言ってみたり，地域語といってみたり，方言といってみたり，言葉の使い方が全く統一されていない。日本語とか，国語といった言葉の使い方の意識というのが，実は日本の法律の条文に表面上残っている。

　現行の日本法を文言だけに着目して調査してみると，「日本国民」あるいは「国民」と規定されているのが当然であると考えられる条文において，「日本人」という言葉が使われているという事実がある。はなはだしくは，外国人土地法のように，戦前から残っている法律で，帝国臣民という言葉が入っているような法律さえ存在する。それはただの言葉だともいえるが，元号で言う平成

12年頃に改正された民事訴訟法にも，やはり日本人という言葉がある。なぜ日本国民という言葉を使わないのか。そのような法制度は，造る人が意識している否かは別として，実は戦前を引きずっている部分がかなりある。戦前を引きずっている部分を意識しないまま全体的な制度枠組みを造ろうとしていることが，日本語を母語としない者に対する日本語教育や公用語の教育制度の整備があまり進まない，少なくとも遠因にはなっているのではないかと解される。

第2節　多文化主義

1.「多文化主義」の定義

　まず，キムリッカを参考に，「多文化主義」の定義につき整理してみよう。このことは，文部科学省や地方自治体の用いている「多文化共生」がいかなる含意を持つものかを検討する一つの基軸となると解される。

　キムリッカは，大きく三つの段階に分けられる「多文化主義」についての思考を整理したうえで多文化主義に関するモデルを提示している。第1段階は1989年以前の論争に見られた「コミュタリアニズムとしての多文化主義」である。第2段階は「リベラルな枠組み内の多文化主義」である。第3段階は「国民建設への応答としての多文化主義」である。

　多文化主義の主張は，当初は「文化的共同体の構成員として人々を動因することに，また共同体を承認し保護する『集団の権利』を要求することに関係しているようにみえ」たために，コミュニタリアンの主張に親和的であると考えられたという。すなわち，「多文化主義は個人の自立性がもたらす侵食作用から共同体を保護し，その価値を肯定する適切な方法だと考える。とりわけ民族文化的少数派はそのような保護に値する」。「その理由の一つは彼らが最も危険にさらされているということであるが，もう一つの理由は，依然として保護されるべき共同の生活様式を有していることである。民族文化的少数派は多数派と異なり，リベラルな個人主義にまだ屈しておらず，凝集的な集団生活様式を維持してきた」。このような思考からして，「第1段階では，多文化主義を擁護することはコミュニタリアンによるリベラリズム批判を是認することを含意した」のであって，「リベラルな個人主義の侵食から，結合力と共同性を備えた少数派集団を擁護するものとして，少数派の権利を捉えることを意味したので

ある」[13]。

　しかし,「リベラルの原理に反するどころか, 多くの場合, 世論調査からナショナルな少数派と多数派のあいだにリベラルな原理への執着について統計的違いがな」く,「さらに移民も, 自由民主主義の経験がほとんどないか, まったくない国から来た場合でさえも, 基本的な自由民主主義的コンセンサスを直ちに受け入れている」[14]。このような統計学的事実も前提にしつつ,「多文化主義についての論争の圧倒的多数は, リベラルな多数派とコミュニタリアン的少数派との論争ではなく, リベラリズムの意味についての, リベラル内部での論争」であるという[15]。論争は第 2 段階に入って「自由と平等というリベラルの原則とまったく矛盾せず, 少数派への権利の付与を正当化する文化やアイデンティティに関する切実な利益が存在する」との主張が有力になる。キムリッカはこれを「『リベラルな文化主義』(liberal culturalist) の立場と呼ぶ」[16]。キムリッカ自身が指摘するこの立場の抱える問題点は以下の通りである。すなわち,「多文化主義のリベラルな擁護者が直面する決定的な問題は, 個人の権利の制約を意味する『悪い』少数派の権利と, 個人の権利を補完すると見なされうる『良い』少数派の権利とを区別することである」[17]。そのうえで, キムリッカは少数派集団の要求する二種類の権利の区別を提案する。「第 1 は, 内的な異議申し立て(たとえば構成員の個人的決定が伝統的慣習やしきたりに従わないなど)による不安定な影響から集団を保護することを狙った, 集団自身の構成員に対する権利を意味する。第 2 は, 外的な圧力の影響(たとえば, 全体社会の経済的・政治的決定など)から集団を保護することを狙った, 全体社会に対する集団の権利を意味する」という。キムリッカは「前者を『内的制約』(internal restrictions), 後者を『外的保護』(external protections) と呼ぶ」[18]。キムリッカは, 例示を挙げつつ, このような第 2 段階においては「多文化主義の問題はリベラリズム理論内の問題として再定式化される」が,「ほとんどの民族文化的集団の性質, およびリベラルな国家にたいするそうした集団の要求とをよりよく理解する一方で, リベラルな国家の性質と少数派にたいするリベラルな国家の要求を誤って解釈している」ことから,「挑戦される必要がある」という[19]。

　それはなぜか。「一般に多文化主義の擁護者も批判者も, リベラルな国家は

通常，民族文化的多様性にたいして『善意の無視』（benign neglect）という
原則を固守すると想定している」[20]。「善意の無視という観念は，…リベラルな中
立性の理念とは異なったものであり，より強いものである。リベラルな中立性
の理念によれば，国家は善き生のさまざまな構想の真価を序列化すべきではな
い。〔中略〕しかしリベラルな中立性は，本質的な価値に基づいて正当化しな
ければ，国家がそれでもなお特定の言語や宗教を促進することと矛盾しない。
たとえば，誰もが英語を話すべきだと言うのは，英語がよい言語だからという
理由ではなく，単に最も一般的な言語であり，それゆえ最も効果的なコミュニ
ケーション手段だからだという理由ならば，可能であろう」[21]。しかし「リベラ
ルにとって国家の中立性は正義の必要条件ではあるが，十分条件ではない」[22]。
それゆえに，「『善意の無視』という理念を，自由民主主義諸国における国民建
設の中心的役割を承認するもっと正確なモデルに置き換える必要がある。国家
が国民建設をおこなっていることは，政府が一つの社会構成文化しか奨励しえ
ないことを意味しない」[23]。このことはカナダ，スイス，ベルギー，スペインの
ような国家（多民族国家 multination）の特徴となっている政策に照らしてあ
きらかである[24]。けれども，「歴史を振り返ると，事実上すべての自由民主主義
諸国が，いずれかの時期において領域全土で単一の社会構成文化の普及を試み
てきた。これは純粋に文化的帝国主義ないし自民族中心的偏見の問題と見なさ
れるべきではな」く，「こうした類の国民建設は，機会均等，連帯，信頼，討
議的民主主義といった数多くの重要な目的に役立つ」[25]。ここでいう国民建設と
は，「共通言語と，その言語で運営される社会制度にたいする共通の構成員意
識の育成，およびそうした制度への平等なアクセスの促進」を意味する[26]。「公
用語，教育の場での必修科目，市民権取得の要件に関する決定はことごとく，
社会全体に特定の文化を普及させること，社会構成文化への参加に基づく特定
の国民的なアイデンティティを促進することを意味していた」[27]。このような視
点からすれば，多文化主義の問題は，「善意の無視という規範からの逸脱をど
うやって正当化するかではなく，多数派による国民建設が少数派に不正をもた
らすかどうかということである」[28]。以上の議論を踏まえて，キムリッカは多文
化主義をモデル化して整理しようとするのである。以下，若干の整理を試みよ
う。

　キムリッカが持ち出す「多文化」というのは，以上の簡単な概観からも看取されるように，かなり広い意味あいを持っており，「一定のまとまりを持った少数者集団の文化の是認」というのが端緒である。それがコミュニタリアニズムとしての多文化主義ということであるが，しかし，この流れは，文化というのはどんどん広くなっていって，たとえば，同性愛者であることまで全部文化の問題になってしまう。日本語教育と文化との関係を考えるには若干広義に過ぎる。[29)]

　したがって，「多文化共生」概念の前提としての「多文化主義」を使うときは，もっと狭い意味での文化という言葉を使ったほうが良い。狭い意味での，というのは，リベラルな枠組の中での多文化主義という考え方を想定している。つまり国民統合という，一つの国家を作っていく以上は避けて通ることができない立場，それを前提にしつつ，しかし多様な文化的背景を持った人がいるのだから，それらの個性をまったく無視してしまうのは問題があるというような，緩やかな意味で捉えるべきであろう。そのような緩やかな枠組みであるからこそ，多様な背景を受け入れるという基盤を作ることができるのではなかろうか。このような考え方は，近年の憲法学で問題となっている「公私二分論」，「立憲主義」の再構成とも深くかかわるものと解される。

２．多文化主義の五つのモデル

　キムリッカは，アメリカやカナダを想定して「多文化主義」が強調される場合に強調される典型例として，５つのモデルを挙げている。[30)] A．ナショナルな少数派，B．移民集団，C．孤立主義的な民族宗教的団体，D．外国人居住者，E．アフリカ系アメリカ人，の五つである。

　ナショナルな少数派，たとえば一定の国の出身者の集まりを「少数派」と呼ぶが，場合によっては自治を求めることもある。移民集団，国籍は取得しても移民であるという特徴がなくならないままで集団としてまとまりを持っている場合や，孤立主義的な，民族主義的団体あるいは宗教的団体などが想定される。

　特殊な例であるが，宗教団体に属していることをもって公的な教育を受けられない，あるいはあえて拒否するという問題がある。日本の場合はあまり問題

にされてこなかった。もちろん，元オウム真理教の信者の子どもを，小中学校
や，高校・大学において受け入れを拒否した問題などはこれと関わる問題であ
るが，制度として担保されているかどうか，という問題ではなく，運用の問題
であると解される。

　むしろ日本に直接関係してくるのは外国人居住者の問題である。これがまさ
に直截に関係する。そして，Ｅのアフリカ系アメリカ人，これは，アメリカ特
有の問題で，日本の場合は外国人居住者の問題に吸収されてしまうと解され
る。

第3節　「多文化共生社会」と「日本語教育」

　以上見てきた「多文化主義」についての整理を踏まえると，日本語教育の研
究者による「多文化共生社会」と「日本語教育」についての次の整理は示唆す
るところが大きい。すなわち，「ある社会に新たな参入者が入ってくる場合，
参入側，受け入れ側のそれぞれがとるストラテジーには類型があり，その組み
合わせによって両者が作る移民受け入れ以降の社会のありようが大きく規定さ
れる[31]」との J. W. Berry の論考を参照しつつ，「入ってくる側を『参入側』と
し，受け入れる側を『受け入れ側』と呼[33]」んで「参入側」と「受け入れ側」の
関係性を整理している。

　まず参入側について，図1が示された上で議論が進められる。

　ここでそれぞれのストラテジーは次のように定義される。

Ａ（統合ストラテジー）：「受け入れ社会との接触や交流を積極的に追求すると
同時に自文化の保持も積極的に行おうとするもの[34]」。

Ｂ（同化ストラテジー）：「受け入れ社会との接触や交流は最大限追求するが，
自文化の保持については消極的なストラテジー[35]」。

Ｃ（分離独立ストラテジー）：「自文化の保持を重視し，受け入れ社会との接触
には消極的で，受け入れ社会との交流をできるだけ避けようとするストラテジ
ー[36]」。

Ｄ（周辺化ストラテジー）：「参入側が積極的にあるいは好んでとるストラテジ
ーではな」く，「受け入れ側の同化要求の中で同化に努めたにも拘わらず受け
入れ側社会に民族差別や人種差別があって同化ができず，その過程で自文化を

図1

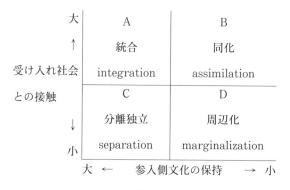

参入ストラテジー

（出典：岡崎　眸「多言語・多文化社会を切り開く日本語教育」168頁より引用）

も喪失していくことによって結果的に生じてくるもの」で，「受け入れ社会との接触もなく，また元々の自文化も喪失していることから，参入側の人権や生活権は徹底して侵される[37]」。

　このような各々の参入ストラテジーは，参入側が自由意志で選択するものではなく，「受け入れ側が参入側を受け入れる際の受け入れストラテジーが何であるかによって大きく規定されている[38]」。そこで受け入れ側のストラテジーはいかなるものであるかを次に見よう。岡崎論文は図2を示しつつ，受け入れ側のストラテジーについて整理する。

1（多文化ストラテジー）：「参入側を受け入れ社会の一員として積極的に受け入れ，同時に参入側文化も積極的に尊重しようとする」もので「一つの社会に複数の言語や文化の存在を認める立場に立ってとられるもの[39]」。

2（同化ストラテジー）：「一つの社会に一つの言語や文化しか認めないと言う立場に立ってとられる」もので，「参入側に対しては積極的に接触し，受け入れ社会の一員とすることを求めるが，参入側文化の保持については消極的であり，受け入れ文化への同化を求める[40]」。

3（隔離ストラテジー）：「2の同化ストラテジーと内容的に全く逆のもの」で，「住む地域や就く職業など一定のものに限定し，両者の社会的な接触を最小限に留めようとしてとられるストラテジー[41]」。

図2

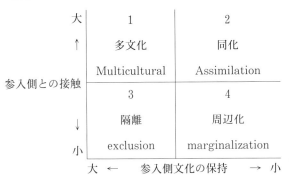

受け入れストラテジー

（出典：岡崎前掲論文169頁より引用）

4（周辺化ストラテジー）：「同化や隔離政策を強行した結果，それぞれの目的を達成できず失敗に終わった場合に結果的にとられるストラテジー[42]」。

　以上の，Berry の理論を踏まえた岡崎による整理を，さきに概観したキムリッカの「多文化主義」に関するモデルに照らしてみると，外国人居住者から主張される，そしてまた外国人居住者に示唆されて行われるべき政策的な理念が多文化共生であるということになろう。

　政策としての多文化主義分析[43]において，「人間それぞれのエスニシティに関係なく，すべての個人を平等に扱おうとする」，「したがって，私的領域でエスニックにふるまうかどうかは，すべて個人個人が自分の意志で自由に決定する」リベラル型多文化主義[44]と，「エスニック集団を単位として，多文化政策をすすめようとする」，「したがって，私的領域でも，同じエスニック集団に属する個人は，同じエスニック集団の一員としてふるまうことが期待される」コーポレイト型多文化主義[45]とが区別される。さきに概観したキムリッカの分析では時代区分によって区別されていたが，日本において併行して採られている政策は，「コミュニタリアニズムとしての多文化主義」に親和性あるものとしてのコーポレイト型多文化主義と，「リベラルな枠組み内での多文化主義」のうち理念型の中心的なものとみなしうるリベラル型多文化主義とが，キムリッカの用語法でいうところの「国民建設への応答としての多文化主義」という枠組

み内であることが必ずしも明示的に意識されないまま混交して採用されていることに問題があると考えられる。すなわち,「リベラル型は,それが普遍主義であるだけに,現実にはどうか主義(選択的同化)に近づく可能性をもっている。コーポレイト型は,それが属性主義であるだけに,現実には特定エスニック集団による排他主義(ethno-centricism)に近づく可能性をもっている[46]」。

　以上を踏まえると,教育の観点からは,重要な視点は,ガットマンが指摘するように,多文化主義(multiculturalism)への民主教育(democratic education)の対応として,以下の点に留意すべきである。第一に「被抑圧者集団の経験を公的に承認すること[47]」,第二は「国民の相互尊敬への取り組みによって同じように促進される。この対応は,寛容すなわち基本的自由の問題である信条と行動に関する不一致に同意を与えることである。寛容とは,宗教的その他の精神的信条にもかかわらず,何らかの単一の信条や行動の実際的な体系を押し付けないことである[48]」。

　問題は,それが法制度上どのように現れてくるか,どのように制度化すべきであるかである。「言語に関する多文化政策は,その社会のエスニック各集団の人々にその独自の言語に習熟する機会を保障するとともに,社会の支配的言語(書き言葉を含めて)に習熟する機会をも保障するものでなければならない[49]」との指摘は,先に見た岡崎氏の分析マトリクスに見られるように,多文化を志向しても,実際には参入側にとっては国民への「統合」の強制になりかねず,さらには言葉だけ多文化という言葉が用いられても,同化や周縁化に至る可能性を示唆しているものであろう[50]。

　そこで,このような背景を前提においた上で,現在の日本における外国人の(正確には日本語を母語としない者の),公的保障の問題及びその子どもの義務教育の問題について以下検討する。

第 2 章　基本的人権としての 「教育を受ける権利」の「公的保障」

　ここでは，まず議論の前提として，広い意味での外国人の日本在住者の言語保障の問題を検討し，ついで義務教育段階における総論的な問題点を整理することとする。

第 1 節　外国人の日本在住者の公的な言語保障

1．出入国管理法及び難民認定法と外国人登録法

　まずそもそも，日本の「出入国管理及び難民認定法」は，アメリカの出入国管理法をモデルに作られており，外国人を非常に細かい類型に分けている。一つの特徴としては，全体的に，設定されている年月，設定されている日数が短いことが指摘できる。出入国管理および難民認定法施行規則別表第 2 は，在留資格を多く挙げている。例を挙げると外交・公用・教授などがある。一般の人は，この中の留学，就学，研修いずれかに当てはまる。あるいは特定の技能がある場合では，技能に当てはまる。しかしこれが特定な技能がある場合で 3 年または 1 年，留学で， 2 年または 1 年となっており，一年おきの更新も稀ではない。就学という資格で来た場合は， 1 年または 6 ヶ月である。語学留学に来る以外ほとんど役に立たないほどの短さである。このようなアメリカ流の「出入国管理」と，もともとは対照的な制度を採っていたのはイギリスである。ただし，イギリスの場合は人を多く受け入れすぎてしまった。旧植民地（現コモンウェルス諸国）の出身の人をほとんど制限せずに受け入れてしまったために，国内で，差別問題が起きてしまい，アジア系・アフリカ系出身の人々に対するイギリスの白人警察官による暴行が，かなり長期間，表面化しないといった問題が起きていた。[51] イギリスの場合は人を入れすぎたということで1968年ごろから入国資格を限定しはじめた。いずれにしてもイギリスも自国に入国可能な外国人の枠を次第に絞ってきている。[52] とにかくあまり細かい類型を作ると，日本の法律制度で，外国人が強引に類型化されてしまう。宗教や芸術といった

枠組み，誰がどういった資格で判断するのか，とくに芸術など，どういった資格で判断するのかというかなり疑問のある類型も存在する。また教授，教育研究，人文知識など，全部重なっているのではないかと思われる類型もある。これらの滞在期間は，それぞれ3年又は1年で，まったく同じである。3年という枠組みに入る人と，5年という枠組みに入る人とを決めればよいのではないかとも解される。⁵³⁾ ともあれ，事実として多様な外国人が現に日本には存在している。もちろんいわゆる不法入国者の存在も無視し得ない。⁵⁴⁾「外国人」が受けるべき「日本語教育」を考える際には，このように多様な類型の「外国人」が存在することにまず留意すべきである。

2．日本在住者の言語保障―公用語の理解

　憲法は，言語について一見すると，何も言っていない。日本国憲法のどこを探しても公用語についての規定はない。制定史はともかくとして，現に最高法規として日本語で書かれているのが日本憲法だから日本語であると解することは可能である。しかしこれは，根拠としては弱い。というのは，日本国憲法は旧漢字の歴史的仮名遣いで書かれているものが正式なものであり，これが公用語の前提だとすると，正式な日本の公用語は歴史的仮名遣いでなくてはならないということになりかねない。⁵⁵⁾

　しかし，憲法が言語について，沈黙しているのは確かである。一つの議論としては，だから公用語として，憲法を改正してそれを書きこむべきであるという主張がある。実際にフランスでは，やはりフランス語が公用語のひとつだという規定にするのか，フランス語だけが公用語とするのかで激しく論争が行われ，原則としてフランス語だけが公用語だということで落ち着いて，しかし事実としてはそれ以外の国の言葉も少しずつ認めつつある。⁵⁶⁾ 日本の場合このような憲法改正が実現可能かというと，この肝心な改正は盛り込まれないまま，別な改正が実現してしまうかもしれず，憲法改正に望みを託す議論というのは生産的ではない。現にいろいろな政党がいろいろな憲法の改正案を作っているが，言語について何か言っているというのは管見の限り見当たらない。国旗や国歌，軍隊について書いてあるものはあるが，言語についてはあまり意識されていない。つまり日本語で日本の伝統を教育する，日本の伝統という言葉には

天皇制の維持も含まれているのが通常である。

　実定法においては，裁判所法第74条の「裁判所では，日本語を用いる」との規定があるが，いずれにしても現在の憲法から直接に公用語が日本語だということを導き出すのはそう簡単ではない。そのうえで日本在住者に対する言語保障，日本語教育の保障という問題は，いかなる条文から導き出されるのか，が問題となる。

　憲法学の基本的・通説的な議論として，条文に国民と書いてあっても，外国人に人権の保障が及ばないとは解されない。基本的には権利保障については外国人にも及ぼすことができるのだという解釈をとる。いわゆる権利性質説であるが，英訳日本国憲法によれば，11条は the people で，12条も the people，13条は all of the people で始まっている。14条も all of the people で始まっている。基本的には people という言葉を使っている。制定史から言うと「外国人も日本国民と同等の法的補償を受ける」という条文がもともとあったのが削除されたという経緯がある。ただ，英訳の言葉の使い方からしても，ここは国民に絞る意図という風に読むのは狭すぎる見方である。国民は人権の保障をされるのは当然のことであるけれど，外国人に及ぼしても問題なく，むしろ可能な限り国民と平等の保障をすべきであるとするのが共通理解であり，裁判所でもそこは共通している。ただ，こういった問題を考えていくときに，国際的な人権条約に関する議論は，裁判所ではあまりまともに取り上げていない。

　たとえば憲法第13条に「国民はすべて個人として尊重される」とあるのは個人主義の問題であり，「生命，自由及び幸福追求に対する国民の権利については公共の福祉に反しない限り立法その他国政の上で最大の尊重を必要とする」とある第2文のうち，「生命，自由，幸福追求の権利」は，ジョン・ロックに由来する，アメリカの独立宣言の言葉から来ている。条文に明確化されていない人権の保障の根拠はここに求めるのが憲法学の通説的な考え方である。とすると言語教育に関する法的な言語保障の根拠は少なくともまず憲法第13条に求めることができると解される。その上で教育ということの絡みでさらに憲法第26条の規定も同時に重要な意味を持つことになる。

　憲法第26条第1項は「すべて国民は法律の定めるところによりその能力に応じて等しく教育を受ける権利を有する」と規定する。ここの26条第1項の「教

育を受ける権利」というのは別に学校教育に絞っている話ではないし，義務教育に絞って理解しなければいけないということはまったくなく，すべての生涯教育及び社会教育，外国人に対する言語教育の公的保障というものもここに求めることができるはずである。

　もちろん憲法論として，社会権が外国人に及んでいくのか，という問題が絡んでくる。具体的な枠組みとして，国家からの自由という自由権にくらべて，一定の金額の支出を伴わざるを得ない社会保障のようなものを中心とした社会権，これに関しては，原則国民には保障されるが，外国人にはもともと保障されないとの考え方が従来は強かった。[58]

　しかし，その後のさまざまな国際的な条約の発展のなかで，これはすでにかなり問題のある考え方である。憲法第98条は「この憲法は，国の最高法規であつて，その条規に反する法律，命令，詔勅及び国務に関するその他の行為の全部又は一部は，その効力を有しない」と規定する。すなわち，日本国が締結した条約及び確立された国際法規は，これを誠実に遵守することを必要とする。そして，国際人権規約のうち経済的，社会的および文化的権利に関する国際規約がある。この経済的，社会的および文化的権利に関する国際規約に関しては，確かに冒頭の部分で，この規約の第2条において，この規約の各締約国は立法措置その他のすべての適当な方法により，この規約において認められる権利の完全な実現を漸進的に達成するため自国における利用可能な手段を最大限に用いることによって，ここにまたは国際的な援助及び協力を通じて，特に経済上及び技術上の援助及び協力を通じて行動をとることを約束するとされている。徐々に達成すれば良いのだと読めないこともなく，確かにそのような読み方をしているのが普通であったけれども，条約に書いてあるからということを根拠として憲法上の保障レベルを下げるべきものではなく，他の国が自国よりも保障レベルが低いことを理由に，自国の保障レベルを下げるべきものでもない。[59]社会権規約第9条が「この規約の締約国は，社会保険その他の社会保障についてのすべての者の権利を認める」としたうえで，第10条で家族の保護，第11条で生活水準の改善，第12条で健康維持についてかなり詳細な義務付けを行っている。1985年の「外国人の人権宣言」（第40回国連総会で採択），1990年の「すべての移民労働者及びその家族の権利の保護に関する国際条約」（第50回国

連総会で採択）の影響，難民の地位に関する条約，人種差別撤廃条約，女子差別撤廃条約の批准もあり，日本の社会保障に関する規定から多く国籍条項が削除された例があり，また外国人に対しての保障が明示的に規定されている[60]。もっとも，遡及適用はしていないので，実際には問題も生じている[61]。一例を挙げると，いわゆる塩見第二訴訟判決がある。1970年に帰化した，全盲との障害認定時（1959年）には韓国籍を有していた，原告（以下Xとする）の訴えに対して大阪高等裁判所は以下のように判示しているのである。「…司法審査の対象となるのは憲法25条の規定に基づく立法措置が『著しく合理性を欠き明らかに裁量の逸脱・濫用と見ざるをえないような場合』に限定されるのであって，右両最高裁判決〔いわゆる堀木訴訟最高裁判決[62]と，第一次塩見訴訟最高裁判決[63]を指す〕も，このような観点から各々検討を加えて，当該立法措置が著しく合理性を欠くことがなく，明らかに裁量の逸脱・濫用と見ざるをえない場合にも当たらないことから，立法府の裁量の範囲に属する事柄であると判断して，憲法25条に違反するものではないとしている。〔中略〕国籍要件の撤廃によって全ての外国人が障害福祉年金の支給を受けられるようになったわけではなく，Xと同様に難民条約整備法による法改正以前に障害が固定した外国人には障害福祉年金は支給されないのであるから，自国民よりも外国人を優遇しているものではない。のみならず，…自国民を在留外国人より優先的に扱うことは許されるべきと解され，障害福祉年金の支給につき日本国籍を有することを要件とすることに合理性が認められる上，拠出制を基本とする社会保険方式を採る国民年金制度の中で，経過的な障害福祉年金においては，その保険事故発生時点として，国民年金制度が発足した昭和34年11月1日を廃疾認定日として同日に日本国籍を有することを要件とすることにも合理性が認められる」として，「国民年金制度の仕組み，法律府遡及の原則。年金法改正の趣旨などに照らせば，右の取扱いはその合理性を有するものというべきであり，これを憲法14条1項に違反するものということはできない[64]」と。

外国人の日本在住者に対して，日本語の教育が不十分だということに関して，経済的，社会的及び文化的権利に関する国際規約（以下「社会権規約」）第13条を次に検討する。

本条の一般的意見によれば[65]，「規約の中で最も長い規定である第13条は，国

際人権法において，教育に対する権利に関する最も広範かつ包括的な条文である[66]。第13条第1項は「教育は人格の『尊厳についての意識』を志向し，『すべての者に対し，自由な社会に効果的に参加すること』を可能にし，かつ，諸国民の間及び人種的又は宗教的集団のみならずすべての『民族的[67]』集団の間の理解を促進しなければならない。…最も基本的なのは『教育は人格の完成を志向』するということであ[68]」る。第13条2項は教育を受ける権利につき規定する。「この条項の厳密かつ適切な適用は，特定の締約国に存在している条件によるであろうが，教育はすべての形態及び段階において，以下の相互に関連するきわめて重要な特徴を示すもの[69]」である必要がある。すなわち，第一に「機能的な教育施設及びプログラムが，締約国の管轄内において十分な量だけ利用できなければならない」（利用可能性[70]）。第二に「教育施設及びプログラムは，締約国の管轄内において，差別なくすべての者にアクセス可能でなければならない」（アクセス可能性[71]）。アクセス可能性は，無差別，物理的なアクセス可能性，経済的なアクセス可能性という，相互に重なりあう三つの側面を持つ。とくに重要なのは，この「無差別」との関係で「子どもの権利に関する条約第2条及び，教育における差別の禁止に関するユネスコ条約第3条（e）に留意し，無差別の原則は，国民でない者を含めて，締約国の領域内に居住する学齢期のすべての者に，その法的地位にかかわりなく及ぶことを確認する[72]」ことが指摘されていることである。第三に，「カリキュラム及び教育方法を含む教育の形式及び内容は，生徒にとって，また適切な場合には両親にとって，受け入れられる…ものでなければならない」（受容可能性[73]）。第四に，「教育は，変化する社会及び地域のニーズに適合し，かつ多様な社会的・文化的環境にある生徒のニーズに対応できるよう，柔軟なものでなければならない」（適合可能性[74]）。第13条2項（a）「初等教育に対する権利」については，「初等教育は，『義務的』であり『すべての者に対して無償』であるという2つの顕著な特徴をもつ[75]」。ここでいう「義務的」とは何か。「義務の要素は，父母も，保護者も，国家も，子どもが初等教育を受けるべきであるか否かについての決定を選択的なものとして扱う資格はないという事実を強調する役割をもつ。同様に，規約の第2条及び第3条でも要求されている，教育を受けることにおける性差別の禁止は，この義務という要件によって強調されている。しかし，提供さ

れる教育は，質の点で十分であり，子どもにとって適切であり，かつ，子どもの他の権利の実現を促進するものでなければならない[76]」。そして「無償」とは「子ども，父母又は保護者に支払いを要求せずに初等教育が受けられることを確保するよう明示的に述べられている。政府，地方当局又は学校により課される料金，又はその他の直接的な費用は，この権利の享受を阻害するものとなり，権利の実現を害することがありうる。こうした費用はまた，非常に後退的な効果をもつことも多い。こうした費用をなくすことは，要求されている行動計画によって取り上げられるべき事柄である。（実際はそうでなくとも，自発的なものとされることがある）父母への義務的な徴集金，又は，比較的に高価な学校の制服を着用する義務のような間接的な費用も，同じ種類のものに入りうる。その他の間接的な費用は，ケースバイケースで委員会の審査を受けることを条件として，許容されることもありうる。この初等義務教育の規定は，父母及び保護者が『公の機関によって設置される学校以外の学校を子どものために選択する』権利と何ら抵触するものではない[77]」。

　第13条第 2 項（ b ）は中等教育に対する権利を規定する。同条項にいう「『一般的に利用可能』という表現は，第一に，中等教育は生徒の表面的な理解力又は能力によるものではないこと，第二に，中等教育はすべての者にとって平等に利用可能になるような方法で全国で提供されることを意味する[78]」。第13条第 2 項（ b ）は「『種々の形態の』中等教育に適用されるとされており，中等教育は異なった社会的及び文化的環境における生徒のニーズに対応するために柔軟なカリキュラム及び多様な提供システムを必要とすることが認められている。委員会は，普通の中等教育制度に並行した「代替的な」教育プログラムを奨励する[79]」。高等教育に対する権利を規定する第13条第 2 項（ c ）には，「『種々の形態』の教育についての言及も TVE についての具体的な言及も含まれていない。…この 2 つの欠落は，第13条第 2 項（ b ）と（ c ）の重点の置き方の違いを反映したものにすぎない。高等教育が異なった社会的及び文化的環境における生徒のニーズに対応すべきものとすれば，それは柔軟なカリキュラムと，遠隔学習のような多様な提供システムをもたなければならない。従って，実際には中等教育も高等教育も『種々の形態』で利用可能でなければならない」。「第13条第 2 項（ c ）に技術及び職業教育への言及がないことにつ

いていえば，規約第6条第2項及び世界人権宣言第26条第1項をふまえれば，TVE〔技術及び職業教育：technical and vocational education―引用者註〕は高等教育を含むすべての段階の教育の不可欠な要素をなす」[80]。「一般的にいえば，基礎教育（fundamental education）はすべての者のための教育に関する世界宣言に掲げられた基礎教育（basic education）に対応するものである。第13条第2項（d）により，『初等教育を受けなかった者又はその全課程を修了しなかった者』は，基礎教育，又はすべての者のための教育に関する世界宣言で定義されている基礎教育への権利を有する」[81]。「世界宣言により理解されるようにすべての者は『基本的な学習ニーズ』を満たす権利を有しているので，基礎教育に対する権利は『初等教育を受けなかった者又はその全課程を修了しなかった者』に限られ」[82]ない。「基礎教育に対する権利は，その『基本的な学習ニーズ』をまだ満たしていないすべての者に及ぶ」[83]。また，「基礎教育の権利の享受は年齢又は性別によって制限されないことを強調しておかなければならない。それは，子ども，青少年，及び高齢者を含む成人に及ぶ」[84]。

　以上を要するに，社会権規約第13条は，その国で生活していくために必要な教育制度を整備せよ，という意味合いを持つものと解される。ここに成人した外国人の日本在住者をも含む，公的な言語保障の根拠を求めることができる。

　つまり，憲法第13条，第26条，国際人権規約社会権規約第13条第2項のdから3つの条文の根拠が見出される[85]。法的効力としては，憲法が効力として一番強く，しかし法律よりは強いものだとしてこの国際人権規約があるのだ，という考え方をとるのが裁判所にも通じる基本的な考え方である。したがって，憲法第13条と第26条の意味内容を充填するために，この社会権規約の内容を読み込んで，意味内容として公的な言語保障を制度として整える必要があるのだという解釈を導くことができると解される。

第2節　外国人の子どもの「義務教育を受ける権利と義務」

1．現行制度

　一般的に外国人の子どもの義務教育を受ける権利と義務の問題がある。帰化した元外国人の子への教育の問題は，一般的な機関を整えるだけでは解決しない問題であって，義務教育の問題とも絡むものである。実態の問題，これはど

ちらかというと，外国人の子どもの義務教育の問題と関わるが，義務教育に関しては，たとえば非正規滞在者にも住所が明らかである場合，就学案内を送っている[86]。就学通知ではなく就学案内と言葉をわざわざ分けているのは，通知が来ても子どもの教育に関して，当該外国人の自由に選択する教育機関へ進ませる親の権利に配慮してのことであるとされるが，疑問である。

日本語指導が必要な外国人児童生徒の受入れ状況等に関する調査（平成17年度）によれば，「平成17年9月1日現在，公立の小学校，中学校，高等学校，中等教育学校及び盲・聾・養護学校に在籍する日本語指導が必要な外国人児童生徒は，20,692人（19,678人）で1,014人［5.2パーセント］増加している。調査開始以来最も多い数となった（平成16年度：19,678人）。また，対前年度比についても毎年調査を開始した平成11年度以降最高の伸び率となった。」「学校種別の在籍者数をみると，小学校は14,281人（13,307人）で974人［7.3パーセント］の増加，高等学校は1,242人（1,204人）で38人［3.2パーセント］増加，盲・聾・養護学校では70人（55人）で15人［27.3パーセント］増加，中等教育学校23人（15人）で8人［53.3パーセント］増加している。一方，中学校は5,076人（5,097人）で21人［0.4パーセント］減少している。」「割合では，小・中学校が93.5パーセント（93.5パーセント），高等学校が6パーセント（6.1パーセント），盲・聾・養護学校が0.3パーセント（0.3パーセント），中等教育学校が0.1パーセント（0.08パーセント）となっている。」という[87]。当然のことながら，「この『就学案内』は外国人登録をしている外国人にしか送られないから，外国人登録をしていない外国人の子どもについては依然として学校教育を受ける機会が与えられない可能性がある[88]」。この点，栃木県宇都宮市で医師のカルテや住宅賃貸借契約書などから判明している場合には不法滞在外国人についても就学案内を送り，保護者の希望があれば受け入れていることは注目される[89]。

問題は，就学案内に従って小学校に行ったとしても，必ずしも外国人に日本語を教える専門家がいないことである。実際には母国語別で言うとポルトガル語が最も多く，次いで中国語，スペイン語の順であって，このような子どもに日本語を教えることを通常の授業とは別に行わざるを得ないことは，現場の小学校の教師に過大な負担をかけることになる[90]。

　教育を受ける権利の内実として，憲法26条第2項「すべて国民は法律の定めるところにより，その保護する子女に普通教育を受けさせる義務を負う。義務教育はこれを無償とする」とある，この無償の意味合いについては，少なくとも教科書は無料であるというのが最低限度共通理解であり[91]，さらに義務教育諸学校の教科書も通常無償とされる[92]。

　ここで「義務」とあるが，これは国家の義務であると解すべきである。「各国民が自分の養育する子ども（憲法の文言は「子女」）に教育を受けさせる権利を国家が保障する義務」を前提にしている義務なのであって，これを国民の3大義務だというのはミスリーディングであると解される。

2．日本語を母語としない子どもの教育を受ける権利

　そのうえでこれが外国人の子どもに及ぶかどうかという問題は，やはり先ほどの社会権が外国人に及んでいくのかということに関わることになる。

　さきに社会権規約第13条について，社会権規約に関する規約人権委員会の一般的意見に依拠しながら，憲法解釈の補充的趣旨を読み取った。しかし，実効性からして，児童の権利条約（子どもの権利条約）がさらに重要であると解される[93]。子どもの権利条約第28条は，ほとんど社会権規約第13条と同じ規定である。注目されるのは，教育の目的に関する同条約第29条第1項である。次に引用する。

「締約国は，子どもの教育が次の目的で行われることに同意する。
（a）子どもの人格，才能ならびに精神的および身体的能力を最大限可能なまで発展させること
（b）人権および基本的自由の尊重ならびに国際連合憲章に定める諸原則の尊重を発展させること
（c）子どもの親，子ども自身の文化的アイデンティティ，言語および価値の尊重，子どもが居住している国および子どもの出身国の国民的価値の尊重，ならびに自己の文明と異なる文明の尊重を発展させること
（d）すべての諸人民間，民族的，国民的および宗教的集団ならびに先住民間の理解，平和，寛容，性の平等および友好の精神の下で，子どもが自由な社会において責任ある生活を送れるようにすること
（e）自然環境の尊重を発展させること」

「すべての子どもがそれに対する権利を有している教育とは，子どもに生活上の種々の技能（life skills）を与え，あらゆる範囲の人権を享受する子どもの能力を強化し，かつ適切な人権の価値観が浸透した文化を促進するような教育である。その目標は，子どもの技能，学習能力その他の能力，人間としての尊厳，自尊心（self-esteem）および自信（self-confidence）を発達させることにより，子どもの個人個人の能力を向上させること（to empower the child）にある。このような文脈における『教育』とは，正規の学校教育の範囲をはるかに超えて，子どもが個別にであれ集団的にであれ，その人格，才能および能力を発達させ，かつ社会のなかで全面的かつ満足の行く生活をおくることを可能にするような，幅広い範囲の生活経験および学習過程を包含する」[94]。とくに注目されるのは，次の見解である。すなわち，「第29条第 1 項と，人種主義，人種差別，排外主義および関連の不寛容に対する闘いとの間に繋がりがあることも強調したい。人種主義およびそれに関連する諸現象は，無知が，人種的，民族的，宗教的，文化的および言語的違いもしくはその他の形態の違いが，偏見の悪用が，または歪んだ価値観の教育もしくは宣伝が存在するところで盛んになる」[95]。

子どもの権利条約については，日本政府はほとんど留保をつけていない[96]。

また，日本政府の報告書については，第 1 回報告書に対して在日韓国・朝鮮人等に対する差別の排除が指摘されている[97]。

以上の点を踏まえ，社会権規約に関する一般的意見（（ 1 ）参照）をも考慮すると，「外国人」が「日本語教育」を受ける権利を，社会権規約第13条，子どもの権利条約第28条および第29条から導き出すことは可能であるが，その際に，本稿 1 ．で検討したように，日本において 1 つの言語， 1 つの文化しか認めないような視点から制度設計をすることは，理念としてのみならず，日本が批准している国際人権条約からして禁じられているものと解される。

第3章　若干の考察

　第2章までの検討を踏まえて，「多文化共生社会」における「外国人」の「日本語教育」を受ける権利の公的保障について考察する。

第1節　外国人の「多様性」

　日本に在住する「外国人」の類型について，筆者はすでに旧来外国人（オールド・カマー）・新来外国人（ニュー・カマー）・一般外国人という類型を示したことがあるが[98]，「日本語教育」という視点からすると，これだけでは不充分である。なぜなら，入管法規制対象者たる「外国籍」保有者の分類としては成り立ち得ても，「帰化」した元「外国籍」保有者についても考察の対象に入れなければ，ほとんど意味がないからである。

　仮にオールド・カマーおよびニュー・カマーについて，その下位分類として，国籍を維持している，国籍法上の外国人と，帰化した者という類型を立てるとすれば，大分類を「外国人」とすること自体に問題が生ずることになる。いずれにせよ，細かく言うとかなり多くのさまざまな国の出身者がおり，ブラジルのように，その歴史上の特殊性から，日本との2重国籍を持っている人もいる。実際には国籍を持っていても外国人扱いをされる人がいれば，両親との関係で国籍は日本だけれど日本語ははなせないと言う人がいたりして，子供は日本語を話せるけれど親と話が通じない場合もあったりする。したがって，本稿は「外国人」の権利についてというよりも，もっと広く，「日本語を母語としない者」の「日本語教育を受ける権利」を問題にしてきたのであった[99]。

　けれども，そのように解するときにさらに問題となるのが，いかなる「日本語」についての「教育を受ける権利」であるのか，ということである。節を改めて検討しよう。

第 2 節　日本語教育の「多様性」

　本稿が検討している「日本語を母語としない者」の「日本語教育を受ける権利」に言うところの「日本語」は，いわば第二言語としての日本語である。この点，文部科学省が作成している「JSL（Japanese as a second language 第二言語としての日本語）カリキュラム」は注目される。しかし，ここでの「日本語」が，本稿 1．で見たような「同化」の装置となってしまっては意味がない。たしかに文部科学省は「多文化共生」という用語を用いており，多くの自治体においても同様である。しかし，もし「多文化共生」という語を真剣にとらえなおそうとするならば，総務省が2005年度の「多文化共生の推進に関する研究会」において「地域における多文化共生を『国籍や民族などの異なる人々が，互いの文化的ちがいを認め合い，対等な関係を築こうとしながら，地域社会の構成員として共に生きていくこと』と定義し」[100]たことを踏まえ，そのような視点から「日本語教育」をとらえなおすことも必要であると解される。

　日本語教育学の観点からは，外国人に理解しやすい日本語を策定することの重要性が指摘されている。[101]

　以上の指摘を踏まえると，少なくとも，生活のための（最低限の）「日本語教育」と，学校における講義を十全に理解できる「日本語教育」とは，同じ「日本語教育」であっても，内実が相当異なることになる。また，後者も，初等中等教育と高等教育（高等学校以上）とではやはり内実が異なることになると解される。

　では，いかなる「日本語」か。

　たとえば，「平易な日本語」として，「一文の長さを短くして，難解な言い回しや高度なレトリック表現を避けること〔中略〕主語と述語の間は短くして文意を明確にすべきである。また，漢字の使用は減らし，少しでも難しい漢字にはふりがなを振ることである」[102]という提案がある。これは生活のための（最低限の）「日本語教育」との対応で検討されるべきであろう。この観点からは，ボランティアだけに頼らず，公立学校等に国あるいは自治体の予算によって教員を派遣すること，市民センターなどで無料の公開講座やサークルを通じて，日本語を母語としない成人に，最低限のコミュニケーションがとれるように

促すことなどが考えられる。法的には憲法第13条の「幸福追求権」，第26条の「教育を受ける権利」，社会権規約第13条や子どもの権利条約第28条および第29条などが理念的根拠として利用可能であると解されるので，これらの規定の趣旨に鑑みての立法的措置が必要となってこよう。なによりも，憲法第26条の適用を肯定するならば，日本国籍保持者と同様に，外国人住民に対しても「就学案内」ではなく，「就学通知」を発すべきである。外国人住民に日本の学校における「義務教育」を課しても，他の学校へ行く自由は，日本国民が私立学校を選ぶことが出来るのと同様に存するのであるから，外国人住民の親が持つ子の教育を選択する権利を奪うものとはならない。ただし，現在，各種学校として認可されている外国人学校の地位を向上させるべきであるのはもちろんである。この点は，子どもの権利委員会が日本の第2回政府報告書に基づく最終見解においても強調している。[103]

　他方で，EU統合化の中で採用されつつある多言語政策を，「言語文化的多様性の維持を促進する」モデルとして紹介する立場もある。[104]これは学校における講義を十全に理解できる「日本語教育」，ことに高等教育レベルのそれと親和的であろう。これについては，憲法や国際人権法を改めて持ち出さずとも，現行の日本語検定などを充実させることで十分対応が可能であると解される。

結語―今後の課題

　一国内における公用語の保障や教育は，従来あまり意識されずに国民創出のための施策の一環として行われてきた。公用語を身につけること自体が市民権付与の前提になったり，公職に付くための条件になったり，あるいはそれが軍事的な義務と結びたりということが当然視されてきたのに対して，少数者の立場からの問題提起として，いろいろな立場の人が主張してきたのが多文化主義であると整理することが出来る。少なくとも最低限の基盤整備というかたちで国家は必ず人権を保障していると言えるからには一定の制度整備，公的保障が必要であるといえよう。すでに触れたように，日本語教育は，第一に，少なくとも最低限の日常生活をおくることができるための日本語教育と，第二に，高等教育も受けられる程度の日本語を身につけるための日本語教育が考えられるが，この両者の間には，ずれがある。このような二重の「ずれ」を調整する理念として「多文化共生」は用いられ得る。問題は，言葉だけを用いても無意味だということである。多文化共生をいうのであれば，外国語として日本語を学ぶ人たちに提供されるものと同じレベルで，つまり上記の二つの「ずれ」に対応する形で，最低限の日常生活をおくれることができるための，たとえば韓国語，ポルトガル語，中国語といったものも，同等に提供されなければならない。他方で高等教育を受けられる程度のそれについては，現在高校から大学，専門学校等で提供されているものを拡充する形で対応できよう。

　このような問題に対する取り組みには，いろいろの障害がありうる。

　すでに成立した改正教育基本法や，自由民主党が提案している新憲法草案などにおいては，要するに立派な，尊敬される日本人を作ると言うのである。[105]これは多文化の共生と真っ向から対立する考え方である。つまり日本語教育といいながら昔ながらの国語教育，日本人を造るための言語教育というものになりかねないのである。このような観点からは，多文化共生という考え方は，現実に進みつつある政策に対する重要な対抗軸となるものと解される。換言すれ

ば，日本語教育を何のために行うのかに自覚的であるべきだと解されるのである。

　日本語教育が，国民創出，市民権，国籍の付与ということと強い関わりを持つことは否定しがたいが，そこを強調しすぎるのには問題がある。それぞれの人が日本という社会で生きていくときに，自分の持つ文化的ルーツを主張していく，そのための一つの前提としての言葉を身につける。そういう意味での日本語教育というのは重要になってくるのではなかろうか。多文化主義，互いの「文化」を互いに尊重しあう「共生」社会，このような理念が本来想定されたものとは別の機能を果たしかねないことは，日本語教育の場面に限らず想定可能であるが，「理念はそれが濫用され得るからといって，その価値を完全に喪失するわけではない[106]」。多文化主義理論の基本前提は，第 1 に「諸個人にとって，自らのアイデンティティが他者から適切に承認されることが，善き生を送るための必要条件だというものである[107]」。第 2 は，「諸個人の政治的統合を可能にする条件として文化の共有を位置づける考え方である[108]」。第 3 は，「諸個人の自由を実現するには各人の帰属する文化が存続していることが必要だとするものである[109]」。いずれの前提も「相互排他的なものではなく，そのすべてを同時に受容することが可能であ」り，「多くの多文化主義理論は，これらの基本前提のどれに重きを置くかという点では相違があるが，そのすべてに何らかの形で肯定的に言及している[110]」。このような指摘を踏まえると，多文化主義，多文化共生社会という理念が，現実の政策の持つイデオロギーを覆い隠す機能を持ち得るとしても，有用性があるのは確かであるから，理念としての精緻化を図りつつ，政策との関連を検討していくことが必要となってこよう。

　最後に今後検討すべき課題について示しておく。本稿が検討対象とした，日本語を母語としない者に対する日本語教育を制度として考える場合，第一に，いかなる制度を構築するか，第二に，何をその制度の柱とするか，第三に，いかなる「日本語」を「教える」のか，第四に，いかなる「専門家」を制度の中に配置するのか，といった問題が生じる。本稿は，第二の点につき，「多文化共生」理念は適切なものを含むものの，さらなる精査が必要であること，そのこととのかかわりで第三点および第四点につき若干の言及は行ったものの，提言として充分なものとなっているとはいいがたい。今後はこの四つの視点を念

頭に置きつつ，さらに研究を進めたい。[111)]

（補記）本稿は著者のクイーンズランド大学研究滞在中の科研費研究に係る取材を契機として，オーストラリアの著名な日本語政策研究者 Nanette Gottlieb クイーンズランド大学教授の著書 *Language Policy in Japan ― The Challenge of Change*（Cambridge UP, 2012）pp. 154-155で肯定的に英訳紹介された。

第4部　註

1）　鈴木敏和『言語権の構造』（成文堂，2000年）8頁。

2）　鈴木註1前掲書11-12頁。

3）　日本における「公用語」は日本語であることが当然の前提となっているようで，法的には必ずしもそうはいえない。日本国憲法が「日本語」で書かれていることが根拠といわれることがあるが，説得力が弱い。この点は「日本語教育」を「多文化共生」の視点から考えるときの重要な観点であると解される。

4）　またこのような視点からして，本稿の表題である「多文化共生社会」「外国人」「日本語教育」はすべて論争ある概念であって，いずれも括弧つきで表記すべき概念であると解されるが，あまりに煩瑣であると考え，表題においてはかぎ括弧をつけずに表記したことを注記しておく。

5）　この問題については，本稿では立ち入って検討することができないが，次の文献を参照。小熊英二『単一民族神話の起源　〈日本人〉の自画像の系譜』（新曜社，1995年），イ・ヨンスク『「国語」という思想　近代日本の言語思想』（岩波書店，1996年），安田敏朗『帝国日本の言語編制』（世織書房，1997年），同『〈国語〉と〈方言〉のあいだ言語構築の政治学』（人文書院，1999年），長志珠絵『近代日本と国語ナショナリズム』（吉川弘文館，1998年）。具体的な事例を取り上げた著作を含めると多数の文献があるが，主要な理論的側面は，これらの著作で取りあげられているものと解される。なお，日本における「臣民」「国民」「日本人」概念の形成過程と憲法との関係については，さしあたり，佐藤潤一『日本国憲法における「国民」概念の限界と「市民」概念の可能性―「外国人法制」の憲法的統制に向けて』（専修大学出版局，2004年）第1部を参照。

6）　以下，W. キムリッカ，千葉眞・岡崎晴樹訳者代表『新版　現代政治理論』（日本経済評論社，2005年）に基づいて概観する。なお，多文化主義については，以下の論考も参照した。関根政美「国民国家と多文化主義」初瀬龍平編著『エスニシティと多文化主義』（同文舘出版株式会社，1996年）所収；梶田孝道「『多文化主義』をめぐる論争点―概念の明確化のために」初瀬前掲編著所収；初瀬龍平「日本の国際化と多文化主義」初瀬前掲編著所収。

7）　キムリッカ註6前掲書第8章第1節。

8）　キムリッカ註6前掲書第8章第2節。

9 ）　キムリッカ註 6 前掲書第 8 章第 3 節。

10）　キムリッカ註 6 前掲書487頁。

11）　キムリッカ註 6 前掲書488頁。

12）　同前。

13）　キムリッカ註 6 前掲書489頁。

14）　キムリッカ註 6 前掲書490頁。

15）　同前。

16）　キムリッカ註 6 前掲書491頁。liberal culturalist はそれ自体としてリベラルな文化主義者と訳すべきかとも思われるが，論旨にさしたる影響はないので，ここでは訳書に従っておく。

17）　キムリッカ註 6 前掲書493頁。

18）　同前。

19）　キムリッカ註 6 前掲書496頁。

20）　同前。

21）　同前。

22）　同前。

23）　キムリッカ註 6 前掲書500-501頁。

24）　キムリッカ註 6 前掲書501頁。

25）　同前。原文の註は省略した。

26）　同前。

27）　同前。

28）　同前。

29）　同性愛者が，偽装で結婚して，あるいは同性愛者同士が養子などの形で子どもを持っている場合の，その子どもに対する差別も多文化主義での考察対象ではあるが，本稿ではさしあたって考慮の外に置くことにする。

30）　キムリッカ註 6 前掲書第 8 章第 4 節（502頁以下）。

31）　岡崎眸「多言語・多文化社会を切り開く日本語教育」日本語教員養成課程調査委員会『大学日本語教員養成課程において必要とされる新たな教育内容と方法に関する調査研究報告書』（2001年）167頁。

32）　J. W. Berry, "Acculturation and Adaptation in a New society" *International Migration* vol.40 （1992）69-84.

33）　岡崎註31前掲論文167頁。

34）　岡崎註31前掲論文168頁。

35）　同前。

36）　同前。

37）　岡崎註31前掲論文168-169頁。

38) 岡崎註31前掲論文169頁。

39) 岡崎註31前掲論文169-170頁。

40) 岡崎註31前掲論文170頁。

41) 同前。

42) 同前。

43) 初瀬註5前掲論文「日本の国際化と多文化主義」220頁以下。

44) 初瀬註5前掲論文220-221頁。

45) 初瀬註5前掲論文221頁。

46) 初瀬註5前掲論文222頁。

47) エイミー・ガットマン著, 神山正弘訳『民主教育論』(同時代社, 2004年) 334頁。

48) ガットマン註47前掲書334-335頁。ここでガットマンは多文化主義の用語につき次のような理解を提示している。「文化に同一化した（あるいは依存した）諸個人の交流によって, 相互に影響しあう多くの文化（下位文化）を包含する社会と世界の状態を指す。ある文化あるいは下位文化は, 乱暴に言えば, 思考, 会話, 行動の類型から構成され, 二または三の家族よりも大きい人間共同体と結びつく」(ガットマン註47前掲書335頁) と。

49) 初瀬註5前掲論文223頁。

50) この点, 小泉良幸「人権と共同体」『ジュリスト』No.1224 (2003年5月1日・15日号) 38頁は,「共同体的価値に訴えるこの国〔―日本を指す・引用者註〕の保守主義の議論は, 相当独自なものである」ことを指摘する (同44頁)。「共和主義者なら, 憲法に『義务』を掲げることよりも, 投票価値の不平等是正や政治資金規正こそが喫緊の課題だというだろう。リベラリズムの立場からは,『平等な尊重と配慮』への抽象的権利の相互的承認が政治社会の統合の条件であった」(同前) からである。

51) この点については, 佐藤註5前掲書第2部および第3部を参照。

52) 正確には, 非常に広範な「イギリス国民」概念を狭めると同時に, 受入れ可能な外国人についても厳格に規制しようとし始めているのである。2003年までの経過については, 佐藤註6前掲書第3部参照。その後の経緯につき, さしあたり, Gina Clayton *Immigration and Asylum Law* 2nd ed. (Oxford University Press, 2006) を参照。

53) 他方で出入国管理の実務に長く携わった立場からは, 1990年に「在留資格の種類及び在留資格を有する外国人の行うことができる活動内容を法律の別表形式で定めるとともに, 就労活動ができる在留資格を中心とする主要な在留資格に係る上陸許可基準を省令で規定し, 上陸許可の要件の詳細を公表することとした。国際慣習法上外国人の入国を認めるか否かは国家の自由裁量事項とされているので, 各国の出入国管理法制上入国許可基準を公表している例は極めてまれであるが, 日本の在留資格制度は透明度の高い公正な外国人受入れ制度を定めたものであるといえる」との主張もなされている (坂中英徳「日本の出入国管理政策」『日本の外国人政策の構想』日本加除出版株式会社,

2001年，50頁）。

54）なお，ここで「いわゆる」というのは，国連では「不法」（illegal）という言葉をあまり用いず，undocumented，正式な書類を与えられていないとか，非正規滞在者という言い方をするが，illegal という言い方はあまりしないからである。illegal というと刑法のようなものに違反しているという意味合いが強い。United Nations *International Migration Policies*（New York: United Nations, 1998）207. 近藤敦「居住権と正規化」同『外国人の人権と市民権』（明石書店，2001年）286頁以下参照。

55）筆者はそう解すべき余地はあると考えるが，本稿の趣旨からは外れるので他日を期したい。

56）1958年憲法第2条第1項は「共和国の言語はフランス語である」と規定している。本規定は，1992年6月25日の憲法の法律第92-554号によって追加された，旧第2条第2項であり，1995年8月4日の憲法的法律第95-880号により旧第1項が第1条となった（共和国の基本原理）関係で，第2条第1項となっている。これは，いわゆるマーストリヒト条約批准のために必要とされた憲法改正に際して行われたものである（辻村みよ子「フランス」初宿正典・辻村みよ子編『新解説世界憲法集』三省堂，2006年，213頁。訳文は同221頁より引用）。

57）いわゆるマクリーン事件最高裁判決以来基本的には一貫している。もっとも，すでに多くの指摘があるように，総論的に妥当であっても各論的には妥当性の点から疑問があることも周知である。詳しくは，佐藤註5前掲書第1部および第5部を参照。

58）一例として，東大の憲法講座を担当していた，宮澤俊義の著書を挙げる。「たとえば，健康で文化的な最低限度の生活を営む権利や，教育を受ける権利や，勤労の権利は，基本的人権の性格を有するとされるが，それらを保障することは何より，各人の所属する国の責任である。日本が社会国家の理念に立脚するとは，日本が何よりもまず日本国民に対してそれらの社会権を保障する責任を負うことを意味する。外国人も，もちろん，それらの社会権を基本的人権として享有するが，それらを保障する責任は，もっぱら彼の所属する国家に属する」（宮澤俊義『憲法Ⅱ　基本的人権〔新版〕』（有斐閣，1974年）241頁）。他方で，「これらの権利は，もっぱら権利者の属する国会よって保障されるべき性質の権利であるが，それが『人間性』に由来する前国家的・前憲法的な性格を有するものである点において，どこまでも人権たる性格をもつ」（宮澤前掲書242頁）とも述べており，社会権保障を拡大する論理をその理論のうちに含ませているものと解される。

59）「漸進的実施の概念は，すべての経済的社会的権利の完全実現は一般的に短期間にはなしえないであろうということを認めたものである。この意味でこの義務は，市民的及び政治的権利に関する規約に含まれた義務と顕著に異なる。しかし，時間をかけた，換言すれば漸進的な実現が規約で予期されているという事実は，この義務から意味ある内容をすべて奪うものと誤解されるべきではない。それは一方で，経済的，社会的及び文化的権利の完全な実現を確保する際の実際の世界の現実及びすべての国が有する困

難を反映した，必要な弾力性の仕組みである。他方で，この文言は全体的な目標，すなわち，当該諸権利の完全な実現に関して締約国に明確な義務を設定することという，規約の存在理由に照らして読まれなければならない。それは，その目標に向けて，可能な限り迅速にかつ効果的に移行する義務を課しているのである。さらに，この点でいかなる後退的な措置が意図的に取られた場合にも，規約上の権利全体に照らして及び利用可能な最大限の資源の利用という文脈においてそれを十分に正当化することが要求される」(Office of the High Commissioner for Human Rights *The nature of State parties obligations（Art. 2, par. 1):. 14/12/90.CESCR General Comment 3.（General Comments）*E/1991/23, Annex III., para. 9. 申惠丰『『経済的，社会的及び文化的権利に関する委員会』の一般的意見」青山法学論集第38巻第1号，1996年))。

60) 国民健康保険法第3条第3項第1号，厚生年金法附則第29条，国民年金法附則第9条の3の2など参照。

61) 手塚和彰『外国人と法［第3版]』（有斐閣，2005年）第10章で，法制度の概略と，現在生じている問題点について，おおよその概観を得ることが出来る。

62) 昭和57年7月7日最高裁判所大法廷判決（最高裁判所民事判例集36巻7号1235頁）。本事件については，さしあたり，尾形健「143 障害福祉年金と児童扶養手当との併給禁止—堀木訴訟」高橋和之・長谷部恭男・石川健治編『憲法判例百選II［第5版]』（有斐閣，2007年）300-301頁参照。

63) 平成元年3月2日最高裁判所第一小法廷判決（訟務月報35巻9号1754頁，判例時報1363号68頁）。本事件については，さしあたり，大藤紀子「7 外国人の社会保障—塩見訴訟」高橋和之・長谷部恭男・石川健治編『憲法判例百選I［第5版]』（有斐閣，2007年）16-17頁参照。

64) 平成8年7月26日大阪高等裁判所判決（判例時報176号69頁）。

65) Committee on Economic, Social and Cultural Rights *The right to education（Art.13):.08/12/99.E/C.12/1999/10.*21st session (15 November-3 December 1999). なお本一般的意見の訳は，申惠丰『『経済的，社会的及び文化的権利に関する委員会』の一般的意見（4)』『青山法学論集』第43巻第4号（2002年）に基本的に依拠した。

66) *The right to education（Art.13):.08/12/99.E/C.12/1999/10.*para.2.

67) 申註56前掲訳にしたがった。原語はethnicであり，公定訳は「種族的」とされているが不適切である。

68) *The right to education（Art.13):.08/12/99.E/C.12/1999/10.*para.4.

69) *The right to education（Art.13):.08/12/99.E/C.12/1999/10.*para.6.

70) Ibid.

71) Ibid.

72) *The right to education（Art.13):.08/12/99.E/C.12/1999/10.*para.34.

73) *The right to education（Art.13):.08/12/99.E/C.12/1999/10.*para.6.

74)　Ibid.

75)　*The right to education*（*Art.13*）:.*08/12/99.E/C.12/1999/10*.para.10.

76)　Committee on Economic, Social and Cultural Rights *Plans of action for primary education*（*Art.14*）:.*10/05/99.E/C.12/1999/4*.20th session（26 April-14）May 1999）para.6. 本一般的意見の訳は，申惠丰「『経済的，社会的及び文化的権利に関する委員会』の一般的意見（3）」『青山法学論集』第42巻第2号（2000年）に基本的に依拠した。

77)　*Plans of action for primary education*（*Art.14*）:.*10/05/99.E/C.12/1999/4*. para.7.

78)　*The right to education*（*Art.13*）:.*08/12/99.E/C.12/1999/10*.para.13.

79)　*The right to education*（*Art.13*）:.*08/12/99.E/C.12/1999/10*.para.12.

80)　*The right to education*（*Art.13*）:.*08/12/99.E/C.12/1999/10*.para.18.

81)　*The right to education*（*Art.13*）:.*08/12/99.E/C.12/1999/10*.para.22.

82)　*The right to education*（*Art.13*）:.*08/12/99.E/C.12/1999/10*.para.23.

83)　Ibid.

84)　*The right to education*（*Art.13*）:.*08/12/99.E/C.12/1999/10*.para.24.

85)　さらに，子どもの「教育を受ける権利」の観点からは，後に検討するように，子どもの権利条約（児童の権利条約）第28条および第29条が重要である。

86)　1991年文部省初等中等教育局長通知。この通知において文部省（当時）は，各都道府県教育委員長あてに「日本人と同様の教育機会を確保するため，保護者に対し，就学案内を発給するよう」求めている。手塚註39前掲書334-336頁，日本弁護士連合会編著『子どもの権利ガイドブック』（明石書店，2006年）543頁以下参照。

87)　http://www.mext.go.jp/b_menu/houdou/18/04/06042520/001/001.htm より引用［リンク切れ］。最近の状況については〈https://www.e-stat.go.jp/stat-search/files?page=1&toukei=00400305&tstat=000001016761〉を参照。

88)　日本弁護士連合会註44前掲書543頁。

89)　手塚註39前掲書336頁参照。

90)　手塚註39前掲書337頁参照。もっとも後に検討するようにここでいう「日本語」の内実をどのようなものと考えるべきかについては，十分検討する必要がある。

91)　昭和39年2月26日最高裁判所大法廷判決（最高裁判所民事判例集18巻2号343頁）。

92)　義務教育諸学校の教科用図書の無償に関する法律第1条。

93)　公定訳は「児童の権利条約」であるが，同条約が18歳未満を想定していることからして，「子どもの権利条約」と訳すべきであるとの見解が有力であり，筆者もこの見解に与するので，以下では原則として「子どもの権利条約」と表記する。子どもの権利条約に関しては，事務局がジュネーブ国連人権高等弁務官事務所に置かれており，1991年より活動が開始されている。1994年以降年3回，3週間ずつの会期で，締約国の報告書審査が主たる任務である。重要なのは，国連の人権条約の中では締約国数が最大であることである。委員は，4年任期で10名の委員が選出されており，国連人権高等弁務官事

務所，専門機関，ユニセフその他の国連諸機関，NGO が協力している。さらに，2000年5月には武力紛争への子どもの関与に関する選択議定書と，子どもの売買・子ども売買春および子どもポルノグラフィーに関する選択議定書が採択されている。

94) The Committee on the Rights of the Child *The Aims of Education:.17/04/2001. CRC/GC/2001/1.*（General Comments）para.2. 本一般的意見の訳出にあたっては，http://homepage2.nifty.com/childrights/crccommittee/generalcomment/genecom1.htm の平野裕二訳を参照した。一部訳語を変更している［現在リンク切れ］。

95) *The Aims of Education:.17/04/2001.CRC/GC/2001/1.* para.11.

96) 子どもの権利条約については，第37条（c）について「日本国は，児童の権利に関する条約第37条（c）の適用に当たり，日本国においては，自由を奪われたものに関しては，国内法上原則として20歳未満の者と20歳以上の者とを分離することとされていることにかんがみ，この規定の第2文にいう『自由を奪われたすべての児童は，成人とは分離されないことがその最善の利益であると認められない限り成人とは分離される』に拘束されない権利を留保する」との留保をしている。この留保についてはその撤回を要請されている。趣旨としては，留保の適用範囲を18歳と19歳に限定するものとすれば誤解を避けることができると解されるが，なぜか現在に至るまでそのような措置は行われていない。

97) 第1回日本政府報告書に対する児童の権利委員会の最終見解（Concluding Observations）第35節。日本の報告書については，第1回報告書が1996年5月に，第2回報告書が2001年11月に提出されている。第1回政府報告書については http://www.nichibenren.or.jp/ja/humanrights_library/treaty/child_report-1st_govreport.html から，政府報告書の英文は

http://www.nichibenren.or.jp/ja/humanrights_library/treaty/child_report-1st_govreport_en.html から，第1回報告書審査に対する日本政府解答は http://www.nichibenren.or.jp/ja/humanrights_library/treaty/child_report-1st_govreply.html から，子どもの権利委員会の最終見解は

http://www.nichibenren.or.jp/ja/humanrights_library/treaty/child_report-1st_obsevation.html から，同英文は

http://www.nichibenren.or.jp/ja/humanrights_library/treaty/child_report-1st_obsevation_en.html から，それぞれ入手可能である。第2回政府報告書については http://www.mofa.go.jp/mofaj/gaiko/jido/0111/index.html 以下で，同英文は http://www.unhchr.ch/tbs/doc.nsf/(Symbol)/7de38e6b7df15213c1256df80045afc4?OpenDocument で入手できる。第2回政府報告書に対する日弁連の見解は

http://www.nichibenren.or.jp/ja/humanrights_library/treaty/child_report_2_ja.pdf より，同英文は http://www.nichibenren.or.jp/ja/humanrights_library/treaty/child_report_2_en.pdf より，第2回政府報告書に対する最終見解は，http://

www.mofa.go.jp/mofaj/gaiko/jido/0402_j.pdf より，同英文は
http://www.unhchr.ch/tbs/doc.nsf/(Symbol)/7cdfef2209298c9bc1256e5200509a0d?OpenDocument より入手可能である。

　　これらの見解については，波多野里望『逐条解説児童の権利条約［改訂版］』（有斐閣，2005年）376-389頁で若干のコメントが為されているが，疑問がある。なによりも，一般的意見を全くといってよいほど考慮していないことである。

98)　佐藤註 5 前掲書「結論」を参照。

99)　母語や母国語といった概念そのものの適切性についても日本語学や日本語教育学などの分野で多くの指摘があることは承知しているが，この点について立ち入った議論を行う準備も能力も現在の筆者にはないので，他日を期したい。

100)「多文化共生の推進に関する研究会報告書」2006年 3 月，総務省，5 頁。

101) 岡崎註31前掲論文172-181。中崎温子「多文化共生社会の日本語教育―『コミュニケーション』ということの考察を通して―」『愛知大学　言語と文化』No.13，110頁は「母語話者の使用する『日本語』と，非母語話者の，中間言語としての諸相を呈しながら表出される『ニホン語』と区別する意図」を示す。

102) 河原俊昭「外国人住民への言語サービスとは―外国人住民との共生社会をめざして」河原俊昭・野山広編著『外国人住民への言語サービス―地域社会・自治体は多言語社会をどう迎えるか』（明石書店，2007年）15頁。同論考の論理展開には必ずしも説得的でないと解される部分もあるが，ひとつの提案としてここでは取り上げた。

103) *Concluding observations of the Committee on the Rights of the Child : Japan. 26/02/2004. CRC/C/15/Add.231.*（Concluding Observations/Comments）paras.49-50.

104) ユディット・ヒダシ「EU 統合化にみる新たな多言語政策―多文化共存とアイデンティティの相克―」『異文化コミュニケーション研究』（2004年）第16号。

105) 改正教育基本法の制定前後の状況，その問題点について，さしあたり，佐藤潤一「『愛国心』考―教育基本法『改正』の問題点を中心に―」『大阪産業大学論集　社会科学編』No.117（2007年 2 月）を参照。

106) 石山文彦「人権と多文化主義」『ジュリスト』No.1224（2003年 5 月 1 日・15日号）45頁。

107) 石山註106前掲論文47頁。

108) 石山註106前掲論文48頁。

109) 同前。

110) 石山註106前掲論文50頁。

111) 本稿は，法政大学大学院棟703教室で2006年 9 月30日に行われた，「日本語フォーラム全国ネット」において筆者が報告した報告原稿に基づきつつ，当日の質疑と，その後の知見を加味して大幅に加筆したものである。同時に，本稿は，新矢麻紀子大阪産業大

学教養部准教授研究代表「ニューカマーに対する日本語教育保障法案の創出をめぐる言語教育学・公法学的研究」（萌芽研究：平成19年度―21年度）（分担研究）の研究成果の一部でもある。

［補記：註97）の URL はすべて現在リンク切れである。最近の報告書などについては、〈https://www.nichibenren.or.jp/activity/international/library/human_rights/child_report-1st.html〉 に掲載されている（2022年1月9日アクセス）。］

第5部 「愛国心」考
―教育基本法「改正」の問題点を中心に―

問題の所在

　衆参両議院に置かれた「憲法調査会」の報告書が出されたあたりから，憲法改正の主張が与党側から活発に行われ，さらに，いま，教育基本法の「改正」が主張されている。単に主張されているだけでなく，実際に国会での審議が継続しており，教育基本法「改正」を審議した中央教育審議会の「中間報告」（2002年11月）のころから，すでに多くの批判的論考が出されている[1]。

　本稿は，教育基本法の「改正」について，逐条的な批判を意図するものではない[2]。近時の教育基本法「改正」案と，日本国憲法「改正」案が，いずれも「愛国心」に関して，ある「意図」を持っているのではないか，との疑問について考察しようとするものである。

　考察にあたって，まず，いわゆる「中間報告」（2002年11月14日の中央教育審議会が出したもの）以降の流れを踏まえることからはじめ（1），憲法改正議論との関係を意識しつつ（2），制定過程においてみられた問題点と教育勅語との関連性に焦点を当てる[3]。2006年9月21日に東京地方裁判所で下された判決についても，若干の考察を行う（3）。

　筆者は，本稿を，憲法「改正」案や教育基本法「改正」案にみられる，いわゆる「愛国心」意識の問題点を分析する一つの端緒としたいと考えている。

　「愛国心」は一般に patriotism の訳語である。もっとも，通常の国語辞書的な説明は，社会科学的視点からは厳密に言えば不十分である。すこし古いが簡潔にこの点を示すものとして，政治学辞典の説明を見てみよう。

　「自己の所属する国家を愛する心。自分の育った郷土を愛する心に根ざす愛国心（patriotism の原義）は，必ずしも国家形態や政治体制に関心をもたない。民族の一体性に根ざす愛国心（ナショナリズム）は，植民地化に反対し，民族文化の純粋さを強調する。また，権力組織としての国家を愛する愛国心（国家主義）は，国家の栄光や尊厳にひかれる。国家の多層性と人間の自己愛の在り方の多様さがからみあって，様々なタイプが生まれる。他国への配慮

に欠けた独善的な愛国心は，ショヴィニズムとも呼ばれる[4]」。ショヴィニズムは「イギリスの jingoism やアメリカの spread-eagleism などと並んで，盲目的な愛国心，対外的強行主義を表すフランスの言葉[5]」であるが，留意すべきは「民族自決を追及する民族主義，国際政治の場で民族国家の利益を強引に追求する国家主義，国際主義や超国家主義を敵視する自国中心主義，植民地人民の独立運動，第三世界の諸国の経済的自己主張，少数民族の自治運動・独立運動など，ナショナリズムの発現形態は時代と状況により実に様々であること[6]」である。以上のように，本稿は，自民党の提唱する教育基本法「改正」案や憲法「改正」案（自民党は，その主張を表すかのように「新憲法草案」と名づけているが）が明示的あるいは暗黙のうちに前提している「愛国心」を検討することを，中心的課題とするものである。

第1章　教育基本法「改正」にいたる
直接的な潮流

第1節　中教審の主張

　2002年11月14日，当時の遠山敦子文部科学大臣の諮問を受けた，「教育法令の根本である教育基本法の新しい時代にふさわしい在り方について，総合的に検討」していた中央教育審議会，いわゆる中教審が，「中間報告」を出している。同「中間報告」は，その第2章で，「教育基本法見直しの視点」として，次の諸点を挙げている。すなわち，①国民から信頼される学校教育の確立，②「知」の世紀をリードする大学改革の推進，③家庭の教育力の回復，学校・家庭・地域社会の連携・協力の推進，④「公」に関する国民共通の規範の再構築，⑤生涯学習社会の実現，⑥教育振興教育基本計画の策定，の6点である。①については，さらに「一人一人の個性に応じてその能力を最大限に伸ばす視点」「豊かな心と健やかな心をはぐくむ視点」「グローバル化，情報化，地球環境，男女共同参画など時代や社会への対応の視点」が挙げられ，また④については，「『公』に主体的に参画する意識や態度の涵養の視点」，「日本人のアイデンティティ（伝統，文化の尊重，郷土や国を愛する心）の視点，国際性の視点」が挙げられている。一瞥しただけでも，④の細目が唐突な印象を持っていることがうかがえる。さらに，現行教育基本法の第1条および第2条に注釈する形で「現行法の基本理念に加え，以下を規定すべきとの意見があ」ったとして，「個人の自己実現と個性・能力の伸長，創造性の涵養」「感性，自然や環境との関わり」「社会の形成に主体的に参画する『公共』の精神，道徳心，自律心」「日本人としてのアイデンティティ（伝統，文化の尊重，郷土や国を愛する心）と，国際性（国際社会の一員としての意識）」「生涯学習の理念」「時代や社会の変化に対応した教育」「職業生活との関連の明確化」が挙げられている。このような点は，翌2003年3月20日に出された最終答申でもほとんど変化していない。すなわち，同答申の第2章では，「教育基本法に規定されるべ

き理念」として，「教育基本法は，『教育の目的』として，（ⅰ）教育は，人格の完成を目指し，平和的な国家及び社会の形成者として，心身ともに健康な国民の育成を期して行うこと，（ⅱ）このような平和的な国家及び社会の形成者として，『真理と正義』，『個人の価値』，『勤労と責任』，『自主的精神』の徳目が求められ」ていることは適切であって，今後も引き続き規定されることが適切であるが，これに加えて「個人の自己実現と個性・能力，創造性の涵養」「感性，自然や環境とのかかわりの重視」「社会の形成に主体的に参画する『公共』の精神，道徳心，自律心の涵養」「日本の伝統・文化の尊重，郷土や国を愛する心と国際社会の一員としての意識の涵養」「生涯学習の理念」「時代や社会の変化への対応」「職業生活との関連の明確化」「男女共同参画社会への寄与」について，その趣旨を前文または条文にわかりやすく規定することが必要であるとする。⁸⁾

　これら中間報告と答申に共通する「重点」として，「能力主義」と「愛国主義」があると指摘されている。⁹⁾中間報告の「見直しの視点」①に挙げられた「一人一人の個性に応じてその能力を最大限に伸ばす視点」は，あくまで「能力を伸ばす」のであって「個性を伸ばす」ものとはされていない。¹⁰⁾この点は，学習指導要領の改訂による，いわゆる「ゆとり教育」を結果的に引き出したのと同様の思考を示すものであり，現行教育基本法の下で，政府が継続的に行ってきた政策を示しているに過ぎないということができよう。¹¹⁾

　本稿は，むしろ上記に言う「愛国主義」の側面に焦点を当てて，その問題点を考察してみたい。すでに引用したように，「中間報告」の「視点」では，「①国民から信頼される学校教育の確立」の内実として「豊かな心と健やかな心をはぐくむ視点」を挙げ，「④『公』に関する国民共通の規範の再構築」の内実として「『公』に主体的に参画する意識や態度の涵養の視点」，「日本人のアイデンティティ（伝統，文化の尊重，郷土や国を愛する心）の視点，国際性の視点」が挙げられている。そして「答申」において，あらたに教育基本法に盛り込まれるべき理念として「感性，自然や環境とのかかわりの重視」「社会の形成に主体的に参画する『公共』の精神，道徳心，自律心の涵養」「日本の伝統・文化の尊重，郷土や国を愛する心と国際社会の一員としての意識の涵養」が挙げられているのである。

　ここに共通するのは，「問題の所在」で指摘したような「愛国心」概念の複雑さに対する無警戒な態度であり，むしろその意図的な混同が見られることである。そしてこのような政府の態度は，1999年の，「国旗及び国歌に関する法律」（いわゆる「国旗・国歌法」）とあからさまな連続性を持っている。[12]そこで節をあらためて検討する。

第2節　国旗・国歌法

　1948年には早くも制定されていた「国民の祝日に関する法律」は，第1条で，「自由と平和を求めてやまない日本国民は，美しい風習を育てつつ，よりよき社会，より豊かな生活を築きあげるために，ここに国民こぞつて祝い，感謝し，又は記念する日を定め，これを『国民の祝日』と名づける」と規定する。ここにひっそりと入り込んでいる「美しい風習」という文言は，一見何の問題もないように思われよう。けれども，現在進行形の教育基本法「改正」および憲法「改正」に関する現実政治の動向を考えると，この「美しい風習」が，2006年現在内閣総理大臣である安倍晋三氏の「美しい国日本」という主張と通底しているものと理解することも許されよう。

　1999年に制定された「国旗及び国歌に関する法律」は，単に国旗が日の丸であり，国歌が君が代であると定めているだけで，どこにも義務規定はない。しかし，同法に関して，政府が行った答弁は，現在東京都などで行われている事態と全く相容れないものであり，繰り返し表明されているものであっても，それらが詭弁に過ぎないことが明らかなものであった。

　いくつかの例を見てみよう。「児童生徒が例えば国歌を歌わないということのみを理由に致しまして不利益な取り扱いをするなどと言うことは，一般的に申しますが，大変不適切なこと…」[13]といい，「従いまして，今ご指摘のように，起立をしなかった，あるいは歌わなかったといったような児童生徒がいた場合に，（中略）単に従わなかった，あるいは単に起立しなかった，あるいは歌わなかったといったようなことのみをもって，何らかの不利益をこうむるようなことが学校内で行われたり，あるいは児童生徒に心理的な強制力が働くような方法でその後の指導等が行われるというようなことはあってはならないことと私ども思っているわけでございます」[14]とも答えている。さらに具体的に次

のような答弁も行われている。

「当該児童が憲法の思想，良心の自由ということを意識してそういった（歌わない，起立しない）行為を行うということは当然あるかと思います。従いまして，あくまでも強制にわたらないということが肝要でございまして，先ほど申し上げましたように，事後に精神的苦痛を伴うような指導を行うとか，あるいは他の児童生徒に対して個別具体の名前を挙げながら適切でないというような，そういう教育的に見ても適切でないような指導を行い，それが児童生徒に心理的な強制を与えると言ったようなことであれば，これは許されないものと考えています[15]」。

なによりも重要なのは野中広務官房長官が「これからもこの法律を盾にして強制的に無味乾燥な議論に入っていくのじゃなく，教育の中で正確に，日の丸の歴史とそして君が代が生み出されてきた歴史，また一時期これがゆがめられて使われた事実，そういうものをきちっと教えることによって学校現場の教育が生かされ，それが民族のアイデンティティとなって国際的な人間として我が国の国民が育っていくように私どもは努力していかねばならないし，またこの席で私は文部大臣にも要請をしておきたいわけです[16]」と述べていることである。上のド線部には，現在の教育基本法「改正」案に通底する考えが現れているといえる。

有馬文部大臣は，かなり「玉虫色」の答弁を行っている。次の三つの答弁をよく読むと，実は最終的に職務命令で国旗掲揚，国歌斉唱を命ずることがあり得ると述べているのである。

①「教育公務員として，あるいは教員として，地方公務員としての制約はございますね。……その制約と，ご自分の，教員一人一人が持っている内心の自由，今その両方の関係をご質問だと思うけど，どの人が仮に内心の自由で何かをしたくなかったときに，その人が最終的に内心の自由でしないと言うことは，それはやむを得ないとおもいますけれども，しかしながら，教育をする人間としての義務は果たさなければいけない（中略）。しかし，制約と申し上げているのは，内心の自由であることをしたくない教員が，他の人にも自分はこうだということを押しつけて，他の人にまでいろいろなことを干渉するということは許されないという意味で，合理的な範囲でということを申し上げているのです[17]」。
②「学校におきましては，国旗・国歌の指導をおこなうにあたりまして，校長は，日頃から職員会議等の場を通じまして，教員との間で国旗・国歌の指導やその意義等につきまし

て意思疎通あるいは共通理解を図るように努めて，全教員が一致協力して国旗・国歌の指導を行うような学校運営上の配慮を行うことが何よりも大切でございます[18]。」

③「私は，教育というのは根本的に先生と児童生徒の信頼関係であり，またそれを生み出すのは先生方同士の信頼関係だと思っています。ですから，職務命令というのは最後のことでありまして，その前に，先生がおっしゃられましたようなさまざまな努力ということはしていかなきゃならないと思っています[19]。」

特に有馬文部大臣による上記三つの答弁は，①においては「合理的な範囲で」といい，②においては「全教員が一致協力して……学校運営上の配慮を行う」といい，ついに③にいたって「職務命令というのは最後のこと」と漏らしている。①②は，強い立場の者が弱い立場のものに求める「理解」や「配慮」であり，なぜか「内心の自由であることをしたくない教員が，他の人にも自分はこうだということを押しつけて，他の人にまでいろいろなことを干渉するということは許されない」という。質問の趣旨のすり替えであり，ある意味本音が出ていると解される。注目されるのは，後に検討するように，特に東京都で徹底的に行われている卒業式における国歌斉唱の際に起立しない高校教員に対する「職務命令」を肯定していることである。

このように見てくると，現在の教育基本法「改正」は，自民党にとっては至極当然のものとして主張されていることが明らかである。「愛国心」を確認するためのメルクマールとしての国旗・国歌について法制度を整えたからこそ，教育基本法改正に取り組むことができたことがわかる。さらに，すでに1（1）において若干の指摘は行ったが，これらの変容は，学習指導要領の変化にも現れている。教育基本法「改正」案の「愛国心」概念考察と関連する限りで，若干の検討を行う。

第3節　学習指導要領の変容

学習指導要領は，中教審が「中間報告」を出した2002年におよび2003年に改訂されている[20]。この時期の改訂については，いわゆる「ゆとり教育」をもたらした弊害が指摘されたし，実際にそういった問題点があるのは確かであるが，むしろ問題は次の点にあると解される。

すなわち，小学校・中学校・高等学校いずれの学習指導要領も，第1章総則

の「第1　教育課程編成の一般方針」の2において，学校における道徳教育について述べている。すなわち，「道徳教育は，教育基本法及び学校教育法に定められた教育の根本精神に基づき，（中略）主体性のある日本人を育成するため，その基盤としての道徳性を養うことを目標とする」というのである。いくつかの問題点を指摘してみよう。

　第一に，教育基本法及び学校教育法が並列的に挙げられていること。後述するように，教育基本法は，まさに「基本法」として，一定の準憲法的価値を持つ法律であると主張されることもあることからすれば，この並列的提示には問題があると解される。[21]

　第二に，教育が，価値教育であるか，真理教育であるか，（あるいは教育がそれ自体価値である）といった教育学における議論の蓄積は前提した上で，なお，なぜ日本国憲法との関係が捨象されているのかという疑問が残る。[22]もちろんこの点は，教育基本法において日本国憲法とのかかわりが宣言されているのであるから，それで必要にして充分であるとの回答も可能かもしれない。この点は，後述する。

　第三に，「教育基本法及び学校教育法に定められた教育の根本精神に基づ」いて，なぜ「主体性のある日本人を育成」ができるのか疑問である。なにもおかしくはないとの反問はありそうであるが，ここで「日本人」という用語が用いられていることには重大な留保が必要である。すでに指摘したことがあるが，[23]日本国憲法は「日本人」概念を排除している。民族的な観点が入りがちな「日本人」ではなく，「国民」「日本国民」概念を用いているのである。そして，教育基本法においても，その点は共通しているのである。

　けれども，（1）（2）で見てきたような背景に鑑みると，実際の法段階を逆転させて，学習指導要領⇒教育基本法⇒日本国憲法の順に改正を実現させていこうとの自民党の戦略が読み取れるのではなかろうか。このような視点からみると，学習指導要領がその冒頭で，極めてうたがわしい道徳教育に関する記述を忍び込ませていることには，重大な疑問があるといわざるを得ない。[24]

　また，国旗・国歌法との関連から見返してみると，学習指導要領の1958年の改訂で，「日の丸」の掲揚，「君が代」斉唱が「望ましい」ものとされ，1977年告示の学習指導要領においては「君が代」が「国歌」として扱われ，されに

1989年告示の学習指導要領において，ついに国旗掲揚・国歌斉唱を，「指導するものとする」とされた。すなわち，「入学式や卒業式などにおいては，その意義を踏まえ，国旗を掲揚するとともに，国歌を斉唱するよう指導するものとする[25]」とされたのである。この点は，現在の学習指導要領においても引き継がれている。

第 2 章　教育基本法「改正」論と，憲法改正議論との関係

第 1 節　共通因子—愛国心と伝統と「日本人」

　以上極めて簡潔であるが，現在の教育基本法「改正」の主張に至る経緯と，すでに出ていた問題点を整理した。ここで，自民党が提案している教育基本法の「改正」案を見てみよう。同「改正」案前文は，次のように規定する。

　「我々日本国民は，たゆまぬ努力によって築いてきた民主的で文化的な国家を更に発展させるとともに，世界の平和と人類の福祉の向上に貢献することを願うものである。

　我々は，この理想を実現するため，個人の尊厳を重んじ，<u>真理と正義を希求し，公共の精神を尊び，豊かな人間性と創造性を備えた人間の育成を期する</u>とともに，<u>伝統を継承し，新しい文化の創造を目指す教育を推進する。</u>

　ここに，我々は，日本国憲法の精神にのっとり，我が国の未来を切り拓く教育の基本を確立し，その振興を図るため，この法律を制定する。[26]」

　現行教育基本法前文と比較してみよう。[27] 現行法の前文は，次のとおり。

　「われらは，さきに，日本国憲法を確定し，民主的で文化的な国家を建設して，世界の平和と人類の福祉に貢献しようとする決意を示した。この理想の実現は，根本において教育の力にまつべきものである。

　われらは，個人の尊厳を重んじ，<u>真理と平和を希求する人間の育成を期する</u>とともに，<u>普遍的にしてしかも個性ゆたかな文化の創造をめざす教育</u>を普及徹底しなければならない。

　ここに，日本国憲法の精神に則り，教育の目的を明示して，新しい日本の教育の基本を確立するため，この法律を制定する。」

　第一段落は一見なんの変化もないように思われるが，わざわざ日本国憲法への言及を削除している。また，下線部を見比べると，「平和」が「正義」に変わり，公共の精神を尊ぶこと，豊かな人間性と創造性を備えた人間の育成を期

するという，それらを単独で見た場合に，一理あると思わせる側面が確かにある。しかしここで言う「正義」は，おそらくは国民保護法（正式には「武力攻撃事態等における国民の保護のための措置に関する法律」）や武力攻撃事態法（正式には「武力攻撃事態等における我が国の平和と独立並びに国及び国民の安全の確保に関する法律」）といった，いわゆる「有事法制」を積極的に肯定する「正義」であり，政府与党の現在進行形の政策を支持する「正義」である[28]。

　なによりも，本稿の問題関心からして重要なのは，改正案下線部の「伝統を継承し，新しい文化の創造を目指す」との文言である。かなり唐突な印象を受ける「伝統」は，すでに見たような，改正案提出に至る背景からすれば当然挿入されることが予測される文言であるが，これが改正案第2条第5号で再び顔を出す。すなわち「伝統と文化を尊重し，それらをはぐくんできた我が国と郷土を愛するとともに，他国を尊重し，国際社会の平和と発展に寄与する態度を養うこと。」との規定である[29]。

　自民党の「新憲法草案」前文に，これときわめて類似した文言がある。すなわち，「日本国民は，帰属する国や社会を愛情と責任感と気概をもって自ら支え守る責務を共有し，自由かつ公正で活力ある社会の発展と国民福祉の充実を図り，教育の振興と文化の創造及び地方自治の発展を重視する」という，同草案前文第3段の文言中の，下線を引いた部分である。

　いずれにも共通するのは，「日本人の伝統」や，「愛国心」という語句を直接には用いていないことである。けれども，一見して明らかなのは，多少不自然な文言であっても，いわんとすることは，「日本の国土と政府（天皇を含む）を守る責務」が重要だとの主張である。教育基本法「改正」案の「我が国と郷土を愛する」にいう「国」は，郷土とは異なる「国」である以上，政府であり，天皇を含む統治機構と解されるし，「新憲法草案」の「帰属する国や社会」も，「社会」を自らが所属するコミュニティと解するにせよ，郷土を指すものと解するにせよ，そこにいう「国」は，上に述べたのと同様に解される。

　いずれにせよ，このような規定の仕方は，「前文に道徳規範を盛り込み，それを国民の自己拘束規範として提示するという手法」[30]であり，そこで示された道徳規範が，憲法ないし法律本文で，国民の行動規範として示されるものであ

る。そこでは憲法と法律の，本来ありうべき緊張関係が意図的に捨象され，権力を持つものにとって実に都合の良い体制が現出することになる。ここで節を改め，戦後提唱されてきた憲法改正案の潮流との関係について考察することにする。

第 2 節　憲法改正案の潮流との関係

これまで日本で提唱されてきた憲法改正案は，太平洋戦争直後のわずかな例外を除いて，与党に属する政治家，ないしは与党に同調する学者などによって提唱されてきた。大きな特徴は，ほとんどが全面改正案であり，1960年代終わりごろまでは，大日本帝国憲法への復古調がその中心的提案であったのに比して，1980年代からは，いわゆる新自由主義の立場から，改正が主張されることがあったことであろう。そしてそのようないずれの改正提案においても共通していたのが，日本ないし日本人の伝統を強調すること，そのことと深く結びついた「愛国心」の強調であった[31]。

そのような潮流は，一見あまり復古調でない自民党が現に提案している「新憲法草案」においても現れている。本心では「愛国心」という言葉を盛り込みたいが，それをそのまま盛り込んだのでは，実際に賛同が得られにくいと判断しているものと解される。しかし，かなりの無理をして「愛国心」という言葉を用いていないためか，そもそも日本語としてあまり美しいとは言えない表現になってしまっているのは皮肉である。

いずれにせよ，教育基本法「改正」案が，本稿「問題の所在」で引用した政治学の定義からしても，「愛国心」を強調していることは明らかであり，それは憲法改正のこれまでの主張とも，そして自民党による「新憲法草案」とも共通性を持つ特徴であることは改めて述べるまでもないであろう。以下では，このような特徴が，現行教育基本法の制定過程に照らしてみると，あまりにも類似性ある主張が GHQ に対して当時の日本政府から主張されていることを確認する。

第 3 節　現行教育基本法の制定過程

教育基本法は，日本国憲法が施行される1947年 5 月 3 日より前の，1947年 3

月31日に施行されている。すなわち，未だ施行されていない日本国憲法と一体の法律として，いわば準憲法的な地位を持っていると解することもできる。[32]

　教育基本法の制定過程に目を向けると，そもそも，いわゆる教育勅語（正確には「教育ニ關スル勅語」）の奉読が廃止されたことにいかに対応するか，という観点が，政府側に非常に根強かったことが挙げられる。

　1946年6月27日の第90帝国議会衆議院帝国憲法改正案第一読会において，森戸辰男の質問（教育に関する規定は議会の審議を経た法律で決めるべきではないかとの趣旨）に対して，田中耕太郎文部大臣は「第一ハ教育勅語ノ問題デゴザイマス，教育勅語ガ今後ノ倫理教育ノ根本原理トシテイジセラレナケレバナラナイカドウカト云フコトニ付キマシテハ，結論ヲ申上ゲマスト，之ヲ廃止スル必要ヲ認メナイバカリデナク，却テ其ノ精神ヲ理解シ昂揚スル必要ガアルト存ズルノデアリマス」と述べ，一応は時代に会わない部分もあるが，といいつつも，「併シ其ノ徳目ノ内容ノ一々ヲ偏見ナク検討致シマスト，只今森戸君モ仰セラレマシタヤウニ良イモノデアリマシテ，古今東西ニ通ズル道徳律，人倫ノ大本デアリマシテ，特ニ軍国主義的又極端ナ国家主義的ノ要素ハ見受ケラレナイ」として，今後は時代に会わない部分を修正する必要はあるかもしれないが，教育勅語が意義を失ったとか，廃止しなければならないとは考えていない，などと答弁している。[33]もっとも同じ答弁で，教育の根本だけでも法令で定めるようにすることが政府の方針であるとも述べており，[34]第90帝国議会衆議院帝国憲法改正委員会第4回において，杉本勝次議員の質問に答えて，はっきり「教育根本法」の制定が望ましい旨答弁している。[35]

　田中耕太郎文部大臣は，1946年8月10日に公布された勅令第373号「教育刷新委員会官制」[36]と，1946年9月7日に決定された教育刷新委員会議事規則に基づき，[37]教育刷新委員会において，「教育根本法」構想を具体化する方針が固まったのである。

　ここで当時の政府にとってなかなか捨てがたかった「教育勅語」（1890（明治23）年10月30日）を見てみることにする。

　「朕惟フニ我カ皇祖皇宗國ヲ肇ムルコト宏遠ニ①徳ヲ樹ツルコト深厚ナリ我カ臣民克ク忠ニ克ク孝ニ億兆心ヲ一ニシテ世々厥ノ美ヲ濟セルハ此レ我カ國體ノ精華ニシテ教育ノ淵源亦實ニ此ニ存ス②爾臣民父母ニ孝ニ兄弟ニ友ニ夫婦相

和シ朋友相信シ恭儉己レヲ持シ博愛衆ニ及ホシ學ヲ修メ業ヲ習ヒ以テ智能ヲ啓發シ德器ヲ成就シ進テ公益ヲ廣メ世務ヲ開キ常ニ國憲ヲ重シ國法ニ遵ヒ<u>一旦緩急アレハ義勇公ニ奉シ以テ天壌無窮ノ皇運ヲ扶翼スヘシ</u>③是ノ如キハ獨リ朕カ<u>忠良ノ臣民</u>④タルノミナラス又以テ爾祖先ノ遺風ヲ顯彰スル⑤ニ足ラン

斯ノ道ハ實ニ我カ皇祖皇宗ノ遺訓ニシテ子孫臣民ノ倶ニ遵守スヘキ所之ヲ古今ニ通シテ謬ラス之ヲ中外ニ施シテ悖ラス<u>朕爾臣民ト倶ニ拳々服膺シテ咸其德ヲ一ニセン</u>⑤コトヲ庶幾フ」

　天皇の祖先が日本を作ったとの主張が最初にあり（①），天皇に忠実な「臣民」がみな心を一つにして多くの成果を挙げてきたことが「国体」であるとし（②④），いざ戦争が起きたというような非常事態においては公に奉仕して天皇が治める国である日本国を防衛しその発展に寄与すべきことを述べ（③），そういったことを行ってきたのが日本の伝統であり美徳である（⑤）という。「これらの詔勅〔教育勅語および軍人勅諭を指す―引用者註〕の根本的理念が主権在君並びに神話的國體観に基いている事実は，明かに基本的人権を損い，且つ國際信義に対して疑点を残す」（1948年6月19日の衆議院における「教育勅語等排除ニ關スル決議」）ものであり，だからこそ，後に「われらは，さきに日本国憲法の人類普遍の原理に則り，教育基本法を制定して，わが国家及びわが民族を中心とする教育の誤りを徹底的に払拭し，真理と平和とを希求する人間を育成する民主主義的教育理念をおごそかに宣明した。その結果として，教育勅語は，軍人に賜はりたる勅諭，戊申詔書，青少年学徒に賜はりたる勅語その他の諸詔勅とともに，既に廃止せられその効力を失つている。／しかし教育勅語等が，あるいは従来の如き効力を今日なお保有するかの疑いを懐く者あるをおもんばかり，われらはとくに，それらが既に効力を失つている事実を明確にするとともに，政府をして教育勅語その他の諸詔勅の謄本をもれなく回収せしめる。」（昭和23年6月19日の参議院における「教育勅語等の失効確認ニ關スル決議」）として完全にその効力を否定されることになったのである。[38]

　教育基本法制定に関する1947年3月19日の第92帝国議会貴族院教育基本法案第一読会において，佐々木惣一議員からやはり教育勅語との関係がどうなるのかについて，また実際に出された政府案（当然実質的にはGHQ／SCAPの案であるが）の逐条的な質問が出され，[39]澤田牛麿議員からは，そもそも法律で教

育の目的を定めること自体が問題なのではないかとの趣旨の質問が出されてい
る[40]。これに金森徳次郎大臣と高橋誠一郎大臣が答弁している。高橋誠一郎文部
大臣の答弁は「今日の場合，……教育勅語の奉読が廃されて居りまする際，一
部に於きましては，又国民の可なり大きな部分に於きましては，思想混迷を来
たして居りまして，適従する所を知らぬと云ふやうな，状態にあります際に於
きまして，法律の形を以て教育の本来の目的其他を規定致しますることは，極
めて必要なことではないかと考えたのであります，思想が安定致し，殊に一代
の大思想家，大教育家と称せらるべき者が現はれまして，何人も之に従ふやう
な大指針が，方針が定められて居りますならば格別でございますが，なかなか
斯くの如き者が現はれないと致しまするならば，暫く法律の形を以て教育の目
的，其の外を規定致すことが必要ではないかと斯様に考へまし」たと答弁し，
具体的に第4条や第6条の案文を挙げて日本国憲法を具体化する法律として必
要であると答えている[41]。

　このような当初の議論を踏まえると，教育基本法制定過程で削除された語句
の持つ意義が明らかになるし，また削除された語句に着目してみると，興味深
い事実があきらかになる。教育法要綱案（1946年9月14日）の時点で削除され
たものとして「平和的，民主的な文化国家〔国家社会〕の成員たるにふさはし
い日本人」との文言（「民主的文化的な国家及〈び〉社会の成員としての責任
を果たし得るやうな心身共に健全なる国民」と変えられた。〈〉内は田中耕太
郎文書と呼ばれる資料において手書きで挿入されていた語句とされる[42]，「教
育の目的は真理を探究し，人格を陶冶し社会の成員たるの自覚を備へたよい日
本人を育成することにあること」との文言が挙げられる（こちらは田中耕太郎
の文書においては全文削除されている）。

　1947年1月30日の教育基本法案で突如出現し（同年1月5日案，1月15日案
にはなし），結局削除された文言として，前文の「伝統を尊重してしかも創造
的な」との文言があり，さらにGHQとの折衝の中で削除された文言がある。
すなわち，教育の機会均等に関する第3条（1946年11月21日の「会議報告・教
育基本法（Report of Conference: Fundamental Law of Education)」）や第
10条に規定されていた「法律の定めるところにより as provided by law」（同
1946年11月25日）の文言が，完全な権利章典を否定する「驚くべき」[43]追加とし

て削除されたものであった。3 で改めて検討するように，現行教育基本法制定過程で慎重に取り除かれた文言が，ほぼ全て復活しているのが，政府提出の教育基本法「改正」案なのである。

第3章　日本国憲法の解釈論から見た問題点

第1節　教育基本法の解釈と日本国憲法

すでに若干ふれたように，現行教育基本法の前文・1条・2条は，①戦前の国家主義的教育の反省にたって「個人の尊厳」を重んじ，「人格の完成」をめざし，②「平和的な国家及び社会の形成者」としての「国民」の育成を図るもので，③以上のような教育の目的は，学校だけでなく，家庭でも，社会でも追及されるべきであるとするものであった。そして第5条の「男女共学」については，制定時に日本の政府委員が「差別ある平等」でよいのではないかと述べている[44]。このような教育基本法制定時の状況からすれば，第5条は重要かつ必要な規定であると考えられるが，教育基本法「改正」案では削除されている[45]。これらの理念に関しても，日本国憲法との関係が当然重要ではあるが，ここでは立ち入らない[46]。

これまでもっともその解釈が議論されてきたのが，教育基本法第10条の「不当な支配」が何を意味するか，であった。その解釈との関係で，日本国憲法第23条及び第26条の解釈が精緻化されてきたのである。そして，憲法学者によって，教育が教師だけでなく，児童・生徒の内心と深いかかわりを持つ行為を行っていることが改めて自覚的に議論されてきているのである[47]。

現行教育基本法の解釈については，2．において，代表的な判例につき若干検討する際にさらに述べることとし，ここでは教育基本法「改正」案の日本国憲法からみた問題点について一瞥しておこう。

日本国憲法は，第13条で個人の尊重と幸福追求の権利を規定している。この点からすると，教育基本法「改正」案の第1条が「資質」に言及し，第2条が従来学習指導要領で述べられていた内容をほぼ列挙する形で「教育の目標」として示していることは，憲法第13条からみて相当に疑わしいといえる。またすでに触れたように，第2条第5号が「伝統と文化を尊重し，それらをはぐくん

できた我が国と郷土を愛するとともに，他国を尊重し，国際社会の平和と発展に寄与する態度を養うこと」と規定していることは，あきらかに統治機構及び郷土に対する愛情，すなわち，広義での「愛国心」を教育目標に挙げているといえる。

　ここで，そのこと自体が憲法第19条からみて疑わしいのみならず，そこで前提されている「愛国心」が極めて復古的で疑わしいことを重ねて指摘したい。

　すなわち，「改正」案は，現行法第5条を削除し（男女平等に関する制定時の状況に関して上述したところを想起せよ），現行法第10条を第16条1項として，「教育は，不当な支配に服することなく，この法律及び他の法律の定めるところにより行われるべきものであり，教育行政は，国と地方公共団体との適切な役割分担及び相互の協力の下，公正かつ適正に行われなければならない（第2項以下略）」と規定した。現行法制定過程において「法律の定めるところにより」との文言の挿入が，権利章典としての意味も持つ教育基本法にとって，その意義を骨抜きにしてしまうことから，GHQの反対を受けたことからして，あきらかに他の法律において，一見内容をいじっていないようにみえて，大幅な内容変更を行う可能性を明記しておこうとしているものと解される。この点に関して，第164回国会における「教育基本法に関する特別委員会第4号（平成18年5月26日）に行われた，教育基本法「改正」案に関する答弁を見てみると，小坂国務大臣が，後述する旭川学テ事件について，共産党の志位和夫委員長の質問に答えて「『また，教基法が前述のように戦前における教育に対する過度の国家的介入，』云々と書いてありますね，先ほど途中でお読みになりましたけれども，（中略）これについては結論としてはそのようにはなっていない，早計だ，こういうふうに判示しているところでございます。／その上で，私どもの現行法，この10条は，今回の規定の中でどのようになっているかということでございますけれども，今回のこの教育行政のことを記述をいたしております第16条に，（中略）抑制的という意味は，『公正かつ適正に行われなければならない。』ということで明確に規定をされているところであります。」と述べている。肝心の「この法律及び他の法律の定めるところにより」が何を意味するかについて全く答えておらず，このような答弁で条文内容の説明が尽きているとすれば，すなわち改正の必要はないということになろ

う。

　また，現行法と「改正」案の前文（および第2条）の比較で示されているように，「日本人」概念こそ用いていないものの，国と郷土に対する「愛」と，で「伝統」が強調されている。「平和的，民主的な文化国家〔国家社会〕の成員たるにふさはしい日本人」との文言と，「教育の目的は真理を探究し，人格を陶冶し社会の成員たるの自覚を備へたよい日本人を育成することにあること」との文言が，現行法制定時に突如挿入されては最終的に書き換えられたり削除されたりした経緯と，教育基本法制定時の政府の本音は，教育勅語を極めて肯定的にとらえていたこととあわせ考えると，天皇を君主として考える「伝統」を守る，「君が代」を斉唱し，「日の丸」を掲揚する「日本人」の育成が，「改正」案の意図するところであり，そこで持ち出されている「愛国心」が，patriotism の本来の意味である「郷土に対する愛情」は付け足しで，統治機構に対する忠誠を意味するに過ぎないのではないかと疑わせる。これではドイツで憲法学者によって提起された憲法パトリオティズムを議論する余地すらないと解される。そしてまた，「改正」案における「愛国心」は，「民族の一体性に根ざす愛国心」としてのナショナリズムと渾然一体の，統治機構に対する忠誠心であり，ややもするとショヴィニズムになりかねない危険性をもった概念であると解される。したがって，仮にこの「改正」案が成立すると，日本国憲法に明示的に違反する「基本法」が成立するという，まことに奇妙な事態が現出することになるであろう。

　ここで第164回国会「教育基本法に関する特別委員会　第4号」（平成18年5月26日）における，教育勅語に関する答弁を一瞥しておくことにしよう。すなわち，麻生国務大臣は，次のように述べている。「基本的に，今申し上げましたように，少なくとも書いてあるところは，お父さんに孝行しなさい，兄弟は仲よくしなさい，夫婦は仲よくしなさいと，これはみんなまともなことが書いてあるんです，ずっと。だから，全然おかしいところはない，そこだけ読めば。／ところが，『以テ天壌無窮ノ皇運ヲ扶翼スヘシ』というところが一番ひっかかる……。そこが国運と書いてあればまだまだ話は違ったものだと思いますけれども，皇運と書いてあるから非常に問題があるのではないかという御指摘は当たっている……。／しかし，これをもって，教育勅語があったから戦争

に入ったという，教育勅語と戦争に突入していったという直接の関係はなかなか見出せない……」という。いったい，1948年6月19日の衆議院における「教育勅語等排除に關する決議」，および参議院における「教育勅語等の失効確認に關する決議」をどう考えているのか，理解に苦しむ。

　さらに同じ委員会において，「愛国心」およびその教育の実施に関して，小坂文部大臣が行った答弁をみてみよう。「……国を愛する心とか，そういった……ことについて評価というものをする，こういうことは行うのかということについては（中略）伝統と文化を尊重し，それをはぐくんできた我が国と郷土を愛するとともに，他国を尊重し，そして世界の平和と発展に寄与する態度を養う，このことについて，それらの事柄が総体的に評価できるような評価というものを行う……。／これがそういうふうに行われるためには，やはり学校現場において，教育長やあるいは学校長がそういう認識を持っていただかなきゃいけないものですから，私どもは，教育長会議あるいは学校長会議，こういった場において，この教育基本法が皆さんによって成立をさせていただきましたら，現場においてそのような適切な指導が行われるようにそういう場を使って通知していく，こういうことでございます」と述べる。どこかで聞いたような言い回しで，本稿が1（2）で引用した，国旗・国歌法に関する答弁と，極めて類似している。まさにそこから予測されるとおりに，実質上の国旗国歌の強制が教育現場でどんどん強力に行われるようになっているのであり，多くの訴訟が提起されることになっているのである。[50]

第2節　教育基本法と日本国憲法との関係に関する判例 —2006年9月21日東京地方裁判所判決を中心に

　現行教育基本法は，すでに触れたように，教育が「不当な支配に服することなく，国民全体に対し直接に責任を負って行われるべきものである」とする第10条第1項の解釈について，憲法第23条や憲法第26条との関係からさまざまな議論が行われてきている。

　1976年5月21日の，いわゆる旭川学テ事件判決は，[51]いわゆる「いっせい学力テスト（学力調査）」が地方教育行政の組織及び運営に関する法律第54条第2項に照らして適法であるか，憲法上，子どもに対する教育内容の決定権能がど

こ，あるいは誰に帰属するか，教育基本法第10条第1項にいう「不当な支配」とはどのような状態になることをいうのか，などについて多岐にわたる判示を行っている。「玉虫色の判決」などといわれることもあるほどで，判示内容は難解であるが，あえて単純化してみよう。

第一に，教育基本法は憲法と一体の基本原理的法律である。他の法律の解釈運用を指導するものであるが，教育行政機関が教育関係法令の解釈および運用を行うに際しても，教育基本法第10条にいう「不当な支配」にならないような配慮が必要である。

第二に，教育に関する地方自治の原則は，現行教育法制における重要な基本原理の一つである。

第三に，議会制国家は包括的に教育内容決定権限を持つと主張する国側の見解（いわゆる「国家教育権説」）も，それを全面的に否定する説（親及びその付託を受けた教師を中心とする国民全体であり，国は教育の条件整備の任務を追うにとどまるとする説：国民教育権説）もともに極端・一方的であると断ずる。現代国家は，「子どもの成長に対する社会公共の利益と関心にこたえるため，必要かつ相当と認められる範囲において，教育内容についてもこれを決定する権能を有するものと解さざるをえない」。そして（少なくとも当時の）学習指導要領は「教師による創造的かつ弾力的な教育の余地…が十分残されており，なお全国的な大綱的基準としての性格をもつものと認められる」と判示するのである。

問題は学習指導要領に関する判示である。一人歩きしてしまった。1990年1月18日の，いわゆる伝習館高校事件である[52]。学習指導要領違反等を主たる理由に懲戒免職処分を受けることは，旭川学テ事件判決の趣旨に照らして，憲法23条・26条に違反しない旨判示した。

さて，では「日の丸」の掲揚，「君が代」の斉唱に関する裁判はどのような判示がなされたのだろうか。従来この点に関して提起された訴訟は，まず憲法判断が下されたのが，管見の限りでは8件あり，もっとも最近の1件をのぞいて，違憲の主張は認められていない[53]。

ここでは2006年9月21日の東京地方裁判所判決を検討する。本件のみが，東京都教育委員会（以下「都教委」と略す）の「入学式，卒業式等における国旗

掲揚及び国歌斉唱の実施について（通達）」（15教指企第569号）（以下「本件通達」と略す）に基づく校長の職務命令に基づき，「原告らが勤務する学校の入学式，卒業式等の式典会場において，会場の指定された席で国旗に向かって起立し，国歌を斉唱する義務のないことを確認」し，また別の原告について，同様の職務命令に基づいて「勤務する学校の入学式，卒業式等の式典の国歌斉唱の際に，ピアノ伴奏義務のないことを確認」し，さらに「本件通達に基づく校長の職務命令に基づき，上記原告らが勤務する学校の入学式，卒業式等の式典の国歌斉唱の際に，ピアノ伴奏をしないことを理由として，いかなる処分もしてはならない」と判示して，明確に日本国憲法19条違反を下している[54]。

　本件で都教委から発せられた「通知」は，次のようなものである。すなわち，東京都教育庁指導部長Ｅ１（以下「Ｅ１指導部長」という。）は，1998年11月9日に都立高等学校長らに対して出されたもので，『公立小・中・高等学校における入学式及び卒業式での国旗掲揚及び国歌斉唱に関する調査について（通知）』（10教指企第247号）を発し，前記調査結果を通知するとともに学習指導要領に基づき入学式及び卒業式における国旗掲揚及び国歌斉唱の指導を徹底するよう通知した。さらに，Ｅ１指導部長は，平成10年11月20日，各都立高等学校長に対し，『入学式及び卒業式などにおける国旗掲揚及び国歌斉唱の指導の徹底について（通知）』（10教指高第161号）を発し，学習指導要領及び次のような内容の実施指針に基づき入学式及び卒業式における国旗掲揚及び国歌斉唱の指導を徹底するよう通知した」[55]のである。すなわち，「都立高等学校における国旗掲揚及び国歌斉唱に関する実施指針」は，「１国旗の掲揚について／入学式や卒業式などにおける国旗の取扱いは，次のとおりとする。なお，都旗を併せて掲揚することが望ましい」としたうえで，「（1）国旗の掲揚場所等　／ア　式典会場の正面に掲げる。／イ　屋外における掲揚については，掲揚塔，校門，玄関等，国旗の掲揚状況が生徒，保護者，その他来校者に十分に認知できる場所に掲揚する」。「（2）国旗を掲揚する時間　／式典当日の生徒の始業時刻から終業時刻までとする」。「２国歌の斉唱について」。「入学式や卒業式などにおける国歌の取扱いは，次のとおりとする。／（1）　式次第に『国歌斉唱』を記載する。／（2）　式典の司会者が『国歌斉唱』と発声する」[56]。この「実施指針」には，裁量の余地が全くない類のものであることは，一瞥すれ

ば明らかである。さらに文部省（当時）は，一部の都道府県及び政令指定都市
においては国旗掲揚及び国歌斉唱の実施率が低かったために，「平成11年9月⁵⁷⁾
17日，都道府県，政令指定都市教育長らに対し『学校における国旗及び国歌
に関する指導について（通知)』（文初小第145号）を発し，入学式及び卒業式
における国旗掲揚及び国歌斉唱について指導をより徹底するよう通知した⁵⁸⁾」。
また，「被告都教委教育長Fは，平成11年10月19日，都立高等学校の各校長に
対し，『入学式及び卒業式における国旗掲揚及び国歌斉唱の指導について（通
達)』（11教指高第203号）を発し，学習指導要領及び前記ア（ウ）の実施指針
〔上記で引用した『都立高等学校における国旗掲揚及び国歌斉唱に関する実施
指針』を指す—引用者註〕に基づき，入学式及び卒業式における国旗掲揚及び
国歌斉唱を実施するよう通達した。前記通達には，①教職員に対しては，入学
式及び卒業式における国旗掲揚及び国歌斉唱の指導の意義について，学習指導
要領に基づき説明し，理解を求めるよう努めるとともに，併せて，国旗・国歌
法制定の趣旨を説明すること，②生徒に対しては，国際社会に生きる日本人と
しての自覚及び我が国のみならず他国の国旗及び国歌に対する正しい認識とそ
れらを尊重する態度が重要であることを十分説明すること，③保護者に対して
は，学校教育において，生徒に国旗及び国歌に対する正しい認識やそれらを尊
重する態度の育成が求められていること，学校は入学式及び卒業式において国
旗掲揚及び国歌斉唱の指導を学習指導要領に基づき行う必要があることなどを
時機をとらえて説明すること，④校長が国旗掲揚及び国歌斉唱の実施に当たり
職務命令を発した場合において，教職員が式典の準備業務を拒否した場合，又
は式典に参加せず式典中の生徒指導を行わない場合は，服務上の責任を問われ
ることがあることを教職員に周知することなどが明記されていた。なお，上記
通達は，被告都教委の校長に対する職務命令という扱いではなかった⁵⁹⁾」。この
ような経緯を経て，ほぼ国旗掲揚の実施率が100％になったところで，その後
も東京都教育庁は毎年実施された実施率に関する文部科学省の調査を受けて，
「都立学校等卒業式・入学式対策本部」を設置し，国旗掲揚・国歌斉唱の不十
分な，あるいはそれを実施しない教員に対する職務命令を通じての実施率の上⁶⁰⁾
昇を図り，あわせて「処分」も行ったものである。

　以上のような事実を認定した上で，まず本件訴えが形式的要件を満たしてい

るか否かにつき述べている。原告らの被告都教委に対する請求は，いわゆる無名抗告訴訟であって，公的義務の不存在確認請求，ならびに予防的不作為請求からなる（一部請求は平成16年法律第84号による改正後の行政事件訴訟法3条7項，37条の4に基づく「差止めの訴え」である。[61]「ところで，具体的・現実的な紛争の解決を目的とする現行訴訟制度のもとにおいては，義務違反の結果として将来何らかの不利益処分を受けるおそれがあるというだけでは，事前に上記義務の存否の確定，これに基づく処分の発動の差止めを求めることが当然のものとして許されているわけではない。しかしながら，当該義務の履行によって侵害を受ける権利の性質及びその侵害の程度，違反に対する制裁としての不利益処分の確実性及びその内容又は性質等に照らし，上記処分を受けてからこれに関する訴訟の中で事後的に義務の存否，処分の適否を争ったのでは回復し難い重大な損害を被るおそれがあるなど，事前の救済を認めなければ著しく不相当となる特段の事情がある場合には，紛争の成熟性が認められるから，あらかじめ上記のような義務の存否の確定，これに基づく処分の発動の差止めを求める法律上の利益を認めることができるものと解するのが相当である[62]」として，1972年11月30日の「長野勤評事件」（最高裁判所第1小法廷判決，民集26巻9号1746頁）に拠って訴えを認め，あわせて，このような認定に関して，平成16年改正後の行政事件訴訟法3条7項，同法37条の4第1項・第2項の規定も同趣旨であるとする。[63]そのうえで「在職中の原告らは，今後も被告都教委から本件通達に基づく指導を受けた校長から入学式，卒業式等の式典において国歌斉唱時に起立して国歌を斉唱すること，ピアノ伴奏をすることについての職務命令を受けること，同職務命令を拒否した場合に上記のとおり懲戒処分を受け，再発防止研修の受講を命じられること，定年退職後に再雇用を希望しても拒否されることはいずれも確実であると推認することができる。そうだとすると，在職中の原告らは，懲戒処分等の強制の下，自己の信念に従って入学式，卒業式等の式典において国歌斉唱時に起立して国歌を斉唱すること，ピアノ伴奏をすることについての職務命令を拒否するか，自己の信念に反して上記職務命令に従うかの岐路に立たされることになるのであって，……上記職務命令が違法であった場合に侵害を受ける権利は，思想・良心の自由等の精神的自由権にかかわる権利であるから，権利侵害があった後に，処分取消請求，慰謝料請

求等ができるとしても，そもそも事後的救済には馴染みにくい権利であるということができるうえ，入学式，卒業式等の式典が毎年繰り返されることに照らすと，その侵害の程度も看過し難いものがあるということができる[64]」と認定した。さらに判決は重ねて「在職中の原告らが侵害を受ける権利の性質及びその侵害の程度，違反に対する制裁としての不利益処分の確実性，不利益処分の内容及び性質に照らすと，在職中の原告らが本件通達に基づく校長の職務命令に反したとして行われるであろう懲戒処分の取消訴訟等の中で，事後的に，入学式，卒業式等の式典において，国歌斉唱の際に国旗に向かって起立し，国歌を斉唱する義務，ピアノ伴奏をする義務の存否及び当該処分の適否を争ったのでは，回復し難い重大な損害を被るおそれがあると認めることができ，事前の救済を認めないことを著しく不相当とする特段の事情がある[65]」と認定する。本件でこのような判断がなされたのは，都教委が戒告，減給，停職といった，かなり厳しい懲戒処分を行ってきたことから，「処分の差止めを求める法律上の利益がないということは困難である[66]」からである。

　なお注意すべきは，本判決は，先に触れたいわゆる「旭川学テ事件」最高裁判決および「伝習館高校事件」最高裁判決を踏襲して，学習指導要領に法的効力を認めていることである[67]。ただし，「国の教育行政機関が，法律の授権に基づいて普通教育の内容及び方法について遵守すべき基準を設定する場合には，上記のとおり教育の自主性尊重の見地のほか，教育に関する地方自治の原則をも考慮すると，教育における機会均等の確保と全国的な一定の水準の維持という目的のために必要かつ合理的と認められる大綱的な基準に止めるべきものと解するのが相当である。そうだとすると，学習指導要領の個別の条項が，上記大綱的基準を逸脱し，内容的にも教職員に対し一方的な一定の理論や観念を生徒に教え込むことを強制するようなものである場合には，教育基本法10条 1 項所定の不当な支配に該当するものとして，法規としての性質を否定するのが相当である。（最大判昭和51年 5 月21日刑集30巻 5 号615頁，最一判平成 2 年 1 月18日集民159号 1 頁参照）[68]」と判示していることが注目される。

　「もっとも，学習指導要領の国旗・国歌条項の法的効力は，……その内容が教育の自主性尊重，教育における機会均等の確保と全国的な一定水準の維持という目的のために必要かつ合理的と認められる大綱的な基準を定めるもの

であり，かつ，教職員に対し一方的な一定の理論や理念を生徒に教え込むことを強制しないとの解釈の下で認められるものである。したがって，学習指導要領の国旗・国歌条項が，このような解釈を超えて，教職員に対し，入学式，卒業式等の式典において国歌斉唱の際に国旗に向かって起立し，国歌を斉唱する義務，ピアノ伴奏をする義務を負わせているものであると解することは困難である[69]」ことから，結論として次のように判示する。すなわち，「国旗・国歌法の制定・施行されている現行法下において，生徒に，日本人としての自覚を養い，国を愛する心を育てるとともに，将来，国際社会において尊敬され，信頼される日本人として成長させるために，国旗，国歌に対する正しい認識を持たせ，それらを尊重する態度を育てることは重要なことである。そして，学校における入学式，卒業式等の式典は，生徒に対し，学校生活に有意義な変化や折り目を付け，厳粛で清新な気分を味わさせ，新しい生活への動機付けを行い，集団への所属感を深めさせる意味で貴重な機会というべきである。このような入学式，卒業式等の式典の意義，役割を考えるとき，これら式典において，国旗を掲げ，国歌を斉唱することは有意義なものということができる。しかし，他方で，このような式典において，国旗，国歌に対し，宗教上の信仰に準ずる世界観，主義，主張に基づいて，国旗に向かって起立したくない教職員，国歌を斉唱したくない教職員，国歌のピアノ伴奏をしたくない教職員がいることもまた現実である。このような場合において，起立したくない教職員，斉唱したくない教職員，ピアノ伴奏したくない教職員に対し，懲戒処分をしてまで起立させ，斉唱等させることは，いわば，少数者の思想良心の自由を侵害し，行き過ぎた措置であると思料する次第である。国旗，国歌は，国民に対し強制するのではなく，自然のうちに国民の間に定着させるというのが国旗・国歌法の制度趣旨であり，学習指導要領の国旗・国歌条項の理念と考えられる。これら国旗・国歌法の制度趣旨等に照らすと，本件通達及びこれに基づく各校長の原告ら教職員に対する職務命令は違法である[70]」。

以上若干冗長ではあるが，画期的な意義を有すると解される判決であることから，紹介も兼ねて引用してきた。引用中下線を引いた部分が，特に注目に値する。

すなわち，本件は，学習指導要領に大綱的基準としての法的効力を認めた上

で，本件のような事情の下で，個別具体的な「義務」を教職員に課すことは，教育基本法10条1項にいう「不当な支配」にあたり，かつ，日本国憲法第19条の「思想・良心の自由の侵害」にあたることを明確にし，上記では引用していないが，損害賠償をも認めていること[71]が，本件判示の意義である。

　他方で，愛国心教育それ自体を，本判決は否定していない。これは，従来の，学習指導要領を法的拘束力あるものと理解する枠組みを維持した以上，言及せざるをえなかったものである，と解することもできるかもしれない。しかし，国旗・国歌法に関して，すでに言及したように，強制にわたらないことが条件とされていたにもかかわらず本件裁判が提起されるに至った経緯を考えると，このような言及は，将来的に判決が「国歌斉唱・伴奏強制は憲法19条からみて問題がある」とした主張とは独立の効果を持ってしまうことが十分考えられるのであって，全面的に肯定できる判決であるというわけではないことには注意が必要であろう。

　結局，学習指導要領の改訂によって培われてきた「愛国心」（それもある程度特殊な）が法段階からすれば上位規範を侵食しつつある過程が現在の状況であり，教育基本法「改正」案もそのような観点から批判的に考察されなければならないことを，本判決は示しているものとも解される。

結語—憲法改正議論との関連を中心に

　本稿でここまで縷々述べてきたように，教育基本法「改正」案の持つ問題点は，自民党「新憲法草案」の問題点との関連性が極めて強い。自民党の「草案」は，その一番の特徴は，一見すると穏当な「部分改正」に見えつつ，なによりも憲法学の観点から注目されるのは，改正の容易化が図られていることである。

　すなわち，「第96条（改正）」として，「この憲法の改正は，衆議院又は参議院の議員の発議に基づき，各議院の総議員の過半数の賛成で国会が議決し，国民に提案してその承認を経なければならない。この承認には，特別の国民投票において，その過半数の賛成を必要とする」（第1項）とし，「憲法改正について前項の承認を経たときは，天皇は，国民の名で，この憲法と一体であるものとして，直ちに憲法改正を公布する」（第2項）と規定している。

　現行日本国憲法は第96条で「この憲法の改正は，各議院の総議員の3分の2以上の賛成で，国会が，これを発議し，国民に提案してその承認を経なければならない。この承認には，特別の国民投票又は国会の定める選挙の際行はれる投票において，その過半数の賛成を必要とする」（第1項）と規定し，「憲法改正について前項の承認を経たときは，天皇は，国民の名で，この憲法と一体を成すものとして，直ちにこれを公布する」（第2項）とされる。特に第2項は実質的な違いは何もないといえるが，自民党「新憲法草案」第96条第1項は，「衆議院又は参議院の議員の発議に基づき，各議院の総議員の過半数の賛成で議決」できることを定めており，この点諸外国の規定と比べてみても過度に改正を容易にしているものと解される[72]。各議委員の総議員の過半数の賛成であれば，現在の与党である自民党は，将来的に自らの好むように憲法の内容を改正して行くことができると考えているのであろう。したがって，この点が最大の問題であると解される。

　第二に，すでに述べたように，従来の「愛国心」や「日本の伝統」の強調が

背後に隠れていることである。他方で教育基本法「改正」案では「伝統」がやたらと顔を出す。これは法律レベルでなんとかしよう，との与党自民党の考えが如実に現れているものと解される。このような教育基本法「改正」案と「新憲法草案」との関係は，自衛隊法制の確立と内閣法制局による，ある意味「芸術的」な日本国憲法に「反しない」との言明の積み重ねと，「新憲法草案」による後追い承認を試みようとする，という日本国憲法第9条にかかわる問題と共通している，というよりも一体のものであると解される。すなわち，いざとなれば「兵士」として「国」を守る「日本人」を，教育を通じて育て，その活躍する条件を「有事法制」として整備しようとするものである。

本稿では，教育基本法「改正」案に対する批判を，特に「愛国心」教育という観点から行ってきた。けれども，「教育基本法」さえ守ればよい，あるいは「教育基本法」さえ変えればよい，という態度は，いずれも不適切であると解される[73]。そのような態度は，日本国憲法を，実際にその欠点に目を瞑ってでも絶対に守らなければならない，と主張する立場，逆に憲法さえ変えればすべての社会的な不安が解消する，といったような立場と共通するものであって，いずれも不適切である。

そもそも近代国家における憲法，すなわち立憲的意味の憲法は，いうまでもなく本来権力者を規制するものである[74]。また，本質的に，価値の押し付けを伴うものであってはならないし，そもそもそれは不可能事に属するはずなのである[75]。日本国憲法第19条は内心の自由を保障し，第26条は教育を受ける権利を規定する。教育基本法「改正」案（およびそれと実質的に歩調を合わせている自民党「新憲法草案」）は，たとえば現に日本に在住し，教育を受けている，教育を受けざるを得ない外国人児童・外国人生徒のことを考慮に入れているとはとうてい考えられない。立憲主義的意味の憲法が有する（有すべき）「価値」，（テキストとしての）日本国憲法から読み取ることのできる「価値」と，「教育」におけるそれらと一致する「価値」の扱い方は，そのやり方いかんによっては大きな可能性を秘めているものと解される。

本稿で検討してきたように，現在審議されている教育基本法「改正」案は，「愛国心」をそうとは記さずに取り入れようとし，さらに「伝統」の語にこだわっている。ここで1929年，つまり昭和4年5月31日に下された治安維持法違

反被告事件の大審院判決が，このような現象に対する興味深い説明を与える逆説に注目したい。すなわち，「國體ノ本質意義ヲ決定スヘキ最大唯一ノ権威アリ教育勅語之レナリ」「之レ実ニ國體ノ意義ヲ究明シ尽シ得テ疑問ノ余地ナシ之レニ拠テ之レヲ見レハ何人モ『國體トハ伝統的風俗慣習道徳ノ謂ナリ』ト的確ニ答フルコトヲ得ヘシ」と。これで教育勅語に「こだわる」教育基本法「改正」案提唱者が「伝統」の語にこだわる意味が明確になる。果たしてこのような独特の「愛国心」へのこだわりはパトリオティズムそのものなのであろうか，それともナショナリズムの歪んだ表出なのであろうか。[77]

　ナショナリズムも既に触れたように多義的である。

　丸山真男が述べたように，Nationalism や，Principle of nationality の訳語としての「国民主義の主張はその本性上個性的たらざるをえず，国民主義の発言形態のうちに当該国民国家の形成過程の特質は最も明瞭に刻印される[78]」。「国民が自らを政治的統一体として意識し，もしくは意欲するに至るまでには，通常それが単に自然的ないはば植物的な存在として生存を続けて来た長い時代が先行してゐたのである。もとよりその際にでも人間が一定の土地に代々定着してゐたことによつて自然にその土地乃至風俗に対して懐くに至つた愛着の念といつた様なものは遠い過去からあつたに違ひない。しかしかうした本能的な郷土愛は国民意識を培ふ源泉ではあつても，それは直ちに政治的国民を造りあげる力とはならぬ[79]」。「いづれにせよ，国民主義が……国民の伝習的な生存形態との矛盾衝突をも賭して自らを形成するといふことはとりもなほさず，政治的国民意識が自然的自生的存在ではなく，その発生が一定の歴史的条件にかかつてゐることを示してゐる。国民は一定の歴史的発展段階に於いてなんらか外的刺戟を契機として，従前の環境的依存よりの，多かれ少なかれ自覚的な転換によつて自己を政治的国民にまで高める。通常この転換を決意せしめる外的刺戟となるのが外国勢力でありいはゆる外患なのである[80]」。他方でベネディクト・アンダーソンは，すでに形成されたナショナリズムの肯定的側面を描き出している。[81]

　自民党の「教育基本法案」は，ベネディクト・アンダーソンが肯定的に描くナショナリズムを都合よく改変し，丸山真男が述べたような，ナショナリズムの危険性を意図的に無視しているものとしか思われない。自民党の「教育基本

法案」は，権力者にとってだけ都合のよい「愛国心」を，多面的なナショナリズムの一部の側面だけを切り取って肯定するものとなっていると評価することができよう。第3節2．で述べたように，2006年9月21日東京地裁判決は，一定の画期性を有してはいるものの，このような意味での「愛国心」が考え直されるべき問題性をもっていることが意識されておらず，したがって，かかる意味では全面的に肯定することができるわけではない。

　以上自民党「教育基本法案」を中心に，現在政府・与党が懐いていると解される「愛国心」について若干の考察を行ってきたが，多面的で複雑な「愛国心」それ自体への切り込みは，結局本稿においてはほとんど行えなかった[82)]。本稿の検討を踏まえ，ナショナリズムやパトリオティズムの研究との連関をも視野に入れ，筆者なりの「愛国心」論をまとめることが，今後の（道は遠いであろうが）課題である[83)]。

　（補記）2014年7月の閣議決定を端緒とする平和安全法制制定とその後の集団的自衛権部分的容認に関する議論とのかかわりで本章の「愛国心」が果たす役割の重要性が議論されている。この点については別稿で検討したい。

第5部　註

1）多くの論考があるが，代表的なものを順不同で挙げておく。西原博史『学校が「愛国心」を教えるとき―基本的人権からみた国旗・国歌と教育基本法改正―』（日本評論社，2003年），教育科学研究会／田沼朗・野々垣務・三上昭彦編『いま，なぜ教育基本法の改正か』（国土社，2003年），佐貫浩『教育基本法「改正」に抗して―教育の自由と公共性―』（花伝社，2006年），日本教育法学会年報第35号『教育基本法改正の動向』（有斐閣，2006年），辻井喬・藤田英典・喜多明人編『なぜ変える？教育基本法』（岩波書店，2006年），永井憲一編著『憲法と教育人権』（日本評論社，2006年）など。

2）すでに，成嶋隆『『教育基本法案』逐条批判』辻井他編註1前掲書（『なぜ変える？教育基本法』）所収（同書221-238頁）が，詳細な批判的検討を行っている。

3）当然ながら，教育基本法「改正」の動きは，故小渕恵三首相の私的諮問機関である教育改革国民会議が2000年12月に出した報告の中で教育基本法改正の必要を提唱したことがその端緒であるが，まがりなりにも正式な政府与党の「提案」として出され，現在も国会で審議されている，教育基本法「改正」案は，中央教育審議会（以下適宜「中教審」と略す）2002年11月の「中間報告」の内容を踏まえているので，本稿においては，「中間報告」以後を扱うこととした。

4） 阿部斉・内田満編『現代政治学小事典』（有斐閣，1978年）「愛国心」の項。もっと
　　も同辞典も〔英〕patriotism としている。

5） 阿部・内田編註 4 前掲『現代政治学小事典』「ショヴィニズム」の項。

6） 阿部・内田編註 4 前掲『現代政治学小事典』「ナショナリズム」の項。

7） 中央教育審議会の答申はすべて文部科学省（以下適宜「文科省」と略す）のサイト
　　〈https://www.mext.go.jp/〉内で公開されている。「中間報告」については，〈https://
　　www.mext.go.jp/b_menu/shingi/chukyo/chukyo 0 /toushin/021102.htm〉でその概
　　要 を，〈https://www.mext.go.jp/b_menu/shingi/chukyo/chukyo 0 /toushin/021101.
　　htm〉でその本文を見ることができる。なお，以下本稿で言及する URL は，2006年10
　　月28日時点で確認したものである。

8） 答申の目次は〈https://www.mext.go.jp/b_menu/shingi/chukyo/chukyo0/
　　toushin/030301.htm〉にあり，第 2 章は〈https://www.mext.go.jp/b_menu/shingi/
　　chukyo/chukyo0/toushin/attach/1334208.htm〉で見ることができる。

9） 西原博史註 1 前掲書（『学校が「愛国心」を教えるとき』）第 4 章（特に113以下）を
　　参照。

10） 西原註 1 前掲書114頁。

11） 西原註 1 前掲書115-120頁。同書は，中間報告や答申で非難対象とされている「画一
　　的な教育」や「結果主義」は，むしろ文部省・文科省の指導の方針であったこと（同書
　　116頁），そして「画一主義」からの脱却は説くが，「中間報告」の「理念」において「一
　　人一人が自ら努力」することの重要性のみが強調されており，当初はさらにそれが「自
　　己責任」と関連付けられて説明されていたことを指摘して，「能力主義」が「競争主義」
　　につながるものであり（同書117頁），「『努力』が強調されるとき，そのことは，脱落す
　　る者に対して努力不足の非難を向ける道を作ってしまうことになる」（同書118頁）と
　　いう。教育基本法「改正」に対する批判的な視点として重要な指摘であるが，本稿は，
　　「愛国心」教育に重点を置いて考察するものであるため，この点については以上の指摘
　　を引用するにとどめたい。

12） 西原，註 1 前掲書122頁以下もこの点を指摘する。

13） 有馬文部大臣の1999年 7 月21日内閣委員会文教委員会における答弁。

14） 御手洗政府委員の1999年 7 月21日内閣委員会文教委員会における答弁。

15） 同前。

16） 1999年 8 月 2 日国旗及び国歌に関する特別委員会。

17） 1999年 8 月 4 日文教委員会。

18） 同前。

19） 1999年 8 月 6 日国旗及び国歌に関する特別委員会。

20） 正確には，小学校および中学校の学習指導要領が1998年12月に告示され，2003年12
　　月に一部改正された。高等学校学習指導要領は1999年に告示されたものが，2002年 5 月，

2003年 4 月，2003年12月に一部改正されている。なお，学習指導要領における「日の丸」「君が代」に関する文言に関連した一連の訴訟に関する2004年時点での憲法の視点からの考察について，大島佳代子「学校における子どもの人権―日の丸・君が代訴訟が問うもの―」高見勝利・岡田信弘・常本照樹編『日本国憲法解釈の再検討』（有斐閣，2004年）58-74頁を参照。原告のほとんどが教職員であること，訴訟提起の仕方にも一定の工夫をしなければ，違憲判決を勝ち取るのは困難であると指摘している（72-74頁）。

21）　たとえば，市川須美子「教育基本法制定」『ジュリスト』No.900（1988.1.1－15）31頁。後註32参照。

22）　簡潔な概観を得られるものとして，日本教育法学会年報，註 1 前掲（第35号『教育基本法改正の動向』）所収「〔討論〕教育基本法改正問題と国民の教育権」（同67-74頁）参照。

23）　佐藤潤一『日本国憲法における「国民」概念の限界と「市民」概念の可能性―「外国人法制」の憲法的統制に向けて―』（専修大学出版局，2004年）第 1 部参照。そこでも指摘しておいたように，多くの法律において，「日本国民」の意味で「日本人」概念が不用意に（あるいは意識的に？）用いられているのであり，大日本帝国憲法制定時にまでさかのぼることのできる，施政者の意識を垣間見ることができる。

24）　このように述べることは，いわゆる「道徳教育」がまったく不要であるということを意味しない。「日本人」を育成するための「道徳」という限定されすぎた視点が問題なのである。

25）　1989年 3 月15日文部省告示第24号小学校学習指導要領第 4 章「特別活動」第 3 「指導計画の作成と内容の取り扱い」，同告示第25号中学校学習指導要領第 4 章第 3 の 6，同告示第26号高等学校学習指導要領第 3 章第 3 の 3。すべてまったく同じ規定である。

26）　自民党が名づけた法案名は「教育基本法案」であるが，後に触れる現行教育基本法制定過程の検討に際して紛らわしいこと，またその本質を示すために，ここでは「改正」案と表現している。引用は文部科学省のサイトに掲載されている PDF ファイルから行った（出典は，〈http://www.mext.go.jp/b_menu/houan/an/06042712/003.pdf〉である）。なお，以下特に断らない限り，下線による強調は筆者による。〔補記：〈https://www.mext.go.jp/b_menu/kihon/houan/siryo/setsumei.pdf〉に現在は掲載されている（2022年 1 月 9 日アクセス）。〕

27）　文部科学広報平成18年 7 月21日第77号 4 頁に対照表が掲載されている。主な変更箇所について，枠囲いをしたり傍線を付したりしているが，その対照表においては，たとえば本稿でこの後すぐに指摘するような「平和」や「正義」には傍線が付されていないなど，（おそらくは意図的な）ミスリーディングな箇所があることは指摘しておくべきであろう。なお，現行の法律を引用するに際しては，原則として2006（平成18）年版の『小六法』（有斐閣）から行っている。

28）　ここで筆者は，政府与党の「正義」を一律に全面否定しているわけではない。けれ

どもそれは政治的に確定されるべき事柄であって，法律に書き込まれるべき事柄ではないと考える。現行教育基本法8条とほぼ同様の規定が，改正案第14条に規定されているが，「解釈指針」としての前文に照らすと，違った意味が読み取れることになるのではないか，という点を危惧するのである。

29) この文言は，2006年4月13日に，与党教育基本法改正に関する協議会が出した「教育基本法に盛り込むべき項目と内容について（最終報告）」で示されていたものと全く同じである。同報告は〈http://www.mext.go.jp/b_menu/shingi/chukyo/chukyo0/gijiroku/001/06042704/001.htm〉で入手できる。

30) 成嶋隆『「教育基本法案」逐条批判」（註2前掲）222頁。

31) 日本国憲法の「改正」に関しては，さしあたり，渡辺治『日本国憲法「改正」史』（東京大学社会科学研究所研究叢書・日本評論社，1987年），同『憲法「改正」の争点』（旬報社，2002年）の参照を請う。特に後者は改憲に関する豊富な資料を掲載しており，憲法改正について議論を深めるのに極めて有用である。本稿では紙幅の関係でこの点に立ち入ることができないので，他日を期したい。

32) 1976年5月21日の，いわゆる旭川学テ（いわゆる「いっせい学力テスト」を指す）事件判決（最高裁判所大法廷判決，刑集第30巻第5号615頁）は，教育基本法を「憲法に代わって，わが国戦後の教育と教育制度を宣明した中心的地位を占める法律」であるとする。教育基本法の位置づけについて，簡潔には平原春好「現代日本の教育と教育基本法」平原春好編『教育と教育基本法』（勁草書房，1996年）3-28頁を参照。なお，2006年9月15日に出された日本弁護士連合会の声明（教育基本法改正法案についての意見）はこのような立場をとる。同声明は〈http://www.nichibenren.or.jp/ja/opinion/report/data/060915.pdf〉から入手できる。

33) 鈴木英一・平原春好編『資料　教育基本法50年史』（勁草書房，1998年）249頁より引用。田中耕太郎は学校教育局長の職にあった際に，1946年2月21日の地方教学課長会議の席上において，教育勅語を自然法と位置づけてすらいた（1946年4月の『文部時報』第827号）。

34) 鈴木・平原編註33前掲書（『資料　教育基本法50年史』）250頁。

35) 鈴木・平原編註33前掲書（『資料　教育基本法50年史』）251頁。このような制定時の事情を踏まえて読むと，田中耕太郎「教育基本法第一条の性格―法と教育との関係の一考察―」『ジュリスト』No.1（1952.1.1.）が「もし法条は実用を主眼とするものであり，何等かの教育哲学的な理論を表明するものでないとするならば，道徳，文化（これは前文及び第2条において言及されているが），国際的精神というような，教育においてとくに強調したいところの概念も織り込んでもらいたかったと思う」と述べていることは注目される。

36) 鈴木・平原編註33前掲書（『資料　教育基本法50年史』）264-265頁。

37) 鈴木・平原編註33前掲書（『資料　教育基本法50年史』）266-267頁。

38）なお文中のスラッシュ（／）は，原文の段落を示す。以下においても同様。

39）鈴木・平原編註33前掲書（『資料 教育基本法50年史』）317-323頁。

40）鈴木・平原編註33前掲書（『資料 教育基本法50年史』）325-328頁。

41）鈴木・平原編註33前掲書（『資料 教育基本法50年史』）330-331頁。

42）鈴木・平原編註33前掲書（『資料 教育基本法50年史』）335，337頁。

43）鈴木・平原編註33前掲書（『資料 教育基本法50年史』）459頁。

44）*Cf.*, Brown v. Board of Education（347 U.S. 483（1954））.

45）橋本紀子「日本のジェンダー平等と性教育をめぐる今日的争点―教育基本法「改正」の背景にあるもの―」，日本教育法学会年報註 1 前掲（第35号『教育基本法改正の動向』）所収59頁以下参照。

46）教育基本法の解釈について，比較的最近ものとして，平原春好編註31前掲書（『教育と教育基本法』）所収の諸論考，教育科学研究会／田沼他編註 1 前掲書（『いま，なぜ教育基本法の改正か』）第Ⅲ章「キーワードで読む教育基本法」，永井編註 1 前掲書（『憲法と教育人権』）所収の論考を挙げておく。

47）成嶋隆「教育と憲法」樋口陽一編『講座憲法学 4 』（日本評論社，1994年），戸波江二「国民教育権論の展開」日本教育法学会編『講座現代教育法 1 教育法学の展開と21世紀の展望』（三省堂，2001年），西原，註 1 前掲書，寺川史朗「教育基本法「改正」論とその効果」日本教育法学会年報，註 1 前掲（第35号『教育基本法改正の動向』）所収49頁以下など。

48）憲法パトリオティズムについて立ち入って検討する紙幅はないが，さしあたり，栗城寿夫「立憲主義の現代的理解」『憲法問題 4 号』（三省堂，1993年） 8 頁以下，毛利透『民主制の規範理論』（勁草書房，2002年）第 1 章，石村修「今日の憲法国家における国家目的」同『憲法国家の実現―保障・安全・共生―』（尚学社，2006年）第 3 章（61頁以下）などを参照。

49）阿部・内田編註 5 前掲『現代政治学小事典』「愛国心」の項。

50）ここでいう適切な指導には，いわゆる「心のノート」による児童への「指導」も含まれるものと解される。「心のノート」について，簡潔な概観は，高橋哲哉・三宅晶子「対談　これは『国民精神改造運動』だ―教育基本法『改正』と『心のノート』―」辻井他編註 1 前掲書（『なぜ変える？教育基本法』）60-85頁参照。

51）最高裁判所大法廷判決，刑集第30巻第 5 号615頁。旭川学テ事件について，簡潔には憲法判例百選Ⅱ〔第 4 版〕（有斐閣）142事件（内野正幸執筆）およびそこに引用された文献を参照。

52）最高裁判所第一小法廷，昭和59（行ツ）第45号行政処分取り消し請求事件（判例時報1337号 3 頁・判例タイムス719号72頁）。本判決について，簡潔には憲法判例百選Ⅱ〔第 4 版〕（有斐閣）143事件（野上修一執筆）およびそこに引用された文献を参照。

53）大島，註20前掲論文。

54) 裁判所のサイト〈http://www.courts.go.jp/〉から入手した判決文（PDFファイル）はA4サイズで70頁に及ぶ。以上の判示（主文）は、2006年9月21日東京地方裁判所判決1-2頁。以下「2006年9月21日東京地方裁判所判決○頁」という形式で引用する。

55) 2006年9月21日東京地方裁判所判決27-28頁。

56) 2006年9月21日東京地方裁判所判決28頁。

57) 判決は、文部省の調査によると、国旗掲揚率は1998年度の卒業式で92.3%、翌年度の入学式が95.0%で、「同入学式についてみれば三重県（91.9%）、奈良県（93.3%）に次ぐ低い実施率であった」（2006年9月21日東京地方裁判所判決29頁）というが、素朴な実感としては決して上記下線部のように「低い」とはとても思えない実施率である。確かに「都立高校の国歌斉唱率」は、1998年度の卒業式が7.2%、翌年度の入学式が5.9%であり、「同入学式についてみれば三重県の3.2%に次ぐ低い実施率であり、全国平均85.2%を大きく下回るものであった」（同前）という評価も一応肯んじ得るのであるが。

58) 2006年9月21日東京地方裁判所判決28-29頁。

59) 2006年9月21日東京地方裁判所判決29-30頁。

60) 2006年9月21日東京地方裁判所判決29-50頁参照。

61) 2006年9月21日東京地方裁判所判決50頁。

62) 2006年9月21日東京地方裁判所判決50-51頁。

63) 2006年9月21日東京地方裁判所判決51頁。

64) 2006年9月21日東京地方裁判所判決52頁。

65) 2006年9月21日東京地方裁判所判決53頁。

66) 同前。

67) 2006年9月21日東京地方裁判所判決58-61頁。

68) 2006年9月21日東京地方裁判所判決60-61頁。

69) 2006年9月21日東京地方裁判所判決61頁。

70) 2006年9月21日東京地方裁判所判決69-70頁。

71) 2006年9月21日東京地方裁判所判決68-69頁。

72) 一例としてアメリカの憲法改正条項を一瞥しておく。アメリカ合衆国憲法第5条（憲法修正）は、連邦議会の両議院の3分の2以上が必要と認めるときに憲法修正を発議する。また、連邦議会は、全州の3分の2の議会の要求があるとき、修正を発議するための憲法会議を招集しなければならない。「いずれの場合でも、修正は、全州の4分の3の議会で承認されたとき、あらゆる意味において完全にこの憲法の一部としての効力を有する。いずれの承認方法をとるかは、連邦議会が決定することができる。〔以下略〕」と規定する。日本よりはるかに憲法を改正しにくい規定となっている。なお、訳文は、阿部照哉・畑博行編『世界の憲法集〔第3版〕』有信堂、2005年所収に拠った。

73) 「教育価値の選択の問題も、政治権力から区別された社会過程における『自律的調整』に委ねられるべき」で、原則として「教育内容の編成は、一般国政ルートではなく"文

化的自治のルート"によるべき」である（成嶋隆「教育と憲法」樋口陽一編『講座憲法学4』（日本評論社，1994年）120頁）との主張と，『『日本国憲法の基本価値』を教えるという場合には，最高法規としての日本国憲法に基づいて教育するという意味と，日本国憲法のなかに内在している普遍的な基本価値を教えるという二つの意味がある。天皇主権に基づく非民主的な明治憲法の時代に，『憲法に基づく教育を』と主張することはできない」（戸波江二「国民教育権論の展開」日本教育法学会編『講座現代教育法1 教育法学の展開と21世紀の展望』（三省堂，2001年）124頁）とを対比して，寺川史朗「教育基本法「改正」論とその効果」日本教育法学会年報，註1前掲（第35号『教育基本法改正の動向』）56頁以下は，前者を教育の「自由」を重視する理想追求型，後者を教育の「公」共性を重視する現実路線型と位置づける。その上で教育それ自体を「価値」とみなし，価値の「教え込み」に懐疑的な態度をとることで，日本国憲法26条が日本国憲法第19条を侵害する可能性に言及する寺川説は興味深い。

74)　日本国憲法第99条参照。

75)　立憲主義について，さしあたり次の諸文献を参照。長谷部恭男『比較不能な価値の迷路―リベラル・デモクラシーの憲法理論―』（東京大学出版会，2000年），同『憲法と平和を問いなおす』（筑摩書房，2004年），同『憲法とは何か』（岩波書店，2006年），愛敬浩二『近代立憲主義思想の原像　ジョン・ロック政治思想と現代憲法学』（法律文化社，2003年），同『改憲問題』（筑摩書房，2006年）。

76)　阿部照哉・佐藤幸治・宮田豊編『憲法資料集』（有信堂，1966年）508頁より引用。

77)　この点，すでに中教審の最終答申が出された時点での「教育基本法は，教育勅語に代わる道徳訓から，他の基本法と同様の教育改革に関わる政府の基本的方向づけや諸般の施策を宣明にするようなプログラム法に変質させるほうがよいのではないかと考える」（成田頼明「教育基本法のこれから―中教審最終答申提出を契機に」『ジュリスト』No.1247（2003.6.15.）4頁）との見解は重要であろう。

78)　丸山真男『日本政治思想史研究』（東京大学出版局，1983年〔新装第1版〕）322頁。

79)　同前。

80)　丸山註73前掲書（『日本政治思想史研究』）323頁。傍点は原文のもの。

81)　ベネディクト・アンダーソン著，白石さや・白石隆訳『増補　想像の共同体――ナショナリズムの起源と流行』（NTT出版株式会社，1997年）第3章「愛国心と人種主義」を参照。

82)　たとえば鈴木邦男『愛国者は信用できるか』（講談社，2006年）のような体験的な著作をも参考に，分析を進めるべきであったかもしれないが，もはや紙幅が尽きた。

83)　本稿は，2006年9月10日に大阪産業大学で行われた日本科学者会議大阪産業大学分会の勉強会で行った報告に，当日の質疑などを踏まえて，大幅に加筆したものである。2006年10月末までの事情を踏まえているが，本稿が公になるころには，自民党案による「改正」が成立している可能性もある。いずれにせよ，本稿の内容は，2006年10月末時点までを踏まえたものである。

おわりに―結論と今後の課題

憲法・政治学教育研究の必要性　　憲法は，ほとんどすべての大学教育において，教養課程の必修あるいは選択必修科目となっている。しかし教養教育としての憲法が如何に講ぜられるべきかについては十分な考察が行われてきたとはいいがたい。またそのような考察は論文を通じてというよりも多くの法学の教科書や憲法入門書において，そして教育実践を通じて行われてきたと解される。

　本書は，筆者がこれまで講義の傍ら，講義の前提としてものしてきた考察を踏まえつつ，憲法教育を行う基礎となる研究を集成したものである。とはいえ，人権の各論的考察については全く不十分で，現在進行形で比較憲法的考察も含め研究を進めている。本書掲載の人権各論研究は憲法の基本原理にかかわる多文化共生観念にかかわる研究（第4部）および憲法改正議論と密接にかかわる教育基本法改正問題にかかわる研究宇（第5部）のみにとどまっているのは，今後の研究の基礎となるものに限定したこと，第1部第2部の総論的考察に係る部分が相当程度膨大なものとなってしまったことによるやむを得ない措置である。

　そしてあまり一般的には意識されていないようであるが，政治学との違い，現実の政治との憲法学及び政治学の関連についても教養教育において意識されることが望ましいことがあり得るであろう。この点を次に若干検討する。

大学教育と憲法・政治学　　上で述べた現実の政治と憲法学政治学との関連は，規範の学と認識の学の現実との関係を認識させるべく講学上考慮されるべき点を明確にすべきであるとの主張に連なる。

　憲法学は中心的課題が憲法解釈学であり，あるべき実質的意味の憲法を憲法から読み取ることが学問的営為の中心である。もちろん，憲法学の一部を構成するものとしての憲法史学，比較憲法学，といった研究分野は認識の学である。認識の学は比較的高校までの「学び」との整合性も高く，しかし認識の学としての側面を持つ政治学研究との違いが分かりにくいと解される。筆者は政

治学者ではないが，比較憲法研究の著書は政治学者が執筆することがあった。これはアリストテレスを例に挙げるまでもなく，政治学が古典的にあるべき政治を論じるところから始まっていたことからすれば不思議ではない。少なくともアメリカの行動政治学などは科学的政治学をうたい，社会選択理論やゲーム理論など，数学的手法を用いる「政治学」の研究手法は，認識の学としての比較憲法学にも共通する。

　いずれにせよ，政治の現状認識とそれに対しての規範的主張が憲法の解釈として提示されるかそうでないかが，教養教育における憲法学教育と政治学教育の違いの分かりにくさにつらなっていると考えられる。

憲法（学）・政治学の教養体系　　以上のような考察を踏まえつつ，憲法（学）および政治学の大学におけるにおける教養教育としての考慮を踏まえた研究は，教養体系ともいうべき視点を要するのであり，専門課程における体系書とは異なる配慮が求められると解される。本書冒頭で「『教養として学ぶ』というのは教養課程で学ぶ，あるいは教養科目として学ぶという狭い意味ではなく，法学の基礎知識，大学生としての基礎知識という意味とともに，憲法解釈学の基礎という意味も込めている」と述べたことの中には，このような政治学との関連性についての考慮も含むべきことが想定されている。本書第4部及び第5部の論文は，そのような意味での応用例題という意味も含まれている。

（書き下ろし）

【著者紹介】

佐藤 潤一 （さとう じゅんいち）

1972年　東京生まれ
2003年　専修大学大学院法学研究科博士後期課程修了
　　　　博士（法学）取得（専修大学）
2010年　4月よりオーストラリア　University of Queensland, T. C. Beirne
　　　　School of Law, The Centre for Public, International and Comparative
　　　　Law, Visiting Scholar（2011年3月まで）
現　在　大阪産業大学国際学部教授

著　書

『日本国憲法における「国民」概念の限界と「市民」概念の可能性──「外国人
　法制」の憲法的統制に向けて──』（専修大学出版局、2004年）
松井幸夫編『変化するイギリス憲法──ニュー・レイバーとイギリス「憲法改革」
　──』（敬文堂、2005年）（共著）
『憲法と法学入門』（敬文堂、2006年）
『基礎からの公法入門　地方自治法』（敬文堂、2008年）（共著）
『平和と人権』（晃洋書房、2011年）
『教養　憲法入門』（敬文堂、2013年）
広島市立大学広島平和研究所編集『平和と安全保障を事考える事典』（法律文化社、
　2016年）
榊原秀訓編著『現代イギリスの司法と行政的正義』（日本評論社、2020年）（共著）
『法的視点からの平和学』（晃洋書房、2022年）

憲法教育研究

2022年3月20日　　初版発行　　定価はカバーに表示してあります

　　　　　　　著　者　佐　藤　潤　一
　　　　　　　発行者　竹　内　基　雄
　　　　　　　発行所　株式会社　敬　文　堂
　　　　　　　〒162-0041 東京都新宿区早稲田鶴巻町538
　　　　　　　電話(03)3203-6161㈹ FAX(03)3204-0161
　　　　　　　振替　00130-0-23737
　　　　　　　http://www.keibundo.com

©2022 Junichi SATO　　　　　　　　　　　Printed in Japan

印刷・製本／信毎書籍印刷株式会社
カバー装丁／株式会社リリ フ・システムズ
落丁・乱丁本は、お取替えいたします。
ISBN978-4-7670-0249-1　C3032